- 广西高校人文社会科学重点研究基地"北部湾海洋发展研究中心"研究成果
- 陆海新通道北部湾研究院研究成果

21世纪海上丝绸之路研究论丛

向海经济下北部湾国际门户港建设及其财政政策研究

Research on the Construction of Beibu Gulf International Gateway Port and Its Fiscal Policy under the Background of Seaward Economy

刘晓霞 廖作文 杨小姣 罗红 杨蕾 ○ 著

西南交通大学出版社
·成都·

图书在版编目（ＣＩＰ）数据

向海经济下北部湾国际门户港建设及其财政政策研究/刘晓霞等著.--成都：西南交通大学出版社，2023.11
ISBN 978-7-5643-9578-0

Ⅰ.①向… Ⅱ.①刘… Ⅲ.①北部湾–港口经济–经济发展–研究 Ⅳ.①F552.767

中国国家版本馆 CIP 数据核字（2023）第 221356 号

向海经济下北部湾国际门户港 建设及其财政政策研究 Xianghaijingji xia Beibuwan Guoji Menhugang Jianshe ji Qi Caizheng Zhengce Yanjiu	刘晓霞 廖作文 杨小姣　著 罗　红 杨　蕾	责任编辑　罗爱林 封面设计　何东琳设计工作室

印张	13.75	字数	248千	出版发行	西南交通大学出版社

网址　http://www.xnjdcbs.com

成品尺寸　170 mm × 230 mm

地址　四川省成都市二环路北一段111号
　　　西南交通大学创新大厦21楼

版次　2023年11月第1版

印次　2023年11月第1次

邮政编码　610031

印刷　四川勤德印务有限公司

营销部电话　028-87600564　028-87600533

书号　ISBN 978-7-5643-9578-0

定价　65.00元

图书如有印装质量问题　本社负责退换
版权所有　盗版必究　举报电话：028-87600562

前言 Preface

2017年4月，习近平总书记在广西北海铁山港考察时，首次提出"打造好向海经济"要求，2021年4月，习近平总书记在视察广西时，再次强调要"大力发展向海经济"。广西壮族自治区党委、政府高度重视，全面深入贯彻落实习近平总书记重要指示精神，先后出台了《关于加快发展向海经济推动海洋强区建设的意见》（桂发〔2019〕38号）、《广西加快发展向海经济推动海洋强区建设三年行动计划（2020—2022年）》（桂政办发〔2020〕63号）、《广西向海经济发展战略规划（2021—2035年）》等一系列政策和规划文件，推动向海经济海洋强区建设。积极拓展海洋发展新空间、培育壮大现代海洋产业体系、加快构建向海经济发展新格局，大力发展向海经济已成为新时代新背景下广西经济高质量发展的新引擎。

北部湾港由钦州港、防城港、北海港组成。自2013年"一带一路"倡议提出以来，北部湾港逐步定位为"一带一路"有机衔接的重要门户港；2019年国家发展改革委印发了《西部陆海新通道总体规划》，将北部湾港定位为国际门户港；2021年，国务院印发了《国家综合立体交通网规划纲要》，将北部湾港与上海港、深圳港、广州港等10个港口一并列为国际枢纽海港。北部湾港进入了快速发展阶段，2022年北部湾港在全国港口吞吐量排名中，集装箱吞吐量排名第九，货物吞吐量排名第十；已经连续5年，增速位居排名前10的全国沿海主要港口第1位，也成为全国11个国际枢纽海港中唯一保持两位数增长的港口。

此外，近年来，北部湾港不仅面临着如中国（广西）自由贸易试验区、RCEP、北部湾城市群、平陆运河世纪工程等重大战略机遇，也受到来自国家、自治区层面以及北海市、钦州市和防城港市各类财政政策的支持。然而，众多财政政策支持对北部湾港建设尤其是国际门户港建设的效果并未明确，这是本书研究的出发点。因此，本书试图以"向海经济下北部湾国际门户港建设及其财政政策研究"为题，从政策角度出发，进行深入、系统分析，以期破解北部湾港发展面临的难点问题和痛点问题，借助向海经济大发展之势，实施更有效的北部湾国际门户港发展财政政策，为促进北部湾国际门户港高质量发展，发挥"一带一路"有机衔接重要门户港和西部陆海新通道国际门户港作用提供智力支撑，加快广西"海洋强区"建设。

本书系统梳理了向海经济下北部湾国际门户港建设的综合理论基础，包括港口、港口群、港口物流、港口竞争力、向海经济、国际门户港等概念的基本内涵、主要特征等，梳理了向海经济、北部湾国际门户港建设的相关文献，为向海经济下北部湾国际门户港建设提供理论研究工作基础与综合理论基础；深刻剖析向海经济与港口发展的互促机制；全面分析向海经济下北部湾国际门户港发展的经济基础以及吞吐量、航线、基础设施、集疏运体系等港口条件，并在此基础上揭露北部湾国际门户港发展的优势、劣势、机遇和挑战；全面梳理了北部湾港建设国际门户港的相关政策文件及主要政策内容，并对政策实施效果进行分析；最后提出北部湾港建设国际门户港的财政政策路径，为向海经济下北部湾国际门户港建设提供直接的决策参考与实际指导，也为其他沿海省市或地区提供相关研究与相关实践的综合性参考。

本书分为7个章节。主要内容包括：引言、相关概念与理论基础、向海经济下北部湾国际门户港发展的经济基础、向海经济下北部湾国际门户港发展的港口条件、向海经济下北部湾国际门户港发展的SWOT分析、向海经济下北部湾港建设国际门户港相关财政政策及效果分析、向海经济下北部湾港实现建设国际门户港的财政政策路径等。

本书是广西高校人文社会科学重点研究基地"北部湾海洋发展研究中心"重点研究成果、广西北部湾经济区发展专项资金（重大人才）项目（项目名称：陆海新通道北部湾研究院）的研究成果。

特别感谢北部湾大学教师朱林森，国际商务硕士研究生余灵、赵东旭、罗洋和科研助理方艳云为本书在数据资料整理、部分章节撰写上所做的贡献。

由于水平所限，本书难免存在疏漏甚至谬误之处，希望得到读者的批评指正！

著 者

2023年10月

目录 Contents

第一章
引 言 1

第二章
相关概念与理论基础 10
第一节 港口、港口群与门户港 10
第二节 港口物流理论 14
第三节 港口竞争力理论 21
第四节 向海经济理论 25
第五节 向海经济与港口发展的互促机制 34

第三章
向海经济下北部湾国际门户港发展的经济基础 39
第一节 西南中南部分省份经济发展概况 39
第二节 广西经济发展概况 47
第三节 北部湾经济区经济发展现状 59

第四章
向海经济下北部湾国际门户港发展的港口条件 69
第一节 北部湾港基本概况 69
第二节 北部湾港集装箱吞吐量和港口货物吞吐量 79
第三节 北部湾港集装箱航线运营情况 86
第四节 北部湾港基础设施建设现状 89
第五节 北部湾港集疏运体系建设现状 97

第五章
向海经济下北部湾国际门户港发展的 SWOT 分析 100
第一节 北部湾港的发展优势 100
第二节 北部湾港的发展劣势 104

  第三节 北部湾港面临的机遇 ……………………………… 111
  第四节 北部湾港面临的挑战 ……………………………… 118
  第五节 北部湾港打造国际门户港的 SWOT 矩阵分析 …… 124

第六章 **向海经济下北部湾港建设国际门户港相关财政政策及效果分析**
  ……………………………………………………………………… 126
  第一节 北部湾港建设国际门户港相关财政政策分类 …… 126
  第二节 北部湾港建设国际门户港相关财政政策主要内容 … 145
  第三节 北部湾港建设国际门户港相关财政政策实施的效果分析 . 160

第七章 **向海经济下北部湾港实现建设国际门户港的财政政策路径** …… 176
  第一节 紧抓北部湾国际门户港发展机遇，请求国家层面
      财政政策支持 ……………………………………… 176
  第二节 创新财政扶持方式，完善地方财政配套政策 …… 178
  第三节 加大财政对基础设施等支持力度，落实有关财政政策 … 182
  第四节 加大航线和集装箱业务政策支持，大力培育班轮航线 … 186
  第五节 严格港口规费征收，降低集装箱运输等相关费用 ……… 190
  第六节 落实税费优惠政策，用足用好各项税收优惠政策 …… 193
  第七节 深入贯彻绿色低碳理念，加大绿色港口建设支持力度 … 196

附 录 ………………………………………………………………… 198

参考文献 …………………………………………………………………… 201

第一章

引 言

港口作为水陆交通的集结点，商品进出口的集散地和船舶停泊、上下旅客、补给供养的场所，随着全球经济一体化、国家（或区域）经济合作与交流、贸易全球化进程的加快，在现代经济社会发展中扮演着越来越重要的角色。从历史发展长河来看，靠近沿海的城市，拥有大型港口的城市，经济相对来说都比较发达；大型港口不需要大规模基建，依托海洋、内河的天然优势，就可以实现大规模的货物吞吐，以此促进经济发展。

世界贸易组织发布的《全球贸易展望与统计》报告显示，2022年全球贸易总额为32.06万亿美元，同比增长17%。其中，全球商品出口总额为24.9万亿美元，全球商品进口总额为25.62万亿美元。该报告还显示，居于全球三大货物贸易国的依次为中国、美国、德国。其中，2022年中国贸易进出口总额为7.2万亿美元，占全球贸易总额的22.46%，是全球第一大货物贸易国。紧跟其后的为美国，其贸易进出口总额为6.996万亿美元，占全球贸易总额的21.82%。可见，中国已成为世界最主要的进出口国家，在促进全球贸易、国家（或区域）经济发展等方面具有不可替代的作用。而进出口贸易的发展离不开作为运输枢纽的港口。

港口的发展，首先，促进了国家（或区域）基础设施建设，带动本国（或区域）相关行业如仓储、物流、运输、加工、贸易、金融、保险、代理、信息和口岸等相关服务和行业的发展，形成产业集聚。其次，提升了资本在一国（或区域）内的配置效率和使用效率，有效促进了国（或区域）内产业结构调整与优化，进而促进其经济发展。最后，发展港口，能够为国家（或区域）快速融入全球经济一体化，加强国家（或区域）间经济合作与交流，使实现贸易全球化成为可能。鉴于此，世界上主要国家（或地区）或依托于区位优势和自然禀赋，或依托于历史条件、产业发展和国家政策，大力发展港口，以点带面，形成相关产业集聚，撬动本国（或区域）经济发展，已成为大势所趋。

近年来，我国经济快速发展，商品进出口总额不断攀升，随之要求有相当规模的港口营运能力（主要表现为集装箱吞吐量和港口吞吐量）与之相适应。

为了适应经济发展需要和商品进出口总额不断增加的趋势，我国各主要港口如上海港、深圳港、宁波舟山港、广州港、青岛港、天津港和大连港等采取一系列有效措施，逐步加强对港口的基础设施建设如泊位、码头、港口航道、防波堤、锚地，港口交通和配套设施建设如穿梭巴士，加大对新航线的开辟，增加航线班次和频率，提高对船舶公司和货代公司的政策补贴。与此同时，各主要港口积极响应"21世纪海上丝绸之路"，不断加强与沿线国家互联互通，主动适应全球航运新联盟组建等市场变化，加强与各船公司的合作，实现资源优化重组，使我国主要港口营运能力得到了快速提升，并成为世界航运的中坚力量。

2023年2月，上海国际航运研究中心发布《全球港口发展报告（2022）》，揭示了2022年全球前20大港口货物吞吐量排名和2022年全球前20大集装箱吞吐量港口排名。

2022年中国港口货物吞吐量在国际上居于前列。从表1-1可以看出，在排名前20名的港口中，共有16个来自中国，年吞吐量平均增长2.5%。从具体表现来看，2022年，宁波舟山港完成货物吞吐量126 376万吨，同比增长3.2%，连续14年保持全球第一；唐山港与上海港的吞吐量总量接近，2023年将继续争夺第二的位次；青岛港和广州港的增速分别为4.3%和5.2%，货物吞吐量分别为65 754万吨和65 592万吨，增速和体量均相当，2023年将继续争夺第四的位次。唐山港、烟台港、日照港的排名均有所上升，福州港和连云港两港首次进入前20名。国外港口中只有新加坡港、鹿特丹港、釜山港和黑德兰港进入前20名，其中釜山和黑德兰港排名下降。澳大利亚的黑德兰港借铁矿石的需求实现货物吞吐量增长2.2%，但整体增速不及日照港。

表1-1 2022年全球TOP20港口货物吞吐量排名

2022年（2021年）排名	港口	所属国家	货物吞吐量/万吨	同比/%
1	宁波舟山港	中国	126 376	3.2
2（3）	唐山港	中国	76 887	6.4
3（2）	上海港	中国	72 777	-5.4
4	青岛港	中国	65 754	4.3
5（6）	广州港	中国	65 592	5.2
6（5）	新加坡港	新加坡	57 773	-3.7
7	苏州港	中国	57 276	1.2
8（9）	日照港	中国	57 057	5.4

续表

2022年（2021年）排名	港口	所属国家	货物吞吐量/万吨	同比/%
9（8）	黑德兰港	澳大利亚	56 527	2.2
10	天津港	中国	54 902	3.7
11	鹿特丹港	荷兰	46 600	-0.6
12（13）	烟台港	中国	46 257	9.3
13（12）	釜山港	韩国	42 492	-4.0
14	北部湾港	中国	37 134	3.7
15	泰州港	中国	36 444	3.3
16	江阴港	中国	35 062	3.9
17（18）	黄骅港	中国	31 510	1.2
18（17）	大连港	中国	30 613	-3.0
19（22）	福州港	中国	30 164	10.3
20（23）	连云港	中国	30 111	11.9

数据来源：上海国际航运研究中心。

注：括号内的数字为2021年的排名。

集装箱吞吐量通常可以反映港口的营运能力。我国的上海港、宁波舟山港、深圳港、青岛港、广州港等多个港口上榜全球集装箱吞吐量前20名（见表1-2），其中全球前10名的港口中，我国占据7席，表现抢眼，上海港更是稳居世界第一。从具体表现来看，2022年上海港集装箱吞吐量突破4 730万标箱，同比增长0.6%；宁波舟山港、深圳港、青岛港、广州港等港口表现也不俗。由此可见，经过多年的不懈努力，我国沿海主要港口已逐步发展成为世界主要港口之一，在全球贸易和世界航运中发挥着举足轻重的作用，中国也逐渐成为世界的航运中心。虽然我国主要港口发展迅猛，硬实力得到快速提升，并已经成为世界航运发展中不可或缺的力量，但是我们也要清楚地认识到：当前我国港口发展存在的主要问题是，软实力还相对较弱，如在国际海事问题处理、邮轮租赁业务、船舶融资业务和航运保险业务等与欧美国家老牌港口相比，还存在一定差距。

表 1-2 2022 年全球 TOP20 港口集装箱吞吐量排名

2022 年排名	港口	所属国家	集装箱吞吐量/万标箱	同比/%
1	上海港	中国	4 730	0.6
2	新加坡港	新加坡	3 729	-0.5
3	宁波舟山港	中国	3 335	7.3
4	深圳港	中国	3 004	4.4
5（6）	青岛港	中国	2 567	8.3
6（5）	广州港	中国	2 486	2.8
7	釜山港	韩国	2 207	-2.7
8	天津港	中国	2 102	3.7
9	香港港	中国	1 657	-6.9
10	鹿特丹港	荷兰	1 470	-3.9
11	迪拜杰贝阿里港	阿联酋	1 400	1.9
12（14）	安特卫普港	比利时	1 350	12.3
13（12）	巴生港	马来西亚	1 328	-3.3
14（13）	厦门港	中国	1 243	3.2
15	丹戎帕拉帕斯港	马来西亚	1 064	-5.0
16	洛杉矶港	美国	991	-7.2
17（19）	纽约新泽西港	美国	950	5.7
18（17）	高雄港	中国	949	-3.8
19（18）	长滩港	美国	913	-2.7
20（22）	苏州港	中国	908	12.0

数据来源：上海国际航运研究中心。

注：括号内的数字为 2021 年排名。

聚焦到国内港口自身，近年来的表现也相当抢眼。从交通运输部、各港口管理局网站及中国港口协会等官网获得的我国 2022 年 1—12 月集装箱吞吐量和港口货物吞吐量前 20 名的统计情况可知（见表 1-3），我国 2022 年全年集装箱吞吐量达到千万标箱的港口有上海港、宁波舟山港和深圳港等7个港口，其中上海港集装箱吞吐量为4 730万标箱；宁波舟山港和深圳港集装箱吞吐量分别是3 335万标箱和3 004万标箱。从增长速度来看，2022年同比增长速度居前4位的分别是嘉兴港、大连港、北部湾港（包括钦州港、防城港和北海港）和烟台港，增速分别达到28.4%、21.5%、16.8%和12.8%。值得注意的是，虽然上述4个港口集装箱吞吐量的增长速度相对较快（均超过10%），但由于其集装箱吞吐量绝对量即基数较小，因而从集装箱吞吐量总量排名来看，北部湾港、佛山港和东莞港等港口排名仍然比较靠后，但也从另外一个方面反映出上述港口的发展潜力巨大。

从港口货物吞吐量来看，2022年位居国内前5位的港口分别是宁波舟山港、唐山港、上海港、青岛港和广州港，5个港口的货物吞吐量分别为126 134万吨、76 887万吨、72 777万吨、65 754万吨和65 592万吨，均突破65 000万吨，尤其是宁波舟山港，其货物吞吐量更是达到12.5亿吨以上，远远高于我国其他港口。从增长速度来看，2022年港口货物吞吐量增速居前4位的分别是连云港、福州港、烟台港和唐山港，其增速分别为11.9%、10.3%、9.3%和6.4%。

进一步分析表1-3发现，2022年我国不同港口之间发展差距较大，第1名上海港集装箱吞吐量为4 730万标箱，第20名嘉兴港集装箱吞吐量为285万标箱，仅为上海港的6.03%。相对于各港口在集装箱吞吐量方面存在的较大差距，货物吞吐量的差距略小，第1名宁波舟山港2022年货物吞吐量为126 134万吨，第20名的湛江港为25 376万吨，为宁波舟山港的20.12%。

表1-3 2022年我国TOP20港口集装箱吞吐量和货物吞吐量排名

集装箱吞吐量				港口货物吞吐量			
排名	港口名称	集装箱吞吐量/万标箱	同比增长/%	排名	港口名称	货物吞吐量/万吨	同比增长/%
1	上海港	4 730	0.6	1	宁波舟山港	126 134	3.0
2	宁波舟山港	3 335	7.3	2	唐山港	76 887	6.4
3	深圳港	3 004	4.4	3	上海港	72 777	-5.4
4	青岛港	2 567	8.3	4	青岛港	65 754	4.3
5	广州港	2 486	1.6	5	广州港	65 592	0.7
6	天津港	2 102	3.7	6	苏州港（内河）	57 276	1.2
7	厦门港	1 243	3.2	7	日照港	57 057	5.4

续表

集装箱吞吐量				_港口货物吞吐量_			
排名	港口名称	集装箱吞吐量/万标箱	同比增长/%	排名	港口名称	货物吞吐量/万吨	同比增长/%
8	苏州港（内河）	908	11.9	8	天津港	54 902	3.7
9	北部湾港	702	16.8	9	烟台港	46 257	9.3
10	日照港	580	12.2	10	北部湾港	37 134	3.7
11	连云港港	557	10.6	11	泰州港（内河）	36 444	3.3
12	营口港	500	-4.1	12	江阴港（内河）	35 062	3.9
13	大连港	446	21.5	13	黄骅港	31 510	1.2
14	烟台港	412	12.8	14	大连港	30 613	-3.0
15	东莞港	361	-2.2	15	福州港	30 164	10.3
16	福州港	346	0.4	16	连云港港	30 111	11.9
17	唐山港	334	1.5	17	南通港（内河）	28 508	-7.6
18	佛山港（内河）	322	-13.1	18	深圳港	27 243	-2.1
19	南京港（内河）	320	2.9	19	南京港（内河）	27 155	1.1
20	嘉兴港	285	28.4	20	湛江港	25 376	-0.7

数据来源：交通运输部官网、各港口管理局网站和中国港口协会。

同时，部分港口由于地理位置接近，逐渐发展形成港口群。港口群除发挥装卸货物的运输功能外，还参与组织各个物流环节的业务活动及相互之间的衔接与协调，逐步成为全球国际贸易和运输体系中的物流基地。总体来看，目前国内形成了6大港口群：辽宁港口群（大连港、营口港、锦州港、葫芦岛港等）、津冀港口群（天津港、秦皇岛港、唐山港等）、山东港口群（青岛港、日照港、烟台港、威海港、潍坊港、东营港等）、长三角港口群（上海港、宁波舟山港、南京港、镇江港、苏州港和南通港等）、东南沿海港口群（厦门港、福州港、泉州港和湄洲湾港）及珠三角港口群（广州港、深圳港和珠海港等），基本每个港口群内部都有1到2个龙头港口，如青岛港是山东港口群的龙头，上海港、宁波舟山港是长三角港口群的双龙头。这些港口群的发展为北部湾港的快速发展提供了有益的参考借鉴。

2009年3月，广西壮族自治区人民政府正式批准广西沿海防城港、钦州港、北海港统一使用"广西北部湾港"名称。此后，2013年，党和国家提出的"一带一路"倡议，明确将北部湾港定位为"一带一路"有机衔接的重要门户港。2019年，国家出台《西部陆海新通道总体规划》，明确提出"提升北部湾港在全国沿海港口布局中的地位，打造西部陆海新通道国际门户"。2021年，国家出台《"十四五"推进西部陆海新通道高质量建设实施方案》，提出"加快广西北部湾国际门户港建设"。2021年，国务院印发了《国家综合立体交通网规划纲要》，明确将北部湾港与上海港、深圳港、广州港等10个港口一并列为国际枢纽海港。由此，北部湾港进入了重要的战略机遇发展期。

在党和国家的大力支持下，广西壮族自治区借助中国（广西）自由贸易试验区建设、西部陆海新通道建设、向海经济发展、区域全面经济伙伴关系协定（RCEP）、平陆运河开工等难得的发展机遇期，陆续制定并出台了《广西建设西部陆海新通道三年提升行动计划（2021—2023年）》《广西北部湾国际门户港建设"十四五"规划》《广西北部湾国际门户港建设三年行动计划（2021—2023年）》《广西建设西部陆海新通道三年提升行动计划（2021—2023年）》《钦州—北海—防城港港口型国家物流枢纽高质量建设三年行动计划（2022—2024年）》等规划和实施方案，全方位推动北部湾港加快发展。

特别是2017年4月和2021年4月，习近平总书记两次视察广西时，均强调要大力发展向海经济。习近平总书记对广西发挥向海优势、打造向海经济、实现向海图强多次作出重要指示，这既是对新时代广西开放发展的殷切期望，也是对广西发挥好向海优势、服务好国家战略的精准指导。

为落实习近平总书记对广西做出的重要指示，广西相关政府职能部门也积极出台了一系列"向海经济"发展政策。2021年11月，《广西向海经济发展战略规划（2021—2035年）》提出"对标国际一流港口，优化港区资源整合与功能布局，提升码头、航道设施能力及智能化水平，建设北部湾国际门户港，打造成为国际枢纽海港"。2023年4月，广西壮族自治区人民政府出台《广西大力发展向海经济建设海洋强区三年行动计划（2023—2025年）》，提出"高水平共建西部陆海新通道，全力打造北部湾国际门户港，建设和完善'海陆空铁水'现代综合立体交通网络，构建外联内畅、通江达海、高效便捷的大交通格局"。因此，在向海经济发展的背景下，北部湾港也势必取得长足的发展。2022年北部湾港吞吐量进入全国双前10。货物吞吐量由2006年的3 347万吨增长至2022年的3.7亿吨，在全国沿海港口中排第10位，在全球港口中排第19位；集装箱吞吐量由2006年的19万标箱增长至2022年的702万标箱，在全国沿海港口中排名第 9 位，增速均排在全国沿海主要港口前列。2022 年，西部陆海新通道海铁联运实现跨越式发展，海铁联运班列年开行量也由 178 列增长至 8 820 列。

在北部湾港取得显著发展的同时，学者们也从多角度展开对北部湾门户港的研究。部分学者从发展历程、运输体系一体化、物流金融、集疏运结构、集装箱运输、煤炭运输、基础设施、资源环境约束、智慧港口、绿色港口等角度分析北部湾港的发展现状及存在的问题，进而提出相应政策建议（魏俊辉等，2020；刘念，2020；马财林，2021；纪华鍫，2021；蒋钰，2021；侯政等，2021；张协奎等，2021；董子健等，2022；郭秀娟等，2022；占金刚等，2022；田佳等，2022；胡怡等，2023；刘芬，2022，2023）。部分学者利用相关指标或模型，分析北部湾港内部各因素之间以及北部湾港与外部的关系及影响程度等，如港口物流与区域经济发展或临港产业的关系（李书珍等，2019；朱芳阳等，2021；冯海珊等，2022）；物流协同（吕国清，2020）；经济规模与港口城市活动之间的协同关系（赵亚洲，2020）；钦州港扩建对北部湾港的影响（王花云等，2021）；北部湾港与西部地区经济发展协同关系（陈博等，2022）等。部分学者在发展向海经济背景下深入分析了北部湾港建设国际门户港的影响因素。这些因素包括：一是港口条件因素，如基础设施、集疏运体系、物流及配套服务和港口经营能力（缪正双，2019；董子健等，2022；艾雨柔，2023）；二是相关政策支持情况，主要是城市投资和财政政策（何艳艳，2021；王振武，2021；刘海英，2022）；三是外部经济发展，如宏观经济发展状况、吸引民间资本和海外投资、临港产业、对外贸易发展情况和腹地经济等（周延，2020；张协奎等，2021；沈连芳等，2022；陈林玉，2022；周红梅，2022；黄彩秀等，2022）。

综上所述，学者们从不同角度对北部湾国际门户港建设进行研究，取得了不少学术成果，为本书的研究提供了丰富的理论和实践指导。但有关向海经济发展大背景下，北部湾国际门户港的发展研究以及北部湾国际门户港相关财政政策支持研究的文献仍较少。

此外，北部湾港通过近些年的发展虽然取得了不俗的成绩，未来发展趋势和态势明朗，但不容忽视的是与我国沿海主要港口相比还存在较大差距。这主要是因为北部湾港仍然面临着诸如港口发展较为粗放，结构有待优化，专业化程度偏低，港航信息化发展较为薄弱，技术水平有待提高；口岸服务水平有待进一步改善；港口辐射带动能力较差；港口发展方式相对落后，港口基础设施有待改善等诸多问题。而要解决上述问题，真正实现《西部陆海新通道总体规划》中建设北部湾港为国际门户港的目标，不仅需要发挥市场在资源配置中的决定性作用，激发各类市场主体活力，促进北部湾港自身的不断发展与完善，还需要借助于国家、自治区和北钦防3市等政府层面通力协作，上下联动，做好顶层设计和规划引领，发挥政府作用，从而在广西和北部湾经济区经济社会发展、财政收入等各方面发展相对落后的情况下，抓住历史机遇期，实现跨越式发展，最终打造成为国际门户港。

基于此，我们试图以"向海经济下北部湾国际门户港建设及其财政政策研究"为题，从相关政策角度出发，进行深入、系统分析，以期破解北部湾港发展面临的瓶颈问题、重难点问题和痛点问题，进而有效促进北部湾港可持续发展，为建设成"一带一路"有机衔接重要门户港和西部陆海新通道国际门户港，打造区域性国际航运中心等提供智力支撑。

第二章

相关概念与理论基础

本章在阐述港口、港口群和门户港等相关概念的基础上，重点阐述了港口物流理论、港口竞争力理论和向海经济理论，并进一步阐述了向海经济与港口发展相互促进的机制，旨在为后续研究提供理论基础。

第一节 港口、港口群与门户港

一、港口

关于港口的定义，不同的国家、地区和机构有所不同。美国交通部将港口定义为：港口是物流活动的市场和经济发展的引擎（杨泽芳，2012）。1992 年联合国贸易和发展会议在《港口的发展和改善港口的现代化管理和组织原则》中将港口的功能明确为运输枢纽中心、装卸和服务中心、贸易物流中心。我国港口行业将港口定义为：港口是位于海、江、河、湖和水库沿岸，具有水陆联运设备以及条件供船舶安全进出和停泊的运输枢纽，是水陆交通的集结点和枢纽，工农业产品和外贸进出口物资的集散地，船舶停泊、装卸货物、上下旅客、补充给养的场所。2018 年第三次修订的《中华人民共和国港口法》第三条规定，港口指具有船舶进出、停泊、靠泊、旅客上下、货物装卸、驳运、储存等功能，具有相应的码头设施，由一定范围的水域和陆域组成的区域。港口可由一个或多个港区组成。从上述定义来看，港口是由水域和陆域组成，指具有水陆联运设备以及条件，可以满足船舶的进出、停泊、旅客的集散等国际物流的重要节点和枢纽。水域主要包括进港航道、锚泊地和港池。陆域指港口供货物装卸、堆存、转运和旅客集散的陆地面积。

按照港口的基本性质，可分为基本港和非基本港；按照其用途，可分为商港、军港、渔港、工业港和避风港；按照其所在位置，可分为海岸港、河口港和内河港。

二、港口群

关于港口群，国内外学者对其的定义较为统一。具体而言，港口群就是一个港口群体大系统，在这个大系统中每个港口小系统的整体功能或部分功能都能够被相互替代（郭琦，2019）。港口之间因腹地资源而产生联系，进而形成一个港口群系统，具有地理位置相近、共有腹地资源和部分功能相互取代等特点。

根据港口群的定义和特点，可以将港口群划分为3个层次：一是同一港口不同港区形成的港口群；二是同一省区内不同港口形成的港口群，如广西北部湾港内部的钦州港、防城港和北海港就形成一个港口群；三是不同省市不同港口形成的港口群，如我国的黄渤海港口群、长三角港口群、东南沿海港口群、珠三角港口群等。

三、门户港

（一）门户港的概念

"门户"一词，在《现代汉语词典》和《辞海》中的解释为"比喻出入必经的要地"。Tongzon J. L.（2007）认为在国际贸易中，门户可以定义为全球化供应链中的一个节点，通过提供对国际贸易具有国家意义的公路、铁路、海运和空运基础设施系统，充当地理区域或区域之间的关键纽带。从区域和城市研究角度来看，"门户"这一概念最早是由 Mc Kenzie（1933）提出来的，是指能强化腹地与外部世界联系的出入口（徐珺，2013）。

Fageda（2000）认为门户港是具有转运功能的港口，其腹地制造大量商业货物，位于重要消费区附近，具有良好的多式联运条件，允许通过各种运输方式（陆运、海运、内河甚至空运）集中和分配货物。他认为门户港必须充分利用海上转运，最大限度地满足托运人的要求，并获得足够的吞吐量，以利用规模经济，提高门户港的竞争力。Tongzon J. L.（2007）认为门户港就是国内和国际货运的主要交换点，并通过整合其功能和供应链中其他要素的物流活动，提供安全、快速和具有成本效益的市场入口。一个门户港必须要良好地连接和整合海、陆、空和其他通信模式，并且能提供世界级的运输基础设施（即港口、机场和传送点）。此外，这些运输节点所处的外部环境需要没有阻碍货物、人员、信息自由流动的贸易壁垒和行政障碍，这是成为门户港的主要要求之一。徐珺（2013）认为门户港就是国家对外开放和国内国际贸易货物进出口的港口，门户港以港口为中心，以铁路、公路、航道等作为集疏运条件，以此形成综合运输网。Kim S. et al.（2016）认为门户港是当地经济的重要组成部分，与其周边地区的经济合作形成整个生产和分销系统，并以综合性港口形式促进全球或主要区域贸易和当地经济。因此，门户港作为收入和就业催化剂服务于国际贸易相关行业。

（二）门户港的形成条件

Tongzon J. L.（2007）认为规模经济和港口效率是决定一个港口成为门户港的重要因素。就港口位置而言，地理位置在确定门户港方面有着重要作用，因为位于主干线上的门户港与其他港口的联通性方面具有优先权。此外，一个门户港必须具有由经济规模决定的中心地位，如市场利基和腹地条件。Kim S.和 Tongzon J. L.将影响一个港口成为门户港的主要因素总结为战略位置、可用性、营运效率、港口成本和服务质量5个方面。

1.战略位置

要成为门户港，港口必须处于战略位置。一个港口至少具有以下3个特征之一，则该港口才具有战略位置：位于主要海上航线上；位于生产和/或消费中心或附近；拥有天然深水港、天然防波堤和大型滨水、陆侧开发的可能性。此外，一个好的地理位置要具备有利的气候条件，因为恶劣的天气会妨碍港口的日常运作，阻碍港口的发展。Fleming（1997）观察到，世界顶级集装箱港口被赋予中心性和中间性等位置属性，它们都是某地交易运输的中心，并位于通往其他交易运输中心的航线上。

2.可用性

作为国际物流枢纽的港口可用性包括物理和功能可用性，如港口设施、腹地发展和经济规模。因此，一个门户港必须具有竞争力，不仅要容纳巨型集装箱船舶，还要履行作为综合物流中心的扩大港口功能，促进全球或主要区域贸易和当地经济，从而加强港口枢纽地位。港口可用性的组成部分包括本地货运量、港口基础设施和设备利用率、市场利基、航运班轮偏好和港口容纳额外货运量的物理能力。

3.营运效率

效率通常意味着港口服务的速度和可靠性。在快节奏的行业中，产品必须按时运往市场，码头运营商作为物流链中的重要节点，必须能够保证航运公司非常可靠的服务水平,这是物流枢纽所必需的。在进行的一项调查中,"准时交货"被认为是大多数托运人的一个主要关切事项(UNCTAD,1992),这表明更高水平的效率能吸引更多的港口用户。此外,内陆运输和腹地连接的效率对港口未来的潜在竞争力至关重要,世界上的大型集装箱港口(如上海港、香港港和釜山港)已经将港口营运效率视为支撑其长期发展的关键因素。运营效率的要素包括码头生产率、腹地开发、程序简化(货物装卸速度和供应链合作)。

4. 港口成本

在保持其他因素不变的情况下,较低的港口费用具有更强的竞争力。通常,港口成本包括每个集装箱的运输成本、港口费用和港口服务成本等。此外,转运成本是影响大型港口竞争力成本的一个关键因素。

5. 服务质量

港口必须满足港口用户的需求或期望,如提供加油、引航、仓储、冷藏和其他增值服务,满足货主的一系列需求。服务质量代表了在港口区域向用户提供服务的整体质量,良好的服务质量能提高港口的声誉和服务的可靠性,从而增强港口的竞争力。此外,港口服务质量影响客户满意度、忠诚度和推荐意向。门户港服务质量竞争力结构包含服务可靠性、运输安全和安保、信息技术和电子数据交换在运营中的应用以及港口通行效率等。

四、国际门户港

综观国际门户港的研究,国内外学者大多关注建设国际门户港的具体要求,关于其内涵及发展的研究尚未形成体系。

洪小源(1987)认为就我国而言,国际门户港就是面向世界的,通过国内沿海运输、海港及海港后方疏运来联系全国腹地,主要吞吐远洋运输货物的港口。它具有货流规模大、运输时间快、回程载货多、深水泊位深等特征。根据徐珺(2013)对港口型国际门户城市的研究,可以将国际门户港的功能总结为:一是通过"通道",如航运网络和集疏运网络等对经济社会发展的要素和资源进行引导;二是通过物流带动科技、资金、人才、贸易等要素在门户港所在地区进行整合和协调,以支持国际门户港能力提升;三是门户港能加强对腹地的控制,通过产业链和物流合作,带动区域经济参与国际合作与产业分工。

从港口型门户城市的演进规律入手,国际门户港的演进模式可以从以下几个方面进行阐述。

一是国际门户港功能演进。起步期的门户港仅是海陆运输的中转点，是区域供应链节点；发展期的门户港除了运输中转功能外，还兼具贸易、物流和工业功能，主要服务腹地范围；成熟期的门户港成为世界贸易和物流服务中心，成为全球运输网络进而全球产业链供应链中的重要节点，服务范围扩大到全球，集散和分拨来自世界各国的货物。

二是国际门户港流通要素演进。起步期的门户港的流通要素主要是原材料和初级产品；发展期的门户港物流体系逐渐成熟，开始流通工业制成品和大宗原料；成熟期的门户港不仅是物流服务中心，更是枢纽经济中心、流通要素呈现多元化，遍及全球的大宗能源、资金、信息要素在本地汇集，集装箱运输、冷链物流、多式联运成为最主要的运输方式。

三是国际门户港空间布局演进。起步期的门户港局限于港口周边的区域，同陆向腹地和海向腹地仅存在贸易和运输关系，关联程度较低；发展期的门户港与双向腹地的联系逐渐紧密，陆向腹地范围扩大到有经济和物流联系的更广阔的地区，为港口提供稳定的货源和商贸资源；成熟期的门户港与腹地经济融为一体，关联程度非常高，与全球都有紧密的商贸往来。

四是国际门户港产业体系演进。起步期的门户港主要发展装卸、仓储、转运等港区生产物流产业，临港产业尚未发展起来，腹地产业为劳动密集型产业；发展期的门户港发展加工制造业，重点发展港口物流和化工产业；成熟期的门户港发展临港贸易服务业和供应链综合服务业，重点发展金融、咨询、代理、海事服务等港航服务业。

第二节　港口物流理论

一、港口物流的概念

港口不但是水运与陆运结合点，还是进出口商品运输的集散点和船舶停泊、上下旅客、补给供养的场所。作为现代运输与物流体系中的重要节点，港口生产运作所形成的物流即是港口物流。

目前对物流还没有统一和规范的定义。学者们在不同的时期对其做出的界定存在一定的差异。安东（2005）研究表明，港口物流指港口从事货物装卸、搬运、存储、加工等生产运作所形成的物流。刘秀国（2008）指出，货物的物理移动、港口与外部区域的货物集散和废弃物的清理活动就是港口物流。汪长江（2010）将港口物流定义为一个港口综合服务体系，是借助于港口自身的口岸优势，利用先进的软硬件，发挥港口在集货、配货和存货等方面的特长，不断强化港口在腹地的物流活动的辐射能力和资源整合能力，进而形成涵盖全部物流产业链环节的服务体系，包括运输中转、装卸、搬运、仓储、堆场、配送、加工、包装和分拣等实物流动与信息传递、信息加工等信息流动的融合。王继明（2022）认为港口物流是随物流现代化的发展而产生的，并逐渐发展为港口区域的综合物流体系。港口依靠港口城市的区位优势和资源优势，依托临港产业和先进信息技术整合港口物流要素，在发展仓储、配送、加工等基本物流服务的基础上提供港航科技、港航金融等高端服务业等综合港口服务体系，是现代物流业的重要组成部分。马晓萍（2023）将港口物流定义为：港口城市充分利用港口的先进基础设施，加强物流辐射范围，发展以集装箱运输为主，产业信息技术为支撑的综合物流体系。

学者们从宏观与微观、广义与狭义等维度对港口物流的含义进行了分析。比如将微观层面的港口物流定义为港口企业所提供的物流服务；宏观层面的港口物流则是口岸物流（高杰，2014）。刘畅（2019）从广义与狭义方面对港口物流进行了界定。他认为狭义的港口物流是指港口将资金流、物流和信息流等融合，进而为客户提供增值服务；广义的港口物流则是指港口依托其自身条件实现货物流通而进行的物流活动。又如齐爱云（2022）从微观和宏观两方面对港口物流进行了阐述。她认为，从微观层面看，港口物流是物流行业供应链中发挥增值作用的环节，是港口企业与周边行业搭建的信息交流基地；从宏观层面看，港口物流正朝着全球化、合作化、多元化等方向发展。

从以上关于港口物流的微观与宏观概念来看，港口物流主要涉及各种资源物理移动及其利用进而实现其特定目的的过程。因此，我们将港口物流定义为：港口利用物流、信息流、资金流等各种资源，通过港口与港口企业装卸、搬运、配送、中转、存储、加工等环节，实现货物在水陆、陆陆等地理空间移动而产生的服务关系。港口物流的内容包括装卸、仓储、运输、加工、信息处理及其他辅助活动。

二、港口物流的特点

港口物流作为与传统物流业相区别的特殊的物流产业，其服务的对象是港口，而不是企业。港口物流是利用运输工具、线路、信息等各种港口资源，以最小的港口资源消耗实现最大的港口物流活动为目标。因而，与其他物流业相比，它拥有自身的特点，具体如下：

（一）国际化

从目前主要货种来看，无论是大宗货物（杂货、散货）还是集装箱，大多是国际贸易类型，涉及两个或更多国家（或地区）货物的进出口。随着国际贸易全球化和经济一体化的发展，港口物流作为现代物流业的重要形式，在国际物流服务等方面扮演着越来越重要的角色。

（二）多功能化

港口物流作为物流一站式服务中心，不仅提供装卸、配送、加工、仓储、分拣、信息处理等多种服务项目和检验检查、拆箱拼箱等辅助项目，更为重要的是，还提供门到门的用户服务，推动产销分工的专业化，促进生产力的提升。

（三）标准化

为了便于货物或商品在不同国家或地区的流通，国际上通常对商品包装、装卸加工和信息处理等方面采取国际统一标准，实现货物或商品在全球物流系统中的流转。

（四）柔性化

柔性化是生产领域的概念，即制造能够满足用户不同需求的产品（安东，2005）。港口物流柔性化即根据客户的个性化需求，通过港口服务平台的储藏、装卸、加工等环节满足客户对货种、周期、票数和批次等不同的需要，从而为客户提供更加专业和多样化的服务。

（五）系统化

借助于港口具有的无可替代的优势，港口物流的功能随着全球贸易的深入，正在由传统、单一的装卸、仓储和运输等功能向装卸、仓储、运输、中转、加工、分拣、搬运、配送、信息处理、口岸和增值服务等现代、多样化的功能转变。港口物流的范围由流通领域向生产和消费领域扩展。从功能和范围看，港口物流是集生产、流通、消费等多功能于一体的系统集合。它们通过标准化、规范化的协调合作，实现客户个性化的需求，促进商品或货物的出口。

（六）信息化

互联网和信息网络技术的发展，电子数据交换技术、物联网技术在国际贸易中的普及，以及大数据技术、云计算的兴起，提高了港口资源的作业效率、通关效率和物流效率，极大地促进了货物或商品在全球间的流动。

以上是关于港口物流特点常见的、一般性的阐述。当然，关于港口物流的特点，学者们并没有达成统一看法。刘秀国（2008）认为港口物流具有柔性化、专业化、供应链管理原则、国际物流链交汇点和瓶颈、"人-机"系统、多目标函数系统和大跨度系统等特点。王霄（2018）认为，港口物流除具有柔性化、专业化的特点之外，还具有以下特点：一是港口物流是全球物流链的核心；二是港口物流的物流量大、成本低；三是港口物流具有多方协调性；四是港口物流的发展水平能够反映一个国家的经济发展水平。刘畅（2019）的研究表明，港口物流作为一个跨区域跨行业的复杂的服务平台，具有复杂性、动态性和相关性的特点。王继明（2022）则认为现代港口物流具有大物流、综合性、智能化、一体化的特点。现有关于港口物流特点的归纳和分析，整体上能够全面地反映当前港口物流所具有的特点，这对于我们的后续研究具有一定的意义。

三、港口物流的功能

从港口物流所包含的内容来看，港口物流具有装卸、仓储、运输、中转、加工、分拣、搬运、配送、信息处理、口岸和增值服务等功能，但是随着国际贸易和现代物流业的快速发展，其功能也在不断演进、扩充，归纳起来包括以下几个方面：

（一）多式联运功能

多式联运就是指在商品或货物的运输途中，采取多种运输工具，实现商品或货物的集散中转。港口物流作为多式联运的典型，通过铁路运输、公路运输、水路运输等多种运输方式，把陆地、海洋和河流串联起来，从而形成一个整体，承担着大量商品或货物的集散和中转（王霄，2018）。其多式联运功能能够实现商品或货物的高效运输，极大地降低了运输成本，成为现代物流和运输体系的重要支撑力量。

（二）聚集功能

一方面，港口物流能够将大量的生产性企业和服务性企业（如物流公司、船代公司、航运企业、保险公司等）聚集起来，形成以港口为中心，服务性产业为配套的临港产业集群；另一方面，随着物流园区、大型货运站、铁路专用线和港口集疏运公路等配套设施的逐步完善，港口作业效率和港口物流效率得到提升，商品或货物运输的时间和成本降低，进一步促进了腹地省份或地区箱源的聚集。

（三）综合服务功能

港口物流不仅提供装卸、仓储、运输、加工和分拣等传统港口物流功能，还提供其他增值服务功能，如接待船舶与船舶技术供应、燃料淡水供应、船用必需品与船员食品供应、集装箱冲洗、邮电与结算功能、物流教育与培训等增值服务功能。随着新兴的国际贸易方式的兴起，港口物流的综合服务功能也会得到进一步的扩展。

（四）信息处理功能

港口尤其是国际上的大型港口，一般聚集了大量的航运企业、物流公司和商品或货物，随之而来，商品货物的中转装卸等服务信息、供货渠道资源、航线班次等各种信息也聚集于此。港口俨然成为各种信息交融的场所。因此，怎样快速高效地处理各种繁杂的信息，实现港口作业高效率、提升港口物流效能和完善港口资源配置成为当前港口发展面临的重要问题。因此，准确高效地处理信息成为港口及港口物流发展的不可或缺的条件。

四、港口物流发展模式

相比于港口物流的概念、特点和功能，学者们拥有各自不同的看法，在港口物流发展模式上，国内外学者的观点则大体一致。目前，学者们普遍认为港口物流的发展模式主要有5种类型，分别是国际航运中心模式、港口区域物流体系模式、港口供应链战略联盟模式、区港联动-保税物流模式和港口物流网络经营模式。

（一）国际航运中心模式

国际航运中心是拥有快速高效的集疏运网络、可供大型船舶通行的深水航道、航线密集的集装箱枢纽港等硬件条件，主要依托港口和航线形成航运产业，提供物流服务、金融服务和信息服务功能的港口城市。它具有强大的经济腹地、充沛的集装箱物流、发达的国际航运市场、完善的后方集疏运体系、优越的自然条件和基础设施以及较好的政策体制条件6大特征。目前国际航运中心港口物流模式主要有3类，分别是以市场交易和提供航运服务为主的国际航运中心模式、以中转为主的国际航运中心模式和以腹地货物集散服务为主的国际航运中心模式。各类型港口物流模式均有其代表性港口，如表2-1所示。

表 2-1 国际航运中心港口物流模式的类型

类型	代表港口	发展特点
以市场交易和提供航运服务为主	伦敦港	具有市场交易、保险服务、航运信息服务、海事服务、海事研究与交流、海事监管等功能
以中转为主	香港港、新加坡港	实施世界上最为开放的自由贸易政策、大型机械设备和先进的电子化、先进的管理技术和人员的高素质；得天独厚的深水良港，突出转口贸易及中转运输
以腹地货物集散服务为主	鹿特丹港	背靠莱茵河流域的荷兰、德国和瑞士等发达国家；美国、日本等国向欧洲出口的大部分货物均需在鹿特丹港中转

资料来源：https://wenku.baidu.com/view/e478d262f524ccbff0218420.html。

（二）港口区域物流体系模式

港口区域物流指在港口城市所辐射的经济区域内，物资的实体流动过程，其基本模式是以港区为中心，向腹地扩散，构建3个层次的区域物流节点体系，分别是临港物流园区、物流中心、配送中心。具体来说，第一层次是在周边港区内建立的物流园区，第二层次是在港口经济腹地内的交通枢纽、内陆大城市和大型企业建立的物流中心；第三层次是在中小城市和中小企业附近建立的配送中心。港口区域物流体系基本模式能最大限度地提高港口对经济腹地的货源吸引力，并建立高效快速的物流供应链。

(三)港口供应链战略联盟模式

港口供应链战略联盟的主要手段是强化港口分工和资本联合,最终目的是通过码头共享和腹地范围扩大,形成完善的集装箱运输网络、一致的港口费率、高质量的营商环境、多港口共建的电子数据交换(EDI)系统、联合升级技术,共同开发市场。这个物流模式主要表现了港口间的合作与竞争,在核心业务上,港口集中资源与其他企业相互竞争;在非核心业务上,港口则与其他企业达成各种形式的合作。目前港口供应链战略联盟模式主要有两类,分别是以港口群协同发展为主要表现形式的横向联盟和以上下游物流企业一体化合作为主要表现形式的纵向联盟(见表2-2)。其中,横向联盟又主要有两种形式:一是结成港口间利益共同体;二是跨港口布点编织港口物流网络。纵向联盟则是上、下游物流企业充分发挥自身资源和核心竞争力,从原材料采购到生产加工再到产品销售达成一体化全方位合作,形成物流供应链战略联盟,包括港货联盟、港航联盟和港区联盟。理论上,无论是横向联盟还是纵向联盟,均不失成为港口物流发展的重要模式。事实上,横向联盟和纵向联盟功能作用的发挥,还受到来自联盟间信息共享是否有效、交流协作是否畅通以及联盟内部是否缺乏信任等因素的影响。

表2-2 港口供应链战略联盟种类

类型	形式	发展特点
横向联盟	港口间利益共同体	通过参股、合资、合作等形式结盟
	跨港口布点编织港口物流网络	港口运营巨头利用其成熟的港口运营管理模式和雄厚的资金作为后盾,跨港口甚至是在全球范围内独资或者合作构建物流网络
纵向联盟	港货联盟	港口与货主开展合作。通过港货联盟,货主能够降低其物流成本,港口能够获得稳定的货源
	港航联盟	港口与航运公司开展合作,尤其是跟集装箱班轮公司合作。通过港航联盟,航运公司可以保证对港口的优先使用权,港口能够最大限度地争取干线船和货物
	港区联盟	港口与临港工业园区、物流园区形成联盟。通过港区联盟,形成产业集聚效应,以物流促进临港工业,以临港工业带动港口物流

资料来源:吴闽真.论我国港口物流发展模式的选择——以福州港为例[D].福建:福建师范大学,2009.

（四）区港联动-保税物流模式

区港联动是由港口和航运物流企业合作投资建成的联合物流中心，并由两者共同管理物流中心和完善相关业务。其实质就是在港区和保税区之间专门划定一片区域即保税港区，用于发展仓储、港航等物流产业，将保税区的政策优势和港区的区位优势结合，进而促进仓储、港航等物流产业的发展。区港联动-保税物流模式具有开放性、流动性和产业集聚效应等特点。

（五）港口物流网络经营模式

港口物流网络经营模式是一些大型港口及港口城市利用其雄厚的资金和先进科学的管理理念，在世界范围内与其他港口建立联系，通过形成网状的港口物流集群，大型港口与世界其他港口的利益得到提升。港口物流网络经营模式的实质就是港口供应链战略联盟模式中横向联盟的一种形式——跨港口布点编织港口物流网络。

因此，随着港口物流产业业务内容的拓展、信息网络技术的发展和人们需求的增加，港口物流的发展趋势和内容有了新变化，如港口物流趋向电子商务化、第三方物流和绿色物流充分运用于现代港口物流业中，港口物流发展不断呈现出新态势。

第三节　港口竞争力理论

一、港口竞争力的概念

随着全球贸易总额的不断增长，各港口间的竞争愈演愈烈。一方面，港口基于自身的生存和发展需要，不断提升港口内部管理水平、港口技术水平和资源配置效率，拓展市场份额，进而形成港口在运输市场和货运渠道方面的竞争；另一方面，集装箱运输由于拥有高收益、高效率的特点，迅速成为现代港口及其企业竞争的焦点。加之，全球贸易往来越发频繁，进一步促进了集装箱运输的发展。抢夺集装箱运输市场份额，实现港口及其企业的利润最大化已由相邻港口或区域内港口间的竞争演变为全球化竞争或同行业所有港口的竞争。无论是基于何种原因，港口竞争的关键在于货源的竞争。从港口竞争内容上看，港口竞争主要体现在对腹地货源的竞争、对中转商品或货物的竞争以及对投资的竞争3个方面（张潇丹，2015）。从港口竞争主体上看，港口竞争则主要体现在3个方面：一是港口群之间的竞争如长三角港口群、环渤海港口群、珠三角港口群和西南港口群之间的竞争；二是同一港口群内不同港口之间的竞争，如西南港口群中的钦州港、北海港、防城港、湛江港和海口港之间的竞争；三是同一港口中不同港口企业之间的竞争（方月光，2014）。

根据《2006中国港口综合竞争力指数排行榜报告》，港口竞争力被定义为：港口企业在竞争的市场环境中为相关企业和行业提供质优价廉的服务能力和机会，从而达到港口企业价值的最大化。刘秀国和郑辉（2009）通过对港口竞争力进行演化分析，认为港口竞争力是系统内各个要素之间协同作用的结果，是一个不断演化的系统。方月光（2014）通过归纳总结，指出港口竞争力是港口在生产经营过程中，通过发挥自身的优势，进而在运输市场需求中获得客户的能力，并为客户提供具有竞争优势的航运服务能力。杨忍（2015）认为港口竞争力是港口凭借其自然环境、腹地经济条件、港口基础设施和综合服务能力，吸引航运企业、货源等聚集，进而占据运输市场份额的能力。

由此可见，港口竞争力是包括自然条件、人员、港口基础设施、信息系统、腹地网络和通关等各种资源、要素集成的外在结果和表现，集中反映了港口生产经营的综合能力水平。因此，港口竞争力就是指港口及其企业依托其独特的自然资源条件，凭借其基础设施、港口信息系统和集疏运网络体系等港口其他资源，通过港口及其企业的经营运作，不断促进港口的全面发展，为客户提供各种服务，并在此基础上实现港口盈利的能力。

二、港口竞争力的影响因素

自20世纪60年代港口体系演变理论出现后，国内外学者在此基础上，逐渐将研究范围拓展到港口竞争力影响因素的相关研究上，并成为港口竞争力理论的重要组成部分。

国外学者多从国际的角度研究港口竞争力的影响因素。Xu和Gong（2020）从港口软件条件和硬件条件两个方面构建港口竞争力评价指标，对沿海港口竞争力进行分析，得出港口物流产业软实力和港口运输硬件设施是港口竞争力的主要影响因素。Wahyuni（2020）运用定量分析和定性分析相结合的方式对港口竞争力进行分析，发现港口经济效益、上下游企业的支持和政府部分相关政策扶持等因素能显著地影响港口竞争力。Chathumi（2020）将博弈论规划模型与竞合理论相结合，考察港口运营商间的合作和竞争态势对港口竞争力的影响，认为可以通过港口间的竞合，充分利用泊位并使港口实现延误最小化，从而最大限度地提升港口竞争力。Linde 和 Tavasszy（2018）、Tovar et al.（2015）、Tongzon 和 Heng（2005）、Jose（2001）、Notteboom et al.（2000）从港口选择的角度研究认为港口运输效率、港口的互联互通、运输成本等能够影响港口竞争力。Haezendonck 和 Notteboom（2002）、Yap 和 Lam（2006）等的研究表明，影响港口竞争力的因素包括生产力水平、港口声誉及可靠性、产品质量、通往腹地的便利程度和货物产生效果。Malchow 和 Kanafani（2001）、Hwang 和 Chiang（2010）等指出，经济腹地之间的距离、航运公司和码头运营商采取的策略以及港口间的竞争强度将对港口竞争力产生重要影响。Kenvon（1970）、Mayer（1973）等认为劳动力成本、港口可达性、铁路运输衔接水平和陆上用地情况是影响港口竞争力的重要因素。

国内学者多从中国的具体情况与发展需求角度研究港口竞争力的影响因素。我国对港口竞争力的相关研究相较于国外起步较晚。近年来，随着我国港口的快速发展，并在国际贸易中大放异彩，关于港口竞争力的相关研究逐渐增多。朱静（2014）、广西国家税务局课题组（2016）等认为港口相关政策扶持是港口竞争力的主要影响因素之一。因为国家的货币政策和经济政策对于港口发展有着极其重要的调节作用（秦天生等，2016），而且港口相关经济政策和法律法规促使港口行业实现良性发展（吴祖军，2019）。张国华（2015）、广西国家税务局课题组（2016）、姚博鸿（2021）等认为港口投资与基础设施条件是港口竞争力的主要影响因素之一。因为港口是资金密集型行业，对其投资规模的多少直接影响基础设施的建设与改善，进而影响港口的运营能力和效率，这是影响港口盈利的最主要的因素（刘景山，2020）。吴曼（2011）、朱静（2014）、朱芳阳（2014）、叶林芃（2021）等认为集疏运体系的发展情况是港口竞争力的主要影响因素之一。因为高效的港口集疏运体系能提高货物运输效率（姚博鸿，2021），完善的港口集疏运体系能优化区域交通运输结构，推动该区域的货物流通和经济发展，提升港口竞争力（邹心怡，2020），促进港口城市的发展。安东（2005）、高杰（2014）、曹广新（2021）等认为物流等配套服务是港口竞争力的主要影响因素之一。因为加强战略联盟、营销策略研究、内部管理和提高信息化水平等多种方式是发展港口物流的有效方式（朱芳阳，2014a）。未来港口发展将更加注重提升港口物流能力，拓展其配套服务（周永超，2021）。吴曼（2011）、朱澜涛（2014）等认为管理机制与能力等是港口竞争力的主要影响因素之一。因为港口管理体制在很大程度上影响港口的发展，政府和港口企业要继续探索一种相互协调发展的管理体制，促进港口向好发展（葛绍林，2020）。广西国家税务局课题组（2016）、曾子君（2022）等认为经济（产业）

发展水平是港口竞争力的主要影响因素之一。因为经济发展越活跃，经济总量越大，对港口发展的支撑力越强，相反则越弱，社会生产力水平、科技水平、进出口贸易额等深刻影响港口及相关产业的发展（吴祖军，2019）。

除此之外，国内外其他学者从不同的角度、不同的方面，采取不同的方法对港口竞争力的影响因素及其大小进行了探讨，在此不一一赘述。纵观已有关于港口竞争力影响因素的相关研究，我们发现，学者们早期把影响港口竞争力的因素主要归结于单一的或少数几个因素如自然条件、腹地环境等地理因素。随着港口的发展和研究的不断深入，他们将港口竞争力的影响因素拓展到生产力水平、港口声誉、基础设施、服务质量、政策水平、效率、经营管理能力和发展潜力等众多因素的比较和分析上。影响因素的范围和外延均发生了变化：由单一少数因素的探究逐渐拓展到多个因素的分析，由内部或外部因素抑或是局部因素的分析逐渐向内外部因素或综合分析转变，由此构成一个较为系统、全面和多样化的港口竞争力影响因素评价指标体系。

三、港口竞争力的评价方法

随着港口竞争力研究的深入，港口竞争力综合评价方法也趋于多元化。目前关于港口竞争力评价的方法归纳起来主要包括主观评价法和客观评价法两大类别（王爱虎和刘晓辉，2013；张潇丹，2015；杨忍，2018）。其中，主观评价法包括德尔菲法、标杆分析法、TOPSIS 法、层次分析法、模糊综合评价法、证据推理法等；客观评价法包括熵权法、因子分析法、结构方程法、数据包络法等。

如杨忍（2018）采用层次分析法对"21 世纪海上丝绸之路"沿线重要港口的竞争力进行了评价。张潇丹（2015）采用 TOPSIS 法对大连港、盐田港、上海港和唐山港等我国沿海 10 大港口的竞争力进行了比较分析。杨泽芳（2012）用主成分分析法，以大连港为主要研究对象，对比分析环渤海区域内各港口的竞争力。郭晓清和黄建设（2015）在分析厦门港与我国主要沿海港口竞争力比较分析时也采用主成分分析法。姚飞等（2011）采用因子分析法从集疏运基础设施规模、集疏运运输规模、经济规模、对外开放规模、人口及就业规模等 5 个方面对日照市港口城市规模竞争力进行分析。吴祖军和彭勃（2018）采用因子分析法对宁波港、上海港和广州港等我国沿海 10 大港口的竞争力进行实证分析。郭真和黄家斌（2020）利用因子分析法对钦州港的港口物流竞争力进行了评价。他们研究发现，与天津港、上海港、大连港等港口相比，钦州港的港口物流竞争力相对落后，港口物流水平还有待提升。谢译（2021）利用熵权 TOPSIS 法构建评价体系对国内多个港口竞争力进行分析，并根据评价体系结果具体分析了广州港发展的竞争优势和存在的不足。张远等（2021）对港口分类货的生产能力、作业能力和发展潜力进行评估分析，利用 TOPSIS 法构建港口分类货竞争力评价体系，并提出提升港口分类货竞争力的方法和路径。陈慧梅（2022）采用客观评价法—主成分分析法对众多指标进行筛选和评价，然后从港口的基础设施、腹地经济、集疏运条件、综合服务能力以及港口物流可持续发展能力5个方面构建港口竞争力评价体系。

另外，一些学者则采用两种或两种以上的方法相结合对港口竞争力进行评价。如李博等（2016）采用熵权 TOPSIS 法对长江经济带沿线港口的竞争力进行了测度。滕炜超和胡志华（2017）基于主观评价法 TOPSIS 法和客观评价法 DEA 法对我国 13 个主要沿海港口的竞争力和有效性进行了分析，结果表明，上海港、宁波—舟山港、天津港、广州港、深圳港和青岛港的港口竞争力相对较强，而湛江港、汕头港、烟台港、大连港、福州港、厦门港和泉州港的港口竞争力则较弱。王金利（2019）采用层次分析法和模糊综合评价法对深圳港集装箱港口竞争力进行评价，研究表明深圳港集装箱港口竞争力整体处于良好阶段。郭琦（2019）采用因子分析法和聚类分析法对长三角港口群的竞争力进行评价。戴江湖（2021）采用模糊评价法对港口可持续竞争力进行分析，指出港口所处的社会环境对港口的可持续竞争力影响显著。

正如王爱虎和刘晓辉（2013）指出，主观评价法适应性强，简单易行，但指标权重的确定往往受到个人能力、认知水平等因素的影响，主观性较强，其评价结果的说服力相对较差；而客观评价方法虽然克服了主观评价法的缺陷，评价结果接近于现实，但需要大量的样本，操作过程过于机械化，程序十分烦琐。由此可见，无论是主观评价法抑或是客观评价法均具有一定的优劣势。如何对港口竞争力做出正确评价，克服港口发展劣势和挖掘港口发展的核心竞争力已成为各港口在激烈竞争中生存发展的关键。因此，选择合适的港口竞争力评价方法就尤为重要。

第四节　向海经济理论

一、向海经济的内涵

2017 年 4 月，习近平总书记在广西北海铁山港考察时，首次提出"打造好向海经济"要求；2021年4月，习近平总书记在广西考察时，再次强调要"大力发展向海经济"。"向海经济"是在新时期提出的一个涉海经济新概念和经济发展新模式，一经提出就引发了学界和社会各界的广泛讨论。目前，关于向海经济的含义主要有以下3类观点。

一是以产业为支撑，交通运输为纽带的陆海经济一体化的发展模式。童政等（2017）认为要充分依靠港口与产业发展，建立协同发展的港口群、扩大临港产业规模、扩大国际产业合作示范区等，切实推动北海市向海经济发展。朱宇兵等（2018）分析了广西北部湾经济区向海经济发展现状，认为要加快引进重点项目、促进产能合作示范区、经济发展要素集聚区和国际合作试验区全方位建设，探索"海洋+"新兴产业融合发展模式，扩大广西北部湾经济区向海经济规模。傅远佳等（2020）基于西部陆海经济带建设基础现状，将向海经济定义为：沿海地区以陆海通道为依托，陆海产业合作为手段，实现陆域资源与海域资源统筹，形成陆海区域经济一体化和国内国际经济双循环相互促进的发展模式。

二是以陆域经济为基础，海洋经济为导向的由陆及海的资源财富拓展模式。王波等（2018）认为向海经济是陆域经济与海域经济通过陆海通道实现互动融合的外向型经济发展形式，明确了海岸带、现代港口、科技创新和生态文明建设在发展向海经济中的重要作用。靳书君（2021）认为发展向海经济就要不断集聚向海经济要素，完善向海通道建设，扩大向海产业规模，通过港口等向海通道实现陆海资源统筹，形成陆域经济向海开放新格局，走以海强国之路。广西财经学院广西向海经济研究院（2022）认为，发展向海经济不仅局限于沿海区域，还要由陆及海持续推进向海洋更深处要资源、求财富、谋发展。陈明宝等（2022）认为向海经济的基本内涵可以理解为：海为导向、陆为基点；以海引陆、由陆及海；海陆贯通、陆海统筹。

三是以高质量发展为引领，推动海洋经济走向更高层次开放的经济发展模式。洪小龙等（2017）认为向海经济不等同于海洋经济，向海经济是在新发展理念下，海洋经济与开放型经济相融合的经济发展新形式。夏飞等（2019）认为发展向海经济要强调海洋经济的基础性和向海要资源的主动性，沿海地区要统筹陆海生产要素，发展向海经济产业，实现向海经济高质量发展。黄灵海（2020）认为向海经济的内涵和外延融合了港口经济、蓝色经济和海洋经济等经济形态，其主要特征是陆海协调发展。赵木林等（2023）认为发展向海经济的本质是开放型经济，发展向海经济要把握好海洋经济、通道经济、陆海经济之间的定位与联系。

二、向海经济的发展理念

向海经济是在贯彻新发展理念与实施海洋强国战略背景下，党和国家提出的助力经济高质量发展的一种开放型经济新模式。高质量发展是体现新发展理念的发展，即创新成为第一动力、协调成为内生特点、绿色成为普遍形态、开放成为必由之路、共享成为根本目的的发展。在全面实施向海经济发展战略过程中，要推进向海经济与新发展理念为引领的高质量发展深度融合，将科技创新作为发展向海经济的战略支撑，优化向海产业体系，加强陆海生态文明建设，提升向海经济开放程度和开放范围，实现向海经济福祉由全社会共享。

第一，坚持陆海科技引领，推动向海经济创新发展。海洋经济开发程度取决于科技水平的高度，以海洋经济为基础实现更高层次的向海经济发展必须要坚持科技引领。发展向海经济，就要坚持科技兴海，加大对海洋研究平台的科研投入，完善向海研究人才培养体系建设，促进陆域科研要素向海域转移和革新，强化海洋科技要素集聚，提升海洋科研成果转化能力和新兴产业开发能力，以科技创新推动向海经济高质量发展。

第二，坚持陆海资源统筹，推动向海经济协调发展。向海经济通过陆海基点，如沿海港口、陆海通道等形成整合陆海资源和要素的大平台，将陆域经济和海域经济联结成一个大整体。陆域与海域之间的生产要素和市场要素相互流通、集聚，不断完善陆海资源配置，实现产业升级优化，催生陆海合作新业态，构建陆海经济良性互动格局，推动向海经济协调发展。

第三，坚持陆海生态环保，推动向海经济绿色发展。保护好陆海生态环境，是发展向海经济的基础，也是向海经济实现高质量发展的前提。提高陆海生态文明建设的认识水平，合理有度地开发陆海资源，控制陆海环境资源开发总量，提升陆海资源利用效率，促进陆海经济向质量效益型转变，实现向海经济的可持续发展。

第四，坚持陆海内外联动，推动向海经济开放发展。在共建"一带一路"背景下，构建全面开放格局，大力发展外向型产业合作，是向海经济发展的必由之路。完善内陆对外开放通道，畅通陆海联运通道和海上运输通道，加强陆海内外联动，推进西部内陆地区向东部沿海开放，东部地区带动西部内陆向国际开放，逐步构建多层次、全方位的开放格局，推动向海经济向纵深开放发展。

第五，坚持陆海福祉最大，推动向海经济共享发展。发展向海经济要通过陆海联动，优化陆域经济和海域经济发展布局，拓展向海经济发展空间，扩大海洋经济研究范围，充分挖掘新兴海洋产业，利用高新技术加强对深海、远洋、极地等的探测和开发,增加向海经济总量;并通过对外开放和国际合作,共建海洋命运共同体与人类命运共同体,实现陆海经济福祉惠及更多群众。

三、向海经济的主要内容

(一)向海经济的特征

1.空间动态演进性

向海经济以陆海统筹为战略引领,将陆域经济与海域经济相联系,通过陆海通道、产业合作促进中西部地区经济和沿边地区经济向沿海地区演进,推动沿海地区经济向深海和其他国家演进。总的来说,向海经济就是国民经济由陆域向沿海,沿海向深海的动态演进过程。

2.产业层次升级性

发展向海经济是产业层次升级的过程,即传统向海产业—新兴向海产业—高技术向海产业的产业层次演进过程。向海经济在释放传统产业优势,稳固产业基底的基础上,积累资本和生产要素,提升经济效率,促进向海产业不断升级优化,进而培育新兴产业,通过叠加高新技术红利,不断壮大高新技术产业,构建合理的现代向海产业体系。

3.经济发展综合性

向海经济以海洋经济为主体,包含陆域经济、海岸带经济、通道经济和港口经济,但向海经济不是各经济形态的简单加总,而是各部分有机融合,统筹协调各部分之间和外部环境关系的综合经济系统。向海经济产业也不是单一的海洋产业或是陆域产业,而是涵盖第一产业、第二产业、第三产业,陆海产业协同发展的向海产业体系,也包含陆海区域人才、资金、技术等要素的相互融合和合理配置。

4.高新技术依赖性

相比陆地,海洋开发面临更大的风险和不确定性,开发海洋新兴产业和探索海洋新领域都需要更高精尖的科技和专业设备做支撑,如深海探测、海洋油气资源开采、海水利用、海洋生物医药业等方面所需要的海洋工程装备和船舶都具有高技术、高投入和高附加值等特点。向海经济高质量发展更加重视关键领域的技术突破,培育海洋高新技术产业,提升海洋科技产业化水平,使向海经济成为新的经济增长点。

5.资源要素开放性

向海经济本质上是一种开放型经济，其内部的资源和要素也充分流动，具有显著的开放性特点。除了中西部地区向东部沿海、沿江地区开放，东部沿海地区还利用区位优势，带动中西部地区，通过完善港口建设、开通国际班轮运输，服务"一带一路"倡议，广泛参与国际分工与合作，加强不同国家、不同行业、不同市场之间资源要素的联系，不断拓展经济发展空间。

6.生态环境保护性

向海经济与绿色发展理念深度融合，通过顶层设计和制度安排调整经济结构，突破资源环境瓶颈制约，达到生态文明、人海和谐的开发格局。要将蓝色经济发展理念根植于向海经济发展全过程，优化陆海经济布局，提高资源配置效率，达到海洋资源开发与保护相协调，建立安全可持续的向海经济发展体系。

（二）向海经济的4个关键点

向海经济是包含陆海产业在内的多种产业类型和经济形态融合发展的开放型经济发展模式，要在陆海统筹发展的视角下，正确把握向海经济整体与各组成部分之间的内在联系。王波等（2018）认为陆域经济、海洋经济、现代港口与海洋交通运输是发展向海经济的关键所在，四者相互影响、互相融合，共同支撑向海经济的发展框架。

1.陆域经济

陆域经济是发展向海经济的基础，主要体现在以下3个方面：

一是扩大陆域消费市场。陆域经济向海发展可以扩大陆域市场自身需求和外部市场需求，推动产业、资本向海域市场和国际市场转移，拓展消费市场，化解产能过剩。二是陆域经济发展为海洋产业发展、壮大提供经验积累和技术突破，引导陆域经济的资源和要素向海洋集聚，充分发挥其扩散效应和经济溢出效应，为海洋经济新旧动能转换提供技术支持，为产业发展提供资金和人才支持，全面提高海洋开发能力，完善现代海洋产业体系。三是陆域经济发展为产业发展提供基础支撑，陆域经济发展越好，越能优化港口和交通运输布局，进一步降低物流成本，畅通向海经济发展通道。要深刻把握陆域经济基础地位，通过陆海统筹促进海洋经济发展，完善港口和交通运输业发展，为向海经济发展提供坚实的物质和经济支持。

2. 海洋经济

海洋经济是向海经济的重要途径，海洋是向海经济对外开放、拓展资源的战略高地。海洋经济会在很大程度上影响向海经济发展的质量、效率和后续发展潜力。因此，要坚持陆海统筹，实现陆海经济优势互补，促进陆域资源向海洋集聚，优化海洋产业结构，释放传统海洋产业优势，发展新兴海洋产业，提升海洋经济效益；充分利用港口和海洋交通运输通达性，加强海洋与其他国家和地区的交流与合作，扩大海洋经济的开放性和包容性。

3. 现代港口

沿海港口是向海经济的战略支点，是连接陆域经济与海洋经济的关键纽带，港口在向海经济和外向型经济中起到重要作用。因此，要充分发挥港口的支点和纽带作用，推进智慧港口建设，优化港口管理体制，提高港口作业效率；推广港口清洁能源应用，降低港口碳排放，推动港口向绿色和资源集约型转型；加强口岸建设，提高通关效率，加密集装箱航线，降低物流成本，增强港口国际竞争力，推进现代港口向第四代港口转型升级，促进陆域经济"走出去"，统筹协调陆海经济，实现多方共赢。

4. 海洋交通运输

海洋交通运输是向海经济发展的重要通道，是国际贸易货物运输中最重要的方式之一。海洋交通运输业是海洋经济发展的"三驾马车"之一，其发展也主要依托沿海港口。因此，发展向海经济，就要完善海铁多式联运建设，加强海洋交通运输与其他多种运输方式的有效衔接；优化海洋运输结构，大力发展集装箱运输，为外向型经济发展提供支持；积极参与国际海上交通运输合作，建立海上应急保障系统和服务体系，提高海上运输安全性能，为向海经济提供安全可靠的发展环境。

四、向海经济发展的影响因素

向海经济理论自提出以来，就受到国内外学者的广泛关注，其影响因素分析也成为学界研究的热点。通过梳理国内外相关文献，笔者将影响向海经济发展的因素总结为以下几个方面。

（一）陆海统筹

海洋与陆地之间的联系与互动是陆海经济共同发展的内在规律。陆域经济是海洋经济向深海、远洋和极地发展的重要基础，海洋经济是陆域经济向海发展的重要动力，两者相互依赖，相辅相成，陆海统筹情况在很大程度上影响向海经济的发展情况。赵木林等（2023）指出陆海协同是广西落实国家使命，重塑发展优势，发展向海经济的战略要求。广西要重点打造北部湾国际枢纽海港，立足产业基础和关联度，延伸打造湘桂向海经济走廊中心节点城市，基于"公铁水"多式联运优势联结西部腹地，形成向海经济辐射区。陈明宝等（2022）将向海经济看作陆域经济与海洋经济的融合，包括海洋产业与陆域产业的融合，海洋引导陆域要素向海延伸并与海洋要素相结合，陆域经济促进海洋经济结构优化和开放合作等。他认为向海经济的本质特征就是陆海经济相互影响，互为支撑。靳书君（2021）在分析向海经济形成的实践基础上，深层次探讨了向海经济与海洋经济、陆域经济之间的关系和作用机理，认为陆域经济与海洋经济在资源、产业和通道衔接等方面存在紧密联系，发展向海经济就是要通过陆海通道，充分引领陆域资源、要素等向海洋集聚，并释放出海洋的巨大潜力，最终实现陆海统筹和向海经济高质量发展。

（二）向海产业集聚

海洋是向海经济高质量发展的战略要地，海洋产业是海洋经济发展的重要支撑，海洋产业集群化和集聚化是向海经济高质量发展的趋势要求，其中海洋新兴战略产业和海洋高新技术产业的高质量发展能在很大程度上促进向海经济的发展。刘忠萍（2023）指出广西发展向海经济，要根据重大战略引领，发挥西部陆海新通道的向海通道优势，促进西南地区特色产业向东部沿海开发，在升级传统向海产业基础上，加强科技投入，挖掘向海新兴产业和高技术产业。赵木林等（2023）指出广西要做好产业链招商，培塑立足广西、面向东盟的临港产业集群和产业基地，借助国家自由贸易区、开发区、产业园区建设基础，打造广西特色的向海经济产业集聚区，促进广西向海经济高质量发展。沈奕等（2023）指出钦州发展向海经济的定位是打造以高新技术和绿色发展为核心的现代化向海经济产业体系，聚焦广西区位优势和资源禀赋优势，发展海洋新兴产业、临港产业和通道产业，将广西打造成为国家发展向海经济的前沿和示范区。傅远佳等（2021）强调广西发展向海经济要实现陆域产业与海洋产业之间的双向互动，发挥广西北部湾港和沿海开放优势，集聚向海经济要素，促进向海产业结构优化，升级临港产业；配合科技创新，积极打造新兴产业；扩大开放合作范围，加强产业合作，完善海洋产业和陆域产业体系，打造向海经济产业集聚区。

（三）科技创新

技术创新是向海经济发展的核心和向海经济高质量发展的内生动力，创新发展是推动向海经济高质量发展的实现路径，也是向海经济实现内涵式发展的第一动力。因此，海洋经济的科技基础与支撑能力是影响向海经济发展的重要因素。陈明宝等（2022）指出海洋的开发比陆地活动风险更大、复杂性更强、不确定性更高。这就决定了向海经济发展的技术密集、风险密集和资本密集的特征。向海经济的高水平发展就要求加大对海洋的资金、技术和人才的投入和创新，拓展海洋开发范围，提高海洋资源利用效率，加强对海洋资源的保护，促进海洋经济绿色发展，推动向海经济可持续发展。韦启钧（2022）从科技水平、经济水平、政策支持水平和生态保护水平等方面评价广西向海经济发展质量和发展潜力，认为影响向海经济高质量发展的因素是科技创新能力、海洋资源的社会效益和生态效益，其中，科技创新是最重要的影响因素，提出广西要实施科技兴海战略，促进与国内外海洋科研院所的合作，加强政府在科技创新中的保障能力，加快海洋科技创新。杨昊楠（2021）从广西向海经济的新动能发展情况出发，认为广西要加快提升向海经济科技创新能力，加强与涉海科技企业的合作，建立合作创新中心，引进专业涉海技术人才，吸引科技创新要素向海集聚等。

（四）交通基础设施

完善的综合交通运输网络是连接陆海经济"断点"，打通陆海经济"堵点"的重要纽带，能畅通陆域经济和海域经济循环。其中港口是对接陆海经济的重要支点，是向海经济的重要组成成分，在外向型经济发展中起到重要"桥梁"作用。现代化港口是发展向海经济的战略支点，沿海地区"要致富，先建港"。刘忠萍（2023）指出在西部陆海新通道建设背景下，广西发展向海经济要注重完善港口设施，提升港口综合服务水平，强化海陆空资源整合，构建立体综合国际运输大通道。冯彦明（2022）认为"要想活先网络""要想经济现代化，先把基础智能化"。广西发展向海经济，经济基础设施建设情况起着主要作用。广西要加强基础设施建设，既包括加强海陆空河交通设施、港口海关运行设施、报关通关管理以及通信设施的建设，又包括加强网络安全和信息化建设等。唐红祥等（2022）认为在新发展格局下，坚实的交通基础设施是向海经济发展的基础。要不断完善以港口为中心的交通运输网络，提高港口的基础设施质量，加快港口开放化、智慧化、数字化建设，以"新基建"为新引擎提升港口传统基础设施的服务效率和生产效率。靳书君（2021）认为陆域和海域交通运输网络能提升辐射能力和扩大辐射范围，加强陆海统筹和陆海联动，要打通向海经济通道，推动陆海通道衔接，完善向海经济运输网络才能充分释放陆域经济和海域经济的潜力，不断增加向海经济总量。

（五）开放合作

发展向海经济就是立足海洋走开放发展之路。海洋具有天然开放性、国际化等特征，所以发展海洋经济要以国际化视野来对待，而不能局限于某一区域、某一国家或某一地区，这是向海经济高质量发展的题中应有之义。傅远佳等（2021）认为发展向海经济要坚守开放发展理念，推动向海开放和内外联动发展。要全方位地对外开放，建设自由贸易区网络，充分发挥区位和资源优势，开发利用国外市场及资源，加强国际贸易合作，吸引各方投资。康安（2022）和陆燕等（2022）立足广西钦州向海经济发展实际，强化政府引领作用，加大对向海经济产业、招商平台、龙头企业等的政策支持力度，吸引更多向海要素在钦州集聚，促进向海经济大步向前发展。夏欢欢等（2022）认为广西向海经济发展要打好东盟牌，眼光放到全世界，发挥自身特色农产品和特色科技产品优势，打造属于广西向海经济产业和产品品牌，打造"沿海而生""向海而兴"的向海经济发展示范区。史亚博等（2022）从建设湘桂向海经济走廊出发，提出湖南和广西两省要用活对外开放平台载体，探索重点领域开发合作模式，通过产业园区、合作示范区加强省际联动，形成互补性合作格局。

（六）人才建设

人才是发展的第一生产力，社会经济发展的根本在人才和规划。向海经济高质量发展也离不开战略性人才和创新型人才的支撑。刘忠萍（2023）认为广西应该重视向海经济人才队伍的建设，加快人才培育，加强高技术人才和创新人才队伍的集聚、引领和带动作用，加大财政资金投入，鼓励科研机构引进核心领域和核心科技人才，开展向海经济发展的技术攻关。冯彦明（2022）从广西发展向海经济的定位和方略出发，指出影响广西发展向海经济的重要因素是向海经济人才的培养。广西应当面向海内外，以半产业化、半市场化的方式发展与向海经济相关的基础教育和高等教育，尤其是要加强对语言、医药、文旅、经管（含金融）等人才的培养。此外，管理体制是重要的基础设施，是决定营商环境质量好坏最主要的因素，因而是决定能否吸引投资和稳定投资、能否吸引人才和发挥人才作用的关键。李春华等（2022）分析广西向海经济人才培养情况，认为发展向海经济最迫切的关键资源就是人才和智力，广西要着力培养跨专业的、具有国际化视野的应用型、创新型、复合型和外向型向海经济人才。夏欢欢等（2022）指出广西发展向海经济要着眼于海洋教育，通过与全国涉海科研机构或开设涉海专业的高校进行合作，完善海洋人才引进和人才培养体系，提高广西向海经济科研潜力。此外，其他学者将向海经济发展的影响因素聚焦到经济发展水平（金晓会等，2023；夏欢欢等，2022；熊微，2021；傅远佳等，2020；陈云等，2020）、配套政策支持（王政武，2021；陆燕等，2022；王菊，2021；）、生态文明建设（夏欢欢等，2022；吴亮莹，2022；广西向海经济研究院，2022）等方面。

第五节　向海经济与港口发展的互促机制

随着经济全球化和一体化的推进，港口发展作为现代经济社会发展的重要组成部分，不仅得到了政府职能部门的重视，也引起了学术界的广泛关注。从近年的研究来看，目前学术界主要集中在港口自身发展（马文祥，2009；朴管珠，2011；钱学风，2015；张国华，2015；蒋吕一，2015；卢玉舒，2016；廖梦迪，2018；吴金颖，2019）、港口与经济（产业）发展（钱学风，2015；魏丽华，2016；广西国家税务局课题组，2016；马旭驰，2017；吴祖军，2019；刘景山，2020；高冰新，2021；吴振铭，2022；刘维琦，2023）、港口发展的财税等政策（李亚男，2007；陈明辉，2009；冯社苗，2006；蒋满元，2010；广西国家税务局课题组，2016；秦天生，2016；李丹丹，2019）、集疏运体系建设（蒋满元，2010；吴曼，2011；邹心怡，2020）、港口物流发展（李超，2005；安东，2005；陈庆才，2013；朱芳阳，2013，2014a，2014b；乔鹏亮，2013，2015；高杰，2014；林杨，2015；刘景山，2020；邵君，2020；周永超，2021；姚博鸿，2021）、集装箱运输（周迎春，2007；赵景培，2009；吴曼，2011；朱芳阳，2014c；郭秀娟等，2022；冯海珊，2022；吴颖，2022；饶曼琦，2023）、航运中心（吴曼，2011；朱静，2014；覃开宏，2014；邹心怡，2020；姚博鸿，2021）和港口发展模式（庄佩君，2004；朱澜涛，2014；应鉴，2022）等方面。他们通过研究发现，港口的发展主要受到区位因素和港口软环境、经济（产业）发展水平、相关政策扶持、投资与基础设施条件、集疏运体系的发展情况、物流等配套服务、管理机制与能力等诸多因素的影响。

综合前人对港口的已有研究以及本章前文关于向海经济的理论分析，笔者试图阐述向海经济与港口发展的互促机制。

一、向海经济高速发展促进港口纵深发展

（一）向海经济发展促进港口基础设施完善

港口和海洋交通运输是向海经济发展的基础，向海经济作为外向型经济新模式，与各区域存在大量要素联系与交换，对不同空间的跨区间要求较高。因此，向海经济高质量发展对港口提出更高、更新的要求，促进港口基础设施的不断完善。具体路径：一是促进港口不断提高基础设施互联互通能力，推动进出港航道、码头及附属设施、锚地等港口公共基础设施建设；二是增强港口海铁联运能力和加密集装箱航线，不断扩大海铁联运班列开行规模；三是促进港口推进口岸功能升级，不断完善如智慧口岸、单一窗口、通道卡口、视频监控查验设备以及自助快捷通关服务设备等口岸信息化建设。

（二）向海经济发展促进临港产业集聚

向海经济在产业内涵上既覆盖传统海洋产业、战略性新兴产业和腹地特色产业，又覆盖临港优势产业。向海经济总量的提升，为临港产业投融资提供了资金保障，也为临港产业体系建设输送了先进技术和高端人才，扩大临港产业的规模和集聚趋势。具体路径包括：一是促进临港产业集群发展。向海产业依托港口港航运输优势和港口发展，不断向港口周边和港口城市集聚，形成具有规模经济效益的产业集聚体；二是促进临港新兴产业发展，不断优化传统临港产业和初级产业，加强产业协同发展，最终形成一批具有鲜明特色的临港新兴产业；三是促进临海旅游业发展。向海经济将推动沿海城市经济转型升级，拓展资源利用新空间，从而凭借其自然资源条件和开放合作优势，融入区域旅游产业链。

（三）向海经济发展拓宽经济腹地

向海经济提升沿海经济区和港口中心城市的集聚力和辐射力，在更大范围把生产和消费联系起来，扩大交易范围，推动分工深化，促进财富创造，畅通

经济循环加持赋能，拓展沿海港口的陆向经济腹地和海向经济腹地，提升区域竞争力。具体路径包括：一是助推港口海铁联运货源的拓展。大力发展向海经济，推动向海通道网络建设，完善港口陆向集疏运体系，强化港口海铁联运货源拓展，加强沿海城市与内陆腹地的经济联系。在既有物流通道（如西部陆海新通道）沿线省份开设稳定班列，能够加强与陆域经济腹地之间的物流和商贸联系。二是助推腹地货源快速通达港口。沿海城市通过加大交通基础设施投入，完善交通运输网络，为港口打造高效的腹地集疏运通道。

（四）向海经济发展推进港口智慧绿色转型

向海经济发展坚守创新驱动和绿色发展理念，推动传统海陆基础性行业由要素驱动向创新驱动转变，实现传统海陆行业的智慧升级和绿色转型。沿海城市向海经济发展要求完善港口智慧化基础设施，推进口岸功能升级，提高港口运营管理综合水平，不断提升服务向海经济能力。具体路径包括：一是推进港口智能化建设。在智慧信息平台建设上，港口加快国际贸易"单一窗口"升级版，如智慧港口系统、配套关企协同系统以及"一站式"服务平台建设；加强信息互通共享，推动港口、铁路、物流、金融、贸易等信息系统衔接。大力推进人工智能、北斗通信、5G网络应用、电子数据交换平台（EDI）等建设，升级完善信息化基础设施。二是推进港口绿色化发展。港口通过深入绿色发展理念，致力于生态环境保护、采用清洁能源、减少碳排放，按照集约化和专业化原则对港口设施进行改造，实现绿色转型，践行高质量可持续发展之路。

（五）向海经济发展推动港航服务升级优化

向海经济发展促进新旧动能转换，要求港口发展改变以单一装卸为主的生产经营模式，发展以港航金融为代表的高端化现代服务业，并将港口功能与服务的升级逐渐变成港口竞争力的核心。在大力发展向海经济背景下，港口要加快搭建航运、物流、经贸深度融合的平台，不断推进港航服务业数字化和智能化升级，打造国际性港航服务中心和航运交易所，重点发展港航金融服务业。具体路径包括：一是推动港口港航服务中心和航运交易所建设。港口依托现代航运保险业、船舶交易平台扩大港口航运能级和产业规模，推动建立港口航运交易有限公司，提升港口港航运服务能力和服务范围，增强港口影响力。二是推动港口港航金融实现创新发展。成立港口金融控股公司，着力打造港口港务集团海外金融业务专业平台，实现境内外联动、金融与实体互动的发展布局；

成立物流金融服务平台，实现跨境贸易、国际物流、仓储服务等与跨境金融数字服务平台的无缝对接，不断提高金融服务能力等。

二、港口建设促进向海经济发展

（一）港口建设促进陆海统筹

港口作为交通通道是国家与地方社会和经济发展的核心战略资源，是跨区域联系、要素交换的基础。现代港口在新一轮对外开放中扮演着重要角色，是陆域经济向海延伸的重要通道与门户，协同陆域经济与海洋经济融合发展的重要支撑，有效衔接陆上丝绸之路与海上丝绸之路的重要节点，实现陆海经济互联互通的重要纽带。港口利用陆海统筹的区位优势，加强海外腹地与内陆腹地之间的资金、信息、人才、技术等要素的相互流通、相互整合，实现我国陆域经济和海域经济的统筹发展。

（二）港口建设促进陆域经济发展

沿海港口发展对其内陆腹地的要素需求日益增强，同时通过港口运输通道为陆域产业资源要素流通提供运输服务，为内陆地区搭建效率高、成本低、服务优的出海通道，畅通物流、人流和信息流，将沿海地带的区位优势、开放优势延展到内陆腹地，打通区域经济循环、国民经济循环和国际经济循环的地理堵点，从各方面促进陆域经济发展。具体路径包括：一是加强陆域港务运营平台合作，加密海铁联运班列，为陆域腹地打造特色内外贸路线，加强陆域经济产业联系、跨区域协同运作能力；二是推动陆域经济对外开放，紧抓RCEP实施等重大机遇，加强与船务公司的密切合作，有效推动港口省份与欧美国家、东盟国家的经济合作交流，推动形成全方位发展和多层次开放格局；三是通过港口深化省际产业合作，加快陆域经济融合发展。

（三）港口建设促进海域经济发展

首先，港口功能的完善和技术进步能不断降低物流成本，扩大海洋经济产品的市场空间和海洋经济活动的市场范围，进而提升海域的区位条件，增强其区位优势，带动海洋经济全方位发展。其次，港口是联结陆海经济的通道，加强了海洋经济与其他区域经济的联系，促进要素向海洋区域集聚或港口沿线布局，最终促进海域形成规模经济。最后，港口运输的技术进步，可以使港口腹地的人力、资金、技术等要素流向海洋，最终形成集聚经济效应。

（四）港口建设促进向海经济产业结构优化

向海经济产业包括传统海洋产业及新兴产业。海洋第一、二、三产业比重的合理化主要体现在海洋三产结构的优化以及传统产业和新兴产业的比重合理化上。首先，港口作为技术与产业扩散的平台，其发展和完善能带动海洋经济技术发展，促进产业形态从低级向高级发展。其次，港口通过发挥集聚效应和乘数效应，通过陆海通道，引导腹地的优质资源和高级要素流向海洋，从而改变海洋产业结构。最后，港口以"点"或者"轴"的方式进行辐射扩散，对沿线区域相关产业进行改造，最终促进沿海经济整体转型升级。

第三章

向海经济下北部湾国际门户港发展的经济基础

北部湾港要想打造国际门户港，仅仅凭借北部湾港的直接腹地广西，显然还不能为其提供充足的货源，还需依托除广西以外的其他省份，如湖南、贵州、四川、云南等邻近省市为其提供进出口货源。进出口商品或货物的供需多寡，很大程度上是由地区经济和产业发展程度决定的。一般情况下，不同的经济发展水平，不同的产业结构和类型，决定着不同地区商品或货物的供需类型和规模；而商品或货物的供需类型和规模的不同，进一步决定地区集装箱箱量供需量。因此，对邻近省（区/市）的经济和产业发展情况进行分析，掌握经济和产业发展概况，就显得尤为重要。

第一节 西南中南部分省份经济发展概况

在确定西南中南部分省份时，借鉴国内外对北部湾港进行相关研究时所确定的省份范围，并参考国家关于西部陆海新通道建设、中国（广西）自由贸易试验区等相关政策文件，确定了西南中南部分省份的范围，具体包括湖南、广西、四川、重庆、贵州和云南6省、自治区和直辖市。

四川、重庆、贵州、云南、湖南和广西6省（区/市）辖区面积158万平方千米，约占全国总面积的16.46%。截至2022年年末各地人口数（常住）为云南4 693万人、贵州3 856万人、四川8 374万人、重庆3 213万人、湖南6 604万人和广西5 047万人，共3.18亿人，约占全国总人口（常住）的22.52%，GDP总量17.12万亿元，约占全国总量的17.35%。

图3-1给出了2000—2022年湖南、广西、四川、重庆、贵州和云南6省（区/市）经济发展情况。从经济发展规模即GDP总量来看，湖南和四川2省的经济发展规模与其余4省（区/市）相较而言规模较大。以2022年为例，2022年四川的GDP突破5万亿元大关，达到56 749.8亿元，在6省（区/市）中占据绝对领先地位，湖南稍逊一筹，为48 670.37亿元。广西、重庆、贵州和云南4

省（区/市）的经济发展规模差别不大。2018年以前广西一直位列第三位，在当年被重庆以不到 11 亿元的差距超过后，又在 2019 年被云南反超，此后一直呈现出重庆第三、云南第四、广西第五和贵州第六的情况，2022 年它们的 GDP 分别为 29 129.03 亿元、28 954.2 亿元、26 300.87 亿元和 20 164.58 亿元。从 6 省（区/市）经济发展规模的增长趋势来看，广西、重庆、贵州和云南 4 省（区/市）经济发展规模与四川、湖南 2 省相比的差距越来越大，这种差距在 2008 年以后渐现。

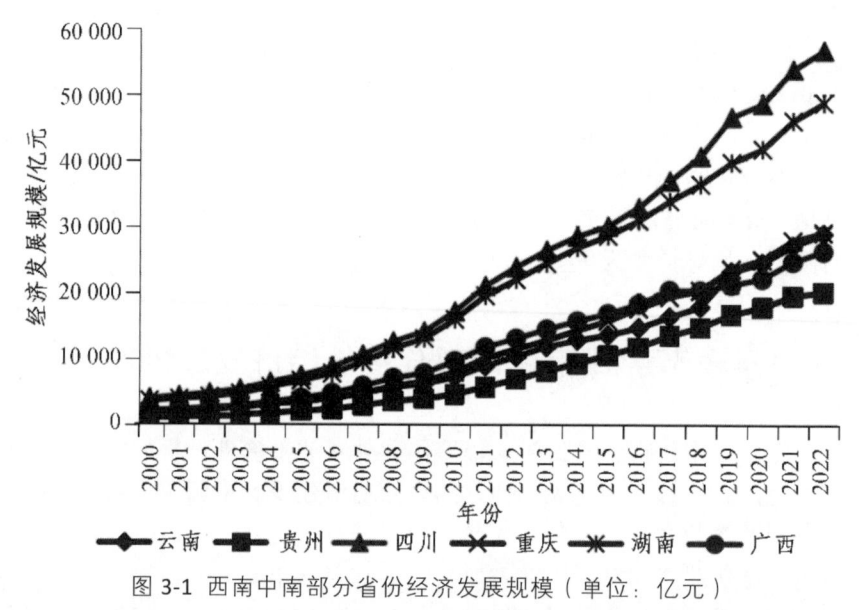

图 3-1　西南中南部分省份经济发展规模（单位：亿元）

进一步，从 2022 年 31 个省、自治区和直辖市的经济发展规模排位来看，四川和湖南两省 2022 年 GDP 总量排位已经挺进全国前 10 名，分别为第 6 名和第 9 名，与其他 4 省（区/市）相比，领先优势明显（见表 3-1）。重庆、云南、广西和贵州 2022 年 GDP 排位分别为 16、18、19 和 22 名，相对而言，还处于劣势地位。从 2022 年 GDP 增长速度来看，处于领先地位的为湖南和云南 2 省，其 GDP 增长速度分别达到 4.5%和 4.3%。贵州省近年来借助于大数据产业，GDP 保持增长，2022 年突破 2 万亿元。广西 2022 年 GDP 增长速度为 2.9%，低于全国 GDP 增长速度的平均水平 3.0%。

表 3-1 2022 年我国 31 个省、自治区和直辖市经济增长情况（单位：亿元）

序号	地区	2022 年	2021 年	同比增速/%
1	广东省	129 118.58	124 369.67	1.9
2	江苏省	122 875.6	116 364.2	2.8
3	山东省	87 435	83 095.9	3.9
4	浙江省	77 715	73 516	3.1
5	河南省	61 345.05	58 887.41	3.1
6	四川省	56 734.92	53 850.79	2.9
7	湖北省	53 734.92	50 012.94	4.3
8	福建省	53 109.95	48 810.36	4.7
9	湖南省	48 670.37	46 063.09	4.5
10	安徽省	45 045	42 959.2	3.5
11	上海市	44 652.8	43 214.85	-0.2
12	河北省	423 70.4	40 391.3	3.8
13	北京市	416 10.9	40 269.6	0.7
14	陕西省	32 772.68	29 800.98	4.3
15	江西省	32 074.7	29 619.7	4.7
16	重庆市	29 129.03	27 894.02	2.6
17	辽宁省	28 975.1	27 584.1	2.1
18	云南省	28 954.2	27 146.76	4.3
19	广西壮族自治区	26 300.87	24 740.86	2.9
20	山西省	25 642.54	22 590.16	4.4
21	内蒙古自治区	23 159	20 514.2	4.2
22	贵州省	20 164.58	19 586.42	1.2
23	新疆维吾尔自治区	17 741.34	16 000	3.2
24	天津市	16 311.34	15 695.05	1.0
25	黑龙江省	15 901	14 879.2	2.7

续表

序号	地区	2022年	2021年	同比增速/%
26	吉林省	13 070.24	13 235.52	-1.9
27	甘肃省	11 201.6	10 243.3	4.5
28	海南省	6 818.22	6 475.2	0.2
29	宁夏回族自治区	5 069.57	4 522.31	4.0
30	青海省	3 610.1	3 346.63	2.3
31	西藏自治区	2 132.64	2 080.17	1.1

数据来源：国家统计局网站。

注：本书的统计数据不包括港澳台地区。

表3-2给出了云南、贵州、四川、重庆、湖南和广西6省（区/市）2000年、2010年、2020年、2022年第一、二、三产业增加值。从表3-2可知，西南中南6省（区/市）经过20多年的发展，产业结构发生了较大的变化。2000—2020年的20年间，从第一、二、三产业增加值总量及占比来看，云南、贵州、四川等6省（区/市）第一产业增加值占比随着时间的推移，均呈现出下降的趋势；第二产业增加值占比呈现递增—递减的趋势；第三产业增加值占比总体呈现递增的趋势，但各省份略有不同：云南、贵州呈现递增趋势，而四川、重庆、湖南和广西呈现出先下降后递增的趋势。2020—2022年6省（区/市）的第一产业增加值占比规律不变，除广西外均随着时间的推移而下降；但由于受疫情影响，第二产业复工受限和内需快速下滑，第三产业货流客流下降拖累交运仓储，而服务性消费场景受限则影响住宿餐饮和批零贸易，虽得益于国家"稳增长、稳就业、稳物价"工作的推行，但第三产业占比除重庆外均呈下降态势。总的来看，这6省（区/市）第二、三产业已成为经济增长的主力和重要引擎，尤其是第三产业增加值占总产值的比值在2020年均已突破50%（2022年云南和广西两地区有所下降，但仍接近50%）。由此可见，无论是处于中部地区的湖南，抑或是处于西部地区的四川、云南、重庆和广西，产业结构均有了重大调整。以云南为例，云南省第一、二、三产业结构由2000年的21.47∶41.43∶37.10调整为2022年的13.86∶36.16∶49.98，呈现出第一、二产业比值下降，第三产业比值增加的特点。

第三章 向海经济下北部湾国际门户港发展的经济基础

2022 年我国国民经济与社会发展统计公告数据显示,2022 年全国国内生产总值达到 121.02 万亿元,同比增长 3.0%。其中第一产业增加值为 8.83 万亿元,占国内生产总值的比值为 7.3%;第二产业增加值为 48.32 万亿元,占国内生产总值的比值为 39.93%;第三产业增加值为 63.87 万亿元,占国内生产总值的比值为 52.78%。第一、二、三产业的比值分别为 7.3∶39.93∶52.78。从 2022 年 6 省(区/市)第一、二、三产业比值与全国第一、二、三产业比值的比较来看,广西、贵州和云南 3 省区产业结构调整慢于全国产业结构调整速度;重庆、四川和湖南 3 省市较为接近全国产业结构水平。

2022 年北部湾港所在的广西,其第一、二、三产业的比值分别为 16.23∶33.99∶49.78。第一产业所占比值远远高于全国第一产业平均水平,第二、三产业所占比值低于全国第二、三产业平均水平。这表明广西产业结构中第一产业向第二、三产业结构调整的速度还较慢,在经济发展中还占据较大的比重。

表 3-2 西南中南部分省份产业增加值及比重

地区	年度	第一产业增加值/亿元	第二产业增加值/亿元	第三产业增加值/亿元
云南	2000	431.8(21.47%)	833.25(41.43%)	746.14(37.10%)
	2010	1 108.38(15.34%)	3 223.49(44.62%)	2 892.31(40.04%)
	2020	3 598.91(14.68%)	8 287.54(33.80%)	12 635.45(51.53%)
	2022	4 012.18(13.86%)	10 471.2(36.16%)	14 470.82(49.98%)
贵州	2000	271.2(26.33%)	391.2(37.98%)	367.52(35.68%)
	2010	625.03(13.58%)	1 800.06(39.11%)	2 177.07(47.31%)
	2020	2 539.88(14.25%)	6 211.62(34.84%)	9 075.07(50.91%)
	2022	2 861.18(14.19%)	7 113.03(35.27%)	10 190.37(50.54%)
四川	2000	945.58(24.07%)	1 433.11(36.48%)	1 549.51(39.45%)
	2010	2 482.89(14.45%)	8 672.18(50.46%)	6 030.41(35.09%)
	2020	5 556.6(11.43%)	17 571.1(36.15%)	25 471.1(52.41%)
	2022	5 964.3(10.51%)	21 157.1(37.28%)	29 628.4(52.21%)

续表

地区	年度	第一产业增加值/亿元	第二产业增加值/亿元	第三产业增加值/亿元
重庆	2000	284.87（15.91%）	760.03（42.44%）	746.1（41.66%）
	2010	685.38（8.65%）	4 359.12（55.00%）	2 881.08（36.35%）
	2020	1 803.33（7.21%）	9 992.21（39.96%）	13 207.25（52.82%）
	2022	2 012.05（6.91%）	11693.86（40.15%）	15 423.12（52.95%）
湖南	2000	784.92（22.10%）	1 293.18（36.41%）	1 473.39（41.49%）
	2010	2 325.5（14.50%）	7 343.19（45.79%）	6 369.27（39.71%）
	2020	4 240.4（10.15%）	15 937.7（38.15%）	21 603.4（51.71%）
	2022	4 602.7（9.46%）	19 182.6（39.41%）	24 885.1（51.13%）
广西	2000	557.38（26.80%）	732.76（35.23%）	789.9（37.98%）
	2010	1 675.06（17.50%）	4 511.68（47.14%）	3 383.11（35.35%）
	2020	3 555.82（16.05%）	7 108.49（32.08%）	11 492.38（51.87%）
	2022	4 269.81（16.23%）	8 938.57（33.99%）	13 092.49（49.78%）

数据来源：国家统计局网站。

进一步，从拉动经济增长的"三驾马车"之一的固定资产投资来看，其历年总额变化呈现出以下几个特点：

一是整体而言，西南中南 6 省（区/市）的全社会固定资产投资额呈现出上升趋势，尽管广西和四川分别在 2013 年和 2018 年出现回落，但从图 3-2 中不难看出，2012 年前广西以较快的增势位列第二名，但在 2012—2013 年出现下滑，这主要与当时国内第三产业投资热度过高，广西在该方面却缺乏较强投资力有关。广西在 2013 年回落后一直保持增势，但始终未超过湖南，位居第三。在规模上，四川省以绝对优势拉开与其他 5 省（区/市）的差距，稳居第一。湖南增势较为平稳，位居第二。重庆、贵州分别居后两位。

二是分省（区/市）来看，四川省的固定资产投资规模始终保持第一，以 2022 年为例，该省固定资产投资额达到 40 566.32 亿元，比规模最小的贵州省

（投资额为 16 968.78 亿元）多 23 597.54 亿元。广西 2012 年前在其余 4 省（区/市）中保持较快增速，2012 年下跌后不敌湖南，始终居其之下。2017 年后其余 4 省（区/市）呈现出湖南第一、广西第二、云南第三、重庆第四的规律（见图 3-2）。

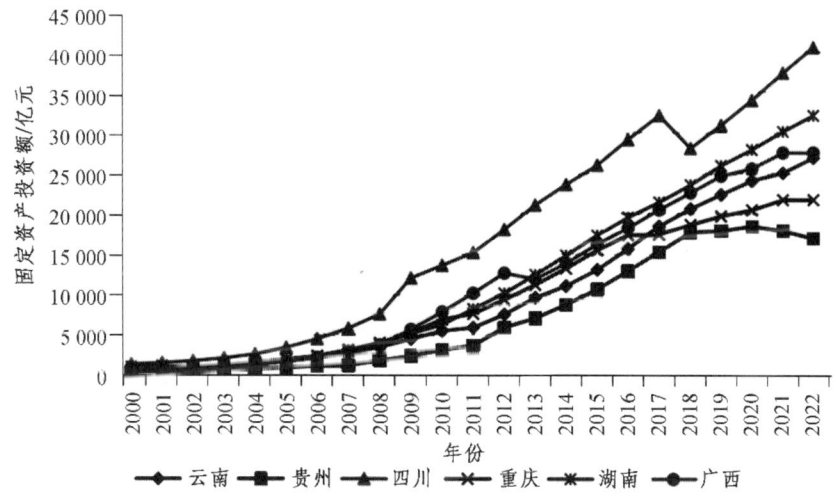

图 3-2 西南中南部分省份全社会固定资产投资额（单位：亿元）

同时，从拉动经济增长的"三驾马车"之一的进出口总额（见图 3-3）来看，其进出口总额呈现出以下几个特点：

一是整体而言，随着时间的推移，西南中南 6 省（区/市）进出口规模呈现出总体上升的趋势。虽然 6 省（区/市）的进出口总额在 2015 年和 2016 年出现不同程度的回落，但在 2017 年出现回升，2019 年恢复到回落前水平后保持增长趋势。从规模来看，四川、重庆和湖南目前分别处于第一、二和三的位置，广西 2020 年前位于第三位，但 2020 年起进出口额被湖南赶超，位居第四。湖南 2020 年、2021 年以微弱优势超过广西，在 2022 年拉开明显差距，位居第三。云南和贵州处于后两位。

二是分省（区/市）来看，各省（区/市）进出口总额在 2009 年之后差距逐步拉大。到 2022 年，6 省（区/市）中，进出口总额规模最大的为四川，达到 1 512 亿美元；进出口总额规模最小的贵州，其值为 116 亿美元，两者相差 1 396 亿美元。重庆、湖南、广西和云南以 1 228 亿美元、1 026 亿美元、960 亿美元和 500 亿美元分别位列第二至第五位。

三是从各省（区/市）进出口总额变化即从曲线的坡度或陡峭程度来看，则呈现出以 2016 年作为分界线的特点。2016 年以前，进出口总额增长变化较快的省区市分为重庆、四川和广西；2016 年以后进出口总额增长变化较快的则为四川、湖南和重庆。因此，无论是从各年份进出口总额的规模或是从进出口总额的增长变化来看，云南、贵州等 6 省（区/市）呈现出较大的差距。

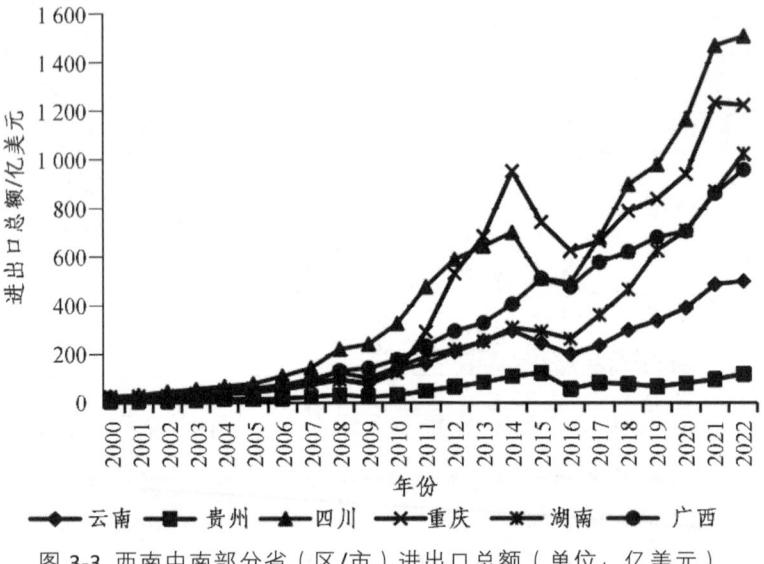

图 3-3 西南中南部分省（区/市）进出口总额（单位：亿美元）

新古典经济学的相关理论研究表明，外商直接投资作为反映我国对外开放、国际经济合作和资本要素国际移动的重要指标，可以通过资本形成、出口扩张、技术转移，以及推动经济结构和技术转变促进经济增长。因此，我们进一步分析西南中南 6 省（区/市）实际利用外商直接投资情况，掌握当前西南中南 6 省（区/市）外商直接投资变化趋势及特点。如图 3-4 所示，经过 20 多年来的发展，西南中南 6 省（区/市）呈现不同的变化规律：湖南的外商直接投资额呈现出逐年稳步递增的趋势，且在 2014 年超过四川省后遥遥领先于四川、重庆和广西等 5 省（区/市），但在 2021 年骤减；四川省外资直接投资额随着时间的推移整体呈现出递增的趋势，但波动幅度较大；广西和贵州 2 省区外商直接投资额虽有所增加，但增幅不大，稳定在低位运行区间；重庆外商直接投资额则呈现出先递增然后递减再递增的变化趋势，2019 年后其外商投资额度大幅增长，2020 年外商直接投资额为 102.7 亿美元，与 2019 年的 23.6 亿美元相比，增长了 3 倍多，之后两年内保持增势，到 2022 年，外商投资额已达 185.7 亿美元，位居 6 省（区/市）第一。

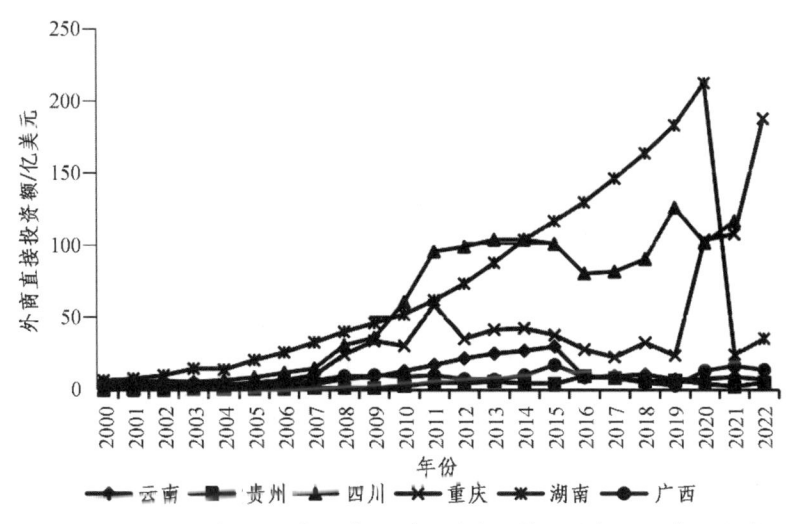

图 3-4 西南中南部分省（区/市）实际利用外商直接投资额（单位：亿美元）

第二节 广西经济发展概况

一、经济发展规模

广西依托于国家西部大开发战略、沿海沿边地区优惠政策、少数民族地区政策和"一带一路"倡议等政策红利，积极部署实施"双核驱动，三区统筹"战略布局，抢抓机遇，形成合力，在进入 21 世纪以来经济社会发展取得了较多的成绩。2022 年广西国内生产总值为 26 300.87 亿元，按可比价计算，比 2021年增长了 2.9%。其中第一产业增加值为 4 269.81 亿元，比 2021 年增长了 5.0%，第二产业增加值为 8 938.57 亿元，比 2021 年增长了 3.2%，第三产业增加值为 13 092.49 亿元，比 2021 年增长了 2.0%。其中全社会固定资产投资总额为 27 578.32 亿元，比 2021 年增长了 0.1%，财政收入为 1 687.72 亿元，扣除增值税留抵退税因素后，同比增长 3.6%，对外贸易进出口总额为 6 603.53 亿美元，比 2021 年增长了 11.3%，社会消费品零售总额为 8 539.09 亿元，与 2021 年持平。[1]

图 3-5 和 3-6 分别给出了广西 2000—2022 年 GDP、人均 GDP 及其增长率。需要说明的是，我们以 2000 年作为本节的研究时间起点，主要是基于钦州港、

---

[1] 数据来源于 2022 年广西壮族自治区国民经济和社会发展统计公报。

防城港以及北海港有关港口的相关数据的可获得性（有关港口的数据大都最早可追溯到 1999 或 2000 年）。同时，钦州港、防城港和北海港在 2000 年以前其港口规模、港口通过能力均较小，研究意义不大。因此，为了保持数据的一致性，我们在对北部湾国际门户港建设进行相关分析时，均采用 2000 年及其以后年度的数据进行定量与定性、理论与实证分析。如未说明，相关数据均来自《中国统计年鉴》《广西统计年鉴》、各地国民经济与社会发展统计公告、《新中国六十年统计资料汇编》以及国泰安数据库（CSMAR）。

从图 3-5 可知，整体而言，广西地区生产总值（GDP）随着时间的推移呈现出逐年递增的趋势。GDP 总量从 2000 年的 2 080.04 亿元，增加至 2022 年的 26 300.9 亿元，增长了 11.64 倍。从 GDP 增长率来看，广西 GDP 增长率均大于 0，这表明广西 GDP 总量均保持逐年递增的良好势头。同时我们发现在不同年度其增长率呈现较大差异：2000—2022 年，GDP 增长率最大的年份是 2007 年，其值为 23.93%，GDP 增长率最小的为 2020 年，其值为 4.16%，其他年度则介于两者之间，且 GDP 增长率呈现出"上升—下降—上升—下降"的"M"型变化趋势。2009 年，GDP 增长率出现大幅度下降，这主要是全球性金融危机对我国及广西地区经济的冲击所导致的；2020 年 GDP 的下降则主要是新冠疫情所导致的停工停产。图 3-6 给出了广西 2000—2022 年人均 GDP 及其增长率。从图形可知，无论是人均 GDP 增长趋势抑或是人均 GDP 增长率趋势均与 GDP 增长趋势及其增长率保持大体一致。因此，在此不再做具体分析。

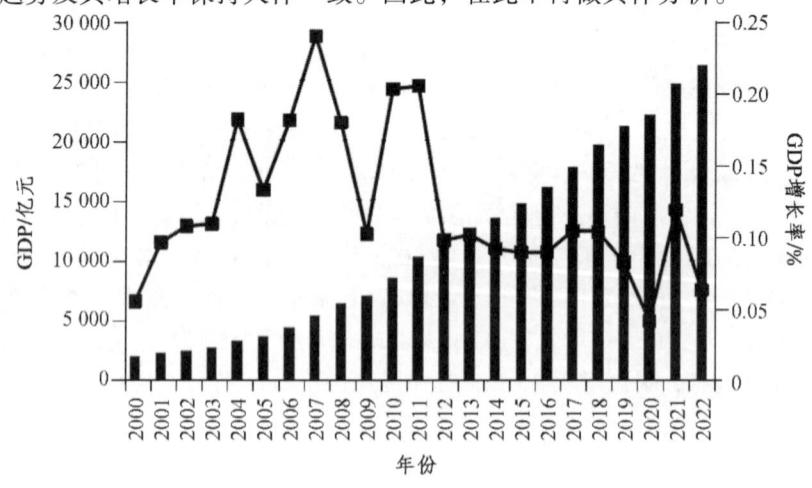

图 3-5 广西 GDP 及其增长率[①]

[①] 本书增长率计算公式为：增长率=[（当年数值-上一年度数值）/上一年度数值]×100%。

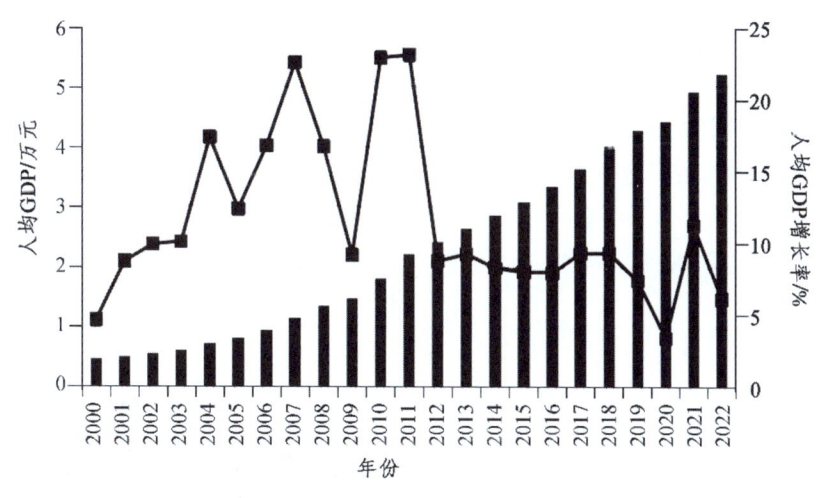

图 3-6 广西人均 GDP 及其增长率

同时，广西作为"一带一路"有机衔接的重要门户，近年来大力打造"向海经济"，实行向海洋要资源要财富战略，建立起了现代化的港口群、临港产业经济带、国际产能合作示范区等多位一体的发展格局。2017年4月，习近平总书记在广西首次提出要"打造好向海经济"。2020年，广西壮族自治区人民政府办公厅印发《广西加快发展向海经济推动海洋强区建设三年行动计划(2020—2022年)》。2022年是广西实施该三年行动计划的收官之年。3年来，广西在推动经济发展时紧紧围绕该计划，推进向海产业壮大、向海通道建设、向海科技创新、向海开放合作、海企入桂招商以及碧海蓝湾保护6项行动，实施112项重点工作和总投资达1.21万亿元的156项重大项目，广西海洋经济规模不断扩大。

向海经济三年行动计划实施以来，全区海洋生产总值从2019年的1 612.5亿元增长到2021年的1 828.2亿元，年均增速6.5%；南宁、北海、钦州、防城港等4个向海经济核心区城市的地区生产总值从2019年的7 864.9亿元增长到2022年的9 777.6亿元，年均增长7.5%，高于全区地区生产总值平均增速。2022年海洋生产总值为1 960亿元，比2021年增长7.8%，占区内生产总值的比重为7.8%，同比增长率高于2.9%的全区GDP增速[①]。2023年，广西召开全区海洋工作会议时指出广西向海经济2023年目标为：向海经济生产总值同比增长8.1%、海洋生产总值同比增长7.6%。

图3-7给出了2010年以来广西海洋生产总值以及占全区GDP的比重。2022

---

① 数据来源于广西历年海洋经济统计公报。

年，在国内外纷繁复杂的形势下，广西海洋经济顶住压力，实现了平稳增长。总的来看，2010年以来广西区内海洋生产总值保持增势，尽管在2011年和2020年出现过下降情况，但从占当年GDP比重来看，该比例并未减少，说明下降原因主要是全国经济形势的变化而带来的整体经济下行。以2020年为例，这年正值新冠疫情肆虐，广西海洋经济面对超预期因素冲击，承受住了压力前行，并在后续发展中展现良好韧性，发展质量稳步提升，保障能力持续增强。

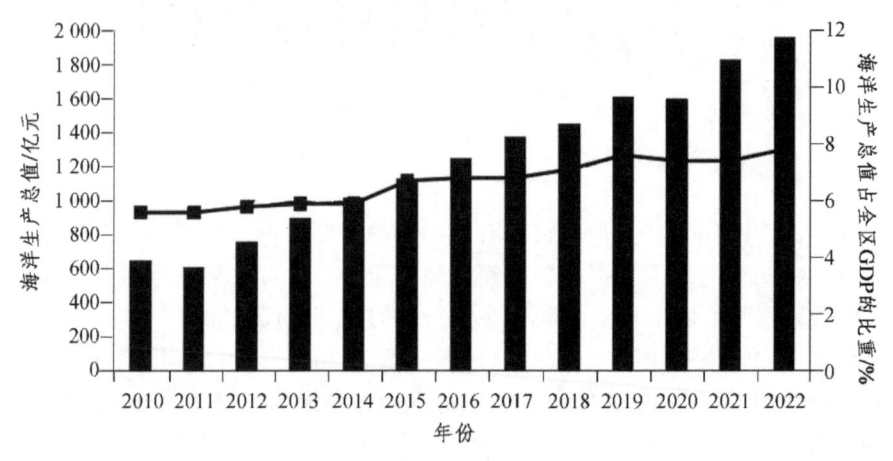

图3-7 广西海洋生产总值情况

图3-8给出了广西2000—2022年全社会固定资产投资总额及其增长率。2000—2022年广西全社会固定资产投资总额呈现递增趋势，从2000年的660.01亿元增加至2022年的27 578.32亿元，增长了40.78倍。从增长率来看，广西全社会固定资产投资总额增长率在不同的年度差别较大，其中增长率最大的为2009年的50.85%，这主要归功于我国在2008年全球性金融危机之后开始实施的4万亿元投资政策。增长率最低的为2013年，其值为-5.76%。从历年增长率来看，除2000年和2013年的增长率低于10%以外，2000—2018年大部分年度的全社会固定资产投资总额增长率均超过10%；2019年后，由于疫情等原因，增速有所下降，连续3年不足10%。这种总体较高的固定资产投资增长率保证了广西全社会固定资产投资总额的增加，并进一步作为经济增长的"三驾马车"之一，促进了广西经济的增长。

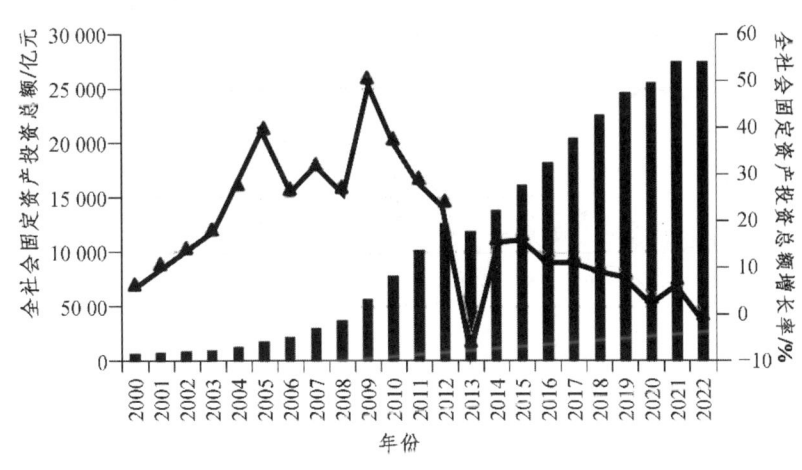

图 3-8 广西全社会固定资产投资总额及其增长率

图 3-9 给出了 2000—2022 年广西社会消费品零售总额及其增长率情况。从图 3-9 可知，整体而言，广西社会消费品零售总额呈现出逐步递增的变化趋势：从 2000 年的 804.14 亿元增加至 2022 年的 8 539.09 亿元，增长了 9.6 倍。从其增长率来看，广西社会消费品零售总额增长率在 2000—2018 年均保持在 8% 以上，其增长率变化趋势则呈现出先上升后下降的过程：在 2008 年其增长率达到最大值 23.96%；2019—2021 年增速有所下降，且在 2020 年第一次出现负增长，2022 年与 2021 年呈持平状态。2020 年出现负增长的原因主要有以下两点：一是整个消费市场受到疫情冲击较大，特别是聚集性、接触性消费受限，对整个消费市场形成的冲击较大；二是疫情期间居民的消费意愿也在下降，不敢消费、不便消费问题比较突出。在这种情况下，广西及时出台了一些促进消费的政策，并取得成效：2021 年，广西市场销售总体持续恢复，基本生活类商品增势平稳，商品结构优化升级态势明显，消费市场规模持续扩大。2022 年，随着统筹疫情防控和经济社会发展各项政策措施持续推进，促消费政策逐步落地显效，线上线下融合发展，居民消费潜力加快释放。2023 年，随着疫情的全面放开，再加上政府各项促消费举措的出台，居民消费潜力得到进一步释放。2023 年 1—3 月，广西社会消费品零售总额达到 2 271.34 亿元，同比增长 6%。

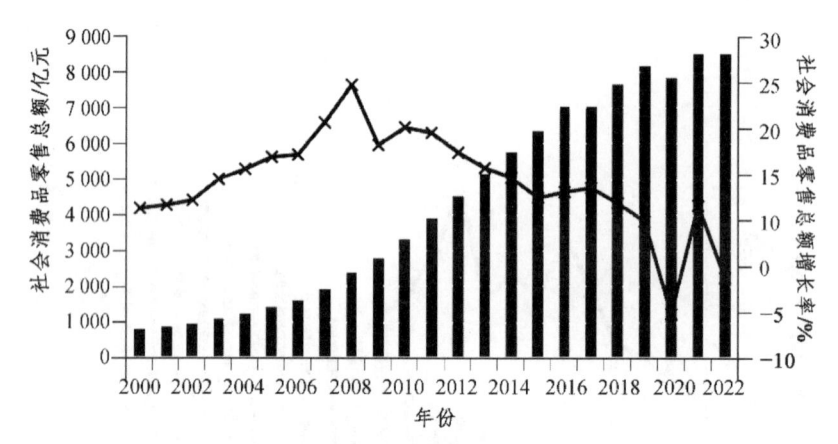

图 3-9 广西社会消费品零售总额及其增长率

从广西基本概况可知，广西背靠大西南，面向东南亚，与越南接壤，区位条件优越。借助于优越的地理位置，广西历年来均十分重视同越南、泰国、马来西亚等东盟国家的经济、贸易、文化、教育等多方面的交流、合作。尤其是近年来中国—东盟博览会永久落户南宁，进一步促进了广西与东盟国家的经贸往来。外贸进出口则是其具体体现。一方面，通过与东盟国家的经贸往来，促进了广西商贸物流业、餐饮服务业、加工业、旅游业和房地产业等二、三产业的发展，促进了地区间的产业集聚和生产要素的自由流动，优化了产业结构。另一方面，广泛的经贸往来在激活广西经济的同时，增加了广西地区生产总值、社会消费品零售总额、全社会固定资产投资和税收收入，最终促进了广西地区乃至广西经济社会的发展。

由表 3-3 可知，广西对外贸易进出口总额从 2000 年的 20.38 亿美元上升至 2022 年的 980.50 亿美元，增长了 47.11 倍。逐年来看，广西外贸进出口总额在 2001 年、2016 年出现一定程度下跌，其他年份均逐年递增。另外，广西与东盟国家贸易进出口总额逐年增加，从 2004 年的 10.01 亿美元增加至 2022 年的 408.4 亿美元，18 年间增长了近 40 倍，2022 年占中国与东盟外贸的比重达 4.39%。更为重要的是，广西与东盟外贸进出口总额占广西总外贸的比重从 2004 年的 23.34%增加至 2022 年的 41.65%，2013—2020 年这一比重一直保持在 50%左右上下波动，2015 年该比重最高，达到 56.60%。可见，与东盟国家的经贸往来已成为广西经济发展的重要组成部分，这也势必成为广西未来经济社会发展中不可忽视的重要的经济增长极。

第三章 向海经济下北部湾国际门户港发展的经济基础

表 3-3 广西对外贸易进出口情况

年度	广西对外贸易进出口总额/亿美元	中国对外贸易进出口总额/亿美元	广西对外贸易进出口总额占中国外贸比重/%	广西与东盟进出口总额/亿美元	中国与东盟进出口总额/亿美元	广西与东盟进出口总额占中国与东盟外贸比重/%	广西与东盟进出口总额占广西外贸比重/%
2000	20.38	4 743	0.43				
2001	17.97	5 096.5	0.35				
2002	24.30	6 207.7	0.39				
2003	31.92	8 509.9	0.36				
2004	42.88	11 545.5	0.37	10.01			23.34
2005	51.83	14 219.1	0.36	12.24			23.62
2006	66.74	17 604.4	0.38	18.27			27.37
2007	92.77	21 761.8	0.43	29.08	2 025	1.44	31.35
2008	132.42	25 632.6	0.52	39.82	2 311	1.72	30.07
2009	142.05	22 075.4	0.64	49.48	2 130	2.32	34.83
2010	177.06	29 740	0.59	65.26	2 927	2.23	36.86
2011	233.31	36 418.6	0.64	95.58	3 628	2.63	40.99
2012	294.74	38 671.2	0.76	120.47	4 001	3.01	40.88
2013	328.37	41 589.9	0.79	159.15	4 435	3.59	48.47
2014	405.53	43 015.3	0.94	198.86	4 802	4.14	49.04
2015	512.62	39 530.3	1.30	290.13	4 717.66	6.15	56.60
2016	478.97	36 800	1.30	—	4 486.40	—	—
2017	572.10	41 045	1.39	275.1	5 148	5.34	48.09
2018	623.38	46 230.4	1.36	299.5	5 878.7	5.09	48.04
2019	682.09	45 761.3	1.49	339.2	6 435.9	5.27	49.73
2020	702.86	46 462.6	1.51	343.5	6 880	4.99	48.87
2021	917.02	60 514.9	1.52	409.9	8 243.6	4.97	44.70
2022	980.50	63 096	1.55	408.4	9 297.2	4.39	41.65

数据来源：历年《广西统计年鉴》《中国统计年鉴》和《新中国六十年统计资料汇编》。

二、产业发展结构

近年来，广西政府职能部门逐步转变经济发展思路，依托广西优越的地理位置和国家的政策支持，实施"双核驱动、三区统筹"发展战略、"美丽广西"工程和"引金入桂"工程等重大工程及举措，不断深化国有体制改革，继续优化第一、二、三产业在国民经济中的比重，增强企业自主经营能力、创新研发能力，增强承接东部沿海地区产业转移的能力。广西经济总量在不断增加的同时，其经济结构也在发生转型和升级：从劳动密集型逐步向资本密集型转变，从粗犷型逐渐向集约型转变，从外延扩张量的增加向内涵发展质的提高转变。图 3-10 给出了广西 2000—2022 年第一、二、三产业增加值及其比重[①]。从图 3-10 可知，广西第一、三产业的增加值逐年增加，第二产业在 2017 年之前与其他产业呈相同趋势，但在 2017 年、2018 年两年持续下降之后保持上升趋势。总体来看，2006—2017 年，第二产业增加值总量居于第一位，第三产业增加值总量次之，第一产业增加值总量居于末位；2017 年后，第三产业增加值反超第二产业增加值，重回第一，第一产业增加值总量仍然居于末位。从各产业增加值占国内生产总值（GDP）的比重来看，随着时间的推移，第一产业增加值所占 GDP 的比重呈下降趋势，由 2000 年的 27.19%降低至 2022 年的 16.23%。而第二产业即工业及建筑业增加值的比重则呈现出从 2000 年逐步上升，在 2011 年达到顶点后缓慢下降的趋势；第三产业则呈现出先下降而后逐步上升的趋势：从 2000 年的 38.53%下降至最低点 2011 年的 34.11%，然后再上升至 2022 年的 49.78%。这表明广西产业结构随着时间的推移在逐步发生改变，农业所占比重逐渐下降，金融服务、餐饮、零售业等第三产业所占比重呈上升趋势。

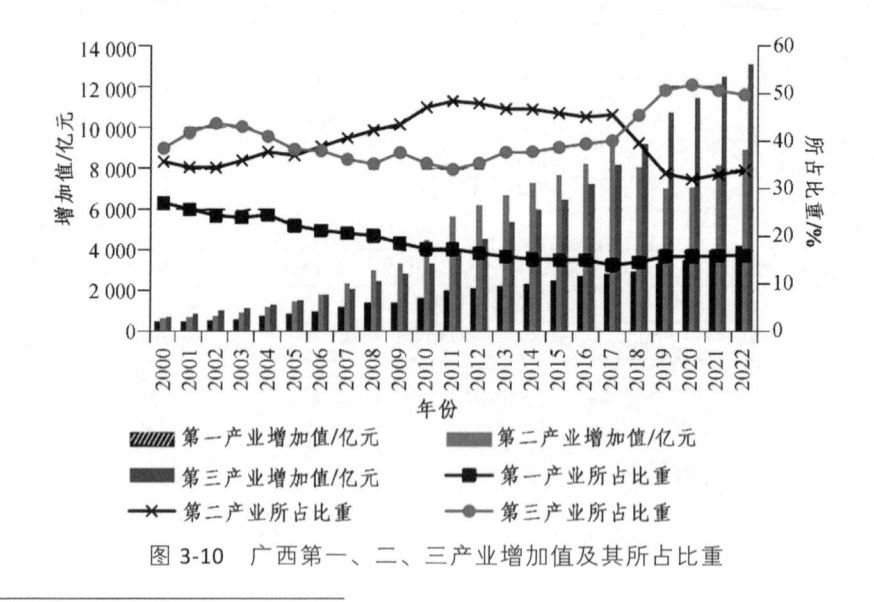

图 3-10 广西第一、二、三产业增加值及其所占比重

---

① 按照我国对产业的划分标准，第一产业为农业，第二产业为工业和建筑业，第三产业为除第一、二产业以外的其他产业。

同时，本书也总结了广西2000—2022年各产业对国内生产总值（GDP）的贡献率情况。研究发现，广西第一、二、三产业在进入21世纪后，其贡献率差异较大。从图3-11可以看出，2011年，第三产业贡献率占比开始出现显著变化，当年第二产业贡献率为53.8%，第三产业为38.0%，而在2012年，该值分别变化为42.8%和47.5%，两者角色发生互换。自此，第三产业贡献率占比接近一半，并在2015—2018年保持高于60%的占比，呈现出第三产业贡献率增加，第二产业减少的趋势。但到2019年后由于受到疫情冲击，部分在建项目搁置、人民消费热情受到抑制、招商投资难以继续，出现第二、三产业贡献率下降，第一产业贡献率反而上升的异常现象。2022年，第一产业贡献率为28.6%，第二产业为35.6%，第三产业为35.8%。

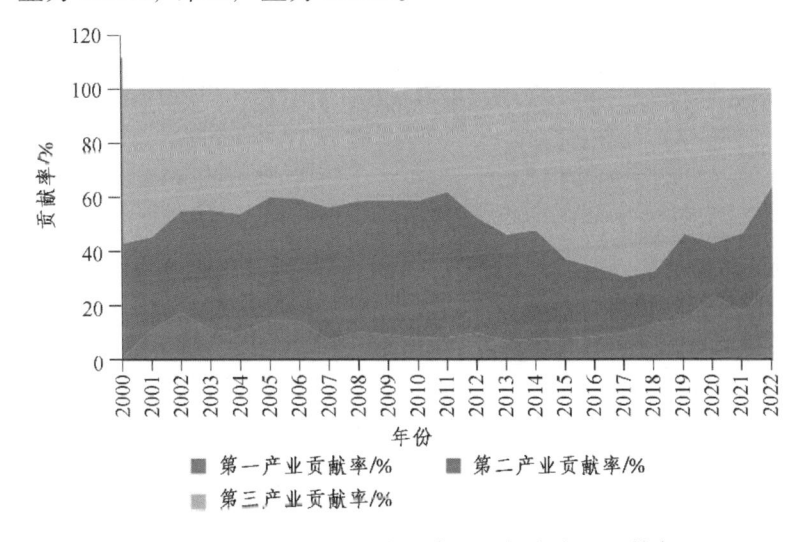

图 3-11 第一、二、三产业在国民经济中的贡献率

产业是向海经济的核心内容，广西坚持向海经济产业集聚化、集群化、差异化发展方向，持续推进向海经济高质量发展。近年来，广西依托港口和产业园区，大力开展强链、补链、延链，发展壮大化工新材料、高端金属、电子信息、先进装备制造、轻工食品等千亿级产业集群，加快升级海洋渔业、海洋运输、海洋旅游等传统海洋产业，培育发展物流加工、智能制造、文旅大健康等腹地向海经济产业，创新升级新材料、新装备、新能源等向海新兴产业，向海经济产业发展基础更加扎实，层次不断提高。

进一步，分析广西海洋产业的发展情况。表3-4给出了2010年、2015年、2020年及2021年广西海洋三大产业的增加值情况。可以看出，广西海洋三大产业中海洋第一产业和海洋第二产业占海洋生产总值的比例在逐年减少,而海洋第三产业占海洋生产总值的比重则不断增加,2021年该比重为56.35%,已超过总值的一半。得益于大西南便捷出海口的优势,"一带一路"倡议和东盟自贸区的影响,广西海洋经济得以平稳发展并呈现出以下特点:海洋产业结构调整初见成效,海洋战略性新兴产业发展迅速,传统海洋产业加快转型,海洋服务业稳步发展,海洋相关产业发展势头良好,海洋服务业发展最为显著。未来,广西海洋经济将继续保持平稳发展的势头,打造广西经济发展的新一极。

表3-4 广西海洋第一、二、三产业增加值情况

单位:亿元

地区	年度	第一产业增加值	第二产业增加值	第三产业增加值
广西	2010	107(18.78%)	229(40.18%)	233(41.04%)
	2015	183(16.19%)	405(35.84%)	542(47.97%)
	2020	218.3(13.66%)	500.3(31.31%)	879.1(55.09%)
	2021	229.1(12.53%)	569(31.12%)	1 030.1(56.35%)

数据来源:广西海洋经济统计公报。

此外,按海洋经济核算三大层次划分,广西海洋产业总体可分为主要海洋产业、海洋科研教育管理服务业(科教管理服务业)和海洋相关产业,其中前两者统称为海洋产业。表3-5给出了2010年、2015年、2020年和2021年广西海洋经济核算结构变化情况,从占比来看,海洋科教管理服务业增加值在三者中最低,主要海洋产业生产增加值最高,其占比超过一半。此外,若将前两者作为海洋产业整体来考虑,可以发现海洋经济中海洋产业增加值与海洋相关产业增加值的比例在这10年来始终向着7:3的比例变化,海洋相关产业占比从2010年占比40%降低至2021年的34.8%。

表3-5 广西海洋经济核算结构变化情况

单位:亿元

地区	年度	主要海洋产业增加值	海洋科教管理服务业增加值	海洋相关产业增加值
广西	2010	289(50.7%)	53(9.3%)	228(40.00%)
	2015	578(52.6%)	110(37.3%)	410(37.3%)
	2020	884(51.1%)	237(14.4%)	570(34.5%)
	2021	940.2(51.4%)	251.7(13.8%)	636.2(34.8%)

数据来源:广西海洋经济统计公报。

进一步，根据图 3-12 可以观察广西主要海洋产业中四大支柱产业——海洋渔业、海洋交通运输业、滨海旅游业、海洋工程建筑业的历年发展变化。可以看出，海洋渔业和海洋工程建筑业增加值增势较为平稳：海洋渔业增加值从 2010 年的 129 亿元增加至 2021 年的 243 亿元，年平均增长率为 8.03%，海洋工程建筑业增加值则是从 2010 年的 69 亿元增至 2021 年的 134 亿元，年平均增长率为 8.82%。滨海旅游业和海洋交通运输业增加值曲线则较为曲折，但总体来看，呈现增势。不难看出，这两者 2010 年的增加值都较低，海洋交通运输业增加值甚至位居最后一位，但 2021 年，海洋交通运输业增加至 263 亿元，仅以 5 亿元的微弱劣势低于第一名滨海旅游业（滨海旅游业 2021 年的增加值为 268 亿元）。2021 年，这四者增加值同比增速分别为 5.0%、30.7%、16.2% 和 13.6%，占主要海洋产业增加值的比重为 25.8%、28.0%、28.5% 和 14.3%。海洋交通运输业和滨海旅游业增势较为迅猛的原因是近年来广西依据地区优势和民族特色开展旅游业务，开发多种旅游项目，广西区内旅游业发展迅速；同时，广西发挥邻近东南亚的优势大力发展国际旅游业，并有效利用本区的天然地理优势吸引国际游客，使国际旅游业发展迅速。此外，海洋交通运输业的高速发展主要得益于近年来西部陆海新通道建设的不断推进。

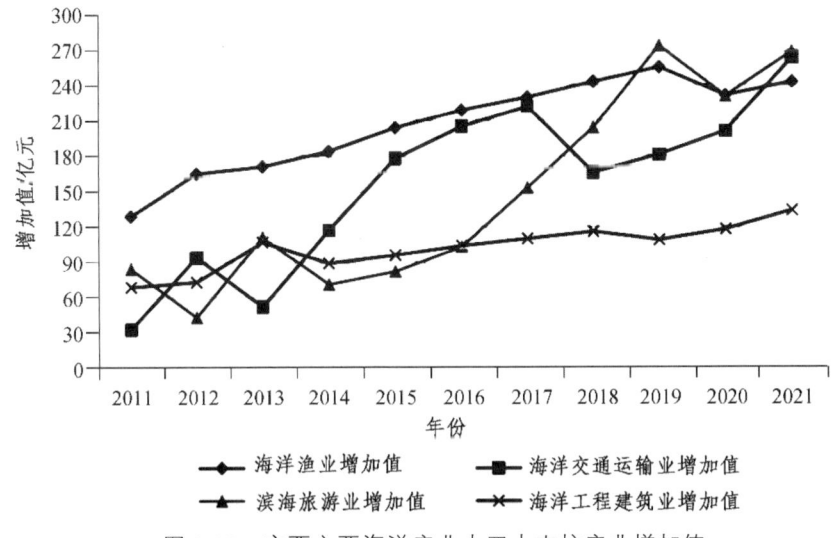

图 3-12 广西主要海洋产业中四大支柱产业增加值

此外，本书按行业获得了广西 2000—2021 年法人单位数。从表 3-6 可知，截至 2021 年年底，法人单位数居于前 3 位的行业依次为批发和零售业，租赁和商务服务业，农、林、牧、渔业，其法人单位个数分别为 225 205 个、117 249 个和 92 537 个；法人单位数居于后 3 位的行业有采矿业，电力、热力、燃气及水生产和供应业，金融业，其法人单位数分别为 4 123 个、4 084 个和 3 788 个。可见，广西各行业广西法人单位数不尽相同，不同行业差别较大。同时，进一步分析发现同一行业在不同年度其法人单位增长个数也存在差异。

表 3-6　广西按行业分法人单位数（单位：个）

行业	2005	2010	2015	2020	2021
总计	130 209	204 970	402 586	754 742	846 683
农、林、牧、渔业	3 536	4 486	61 109	89 695	92 537
采矿业	1 639	3 079	3 443	3 914	4 123
制造业	17 110	24 381	31 491	53 555	59 340
电力、热力、燃气及水生产和供应业	1 723	2 628	2 885	3 738	4 084
建筑业	1 821	3 951	10 728	38 744	47 148
批发和零售业	16 291	42 384	106 962	196 525	225 205
交通运输、仓储和邮政业	2 068	4 634	8 512	20 399	23 792
住宿和餐饮业	2 056	2 764	5 172	12 713	15 264
信息传输、软件和信息技术服务业	2 721	5 997	6 486	27 898	32 107
金融业	1 191	1 249	2 972	3 174	3 788
房地产业	3 644	9 013	13 475	29 887	32 478
租赁和商务服务业	5 406	15 394	35 285	100 501	117 249
科学研究和技术服务业	5 083	8 397	15 433	38 701	43 986
水利、环境和公共设施管理业	1 582	2 376	3 496	8 875	7 630
居民服务、修理和其他服务业	1 124	2 666	6 487	19 648	27 832
教育	17 477	17 126	21 541	32 145	34 342
卫生和社会工作	6 204	6 446	6 059	6 598	6 608
文化、体育和娱乐业	2 559	3 005	7 962	14 253	15 897
公共管理、社会保障和社会组织	36 974	44 994	53 089	53 777	53 273

数据来源：2022 年广西统计年鉴。

第三节 北部湾经济区经济发展现状

一、经济发展规模

图 3-13 给出了北部湾经济区 4 市（南宁市、钦州市、北海市和防城港市）2000—2022 年地区生产总值（GDP）的增长趋势。从图 3-13 可知，在北部湾经济区中，南宁市经济总量在历年中都遥遥领先于其他 3 个地级市，2022 年南宁市 GDP5 218.34 亿元，钦州市为 1 917 亿元，北海市为 1 674.21 亿元，防城港为 968.08 亿元。南宁市以绝对的优势位列第一，这主要是因为南宁市作为广西政治、经济、文化和科技中心，在基础建设、固定资产投资、人才支持、科技创新以及吸引外资等方面与钦州市、北海市和防城港市相比具有绝对优势，同时加之相应的政策倾斜，使南宁市的 GDP 远远领先于其他 3 市。从钦州市、北海市和防城港市的经济规模来看，钦州市经济总量略高于北海市，在钦北防 3 市中居于首位，北海市次之，防城港市与其他 2 市相比，还存在一定差距，居于末位。值得注意的是，2016 年钦州市的 GDP 首次突破千亿大关，为 1 102.05 亿元，这表明钦州市经济发展已经进入千亿元行列。从各市 GDP 占北部湾经济区的比重来看，如图 3-14 所示，南宁市经济总量（GDP）占北部湾经济区 GDP 的比重一直保持在 50%~60% 的空间上下浮动，占据北部湾经济区经济总量规模的一半以上，在某些年份如 2004—2009 年甚至达到 60% 以上。钦州市 GDP 占北部湾经济区的比重在 2000—2022 年虽然高于北海市和防城港市，但在 2000—2009 年呈下降趋势，从 2000 年的 19.36% 下降至 2009 年的 15.89%，下降了将近 3.5 个百分点；从 2010 年开始波动上升，最终在 2022 年回升至 19.61%。而防城港市 GDP 是北部湾经济区 4 市中规模最小的，其占北部湾经济区经济总量的比重呈现先增加再减少的态势，但总的来看处于缓慢上升趋势，自 2008 年起其占北部湾经济区的比例就稳定在 10% 左右，2022 年该比例为 9.9%。

通过以上分析可知，钦州市经济发展规模在北部湾经济区中处于南宁市之后，北海市和防城港市之前，但与南宁市相比差距较大。与北海市相比，在 2012 年前，钦州市第二的位置毋庸置疑，但 2012 年后北海开始呈现出追赶钦州市的趋势，2013 年钦州市、北海市占比分别为 15.6% 和 15.2%，十分相近。但 2018 年以后，钦州的经济发展开始增速。从图 3-14 可以看出，其 GDP 占北部湾经济区的比重不断增加，现已高于北海和防城港 2 市。在 "一带一路" 倡议、西部陆海新通道、中国—东盟自由贸易区升级、北部湾城市群建设以及平陆运河建设等发展战略的支持下，钦州作为广西区内重要交通枢纽，迎来了经济发展的好时机。

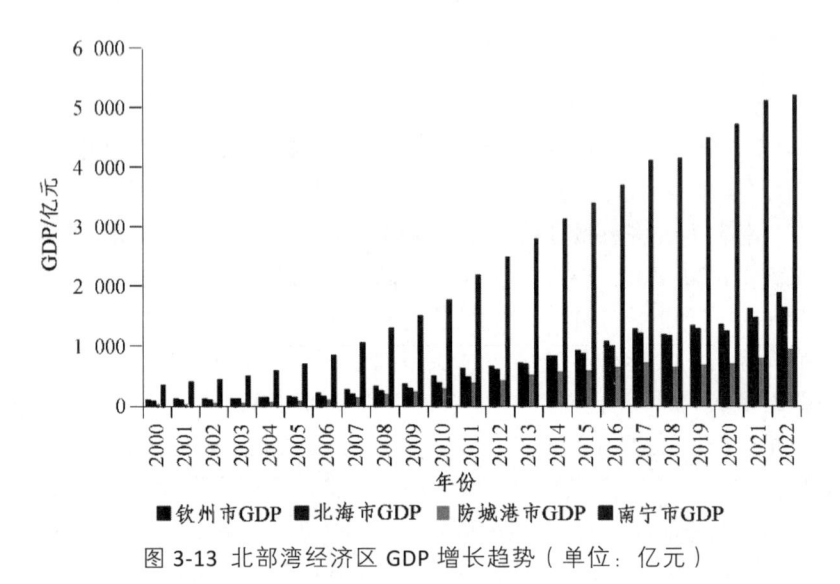

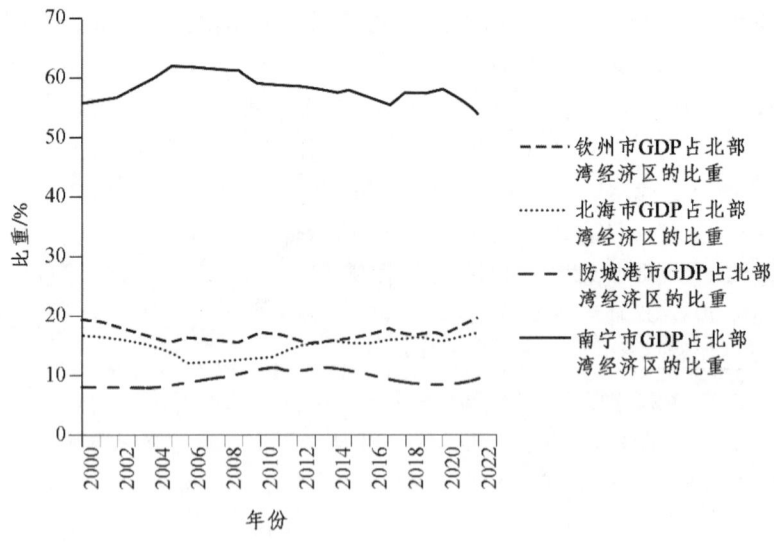

图 3-13 北部湾经济区 GDP 增长趋势（单位：亿元）

图 3-14 北部湾经济区 4 市经济发展规模占比情况

进一步，分析北部湾经济区 4 市第一、二、三产业增加值情况。如图 3-15~图 3-17 所示，从第一、二、三产业增加值来看，历年南宁市第一、二、三产业增加值均领跑于钦州市、北海市和防城港市，处于第一方阵，且其第二、三产业增加值远远大于第一产业增加值。2021年,南宁市第一、二、三产业增加值分别是606.76亿元、1 198.76亿元和3 315.42亿元。钦州市、北海市和防城港市第一、二、三产业增加值处于第二方阵:各市之间产业增加值相近,但存在差距:在第一产业中,其产业增加值由高到低依次为钦州市、北海市和防城港市;在第二产业中,其所呈曲线较为曲折,但最终显示产业增加值由高到低依次为北海市、钦州市和防城港市;在第三产业中,则呈现出产业增加值随着时间的推移,差距逐渐拉大的趋势,产业增加值由高到低依次为钦州市、北海市和防城港市。

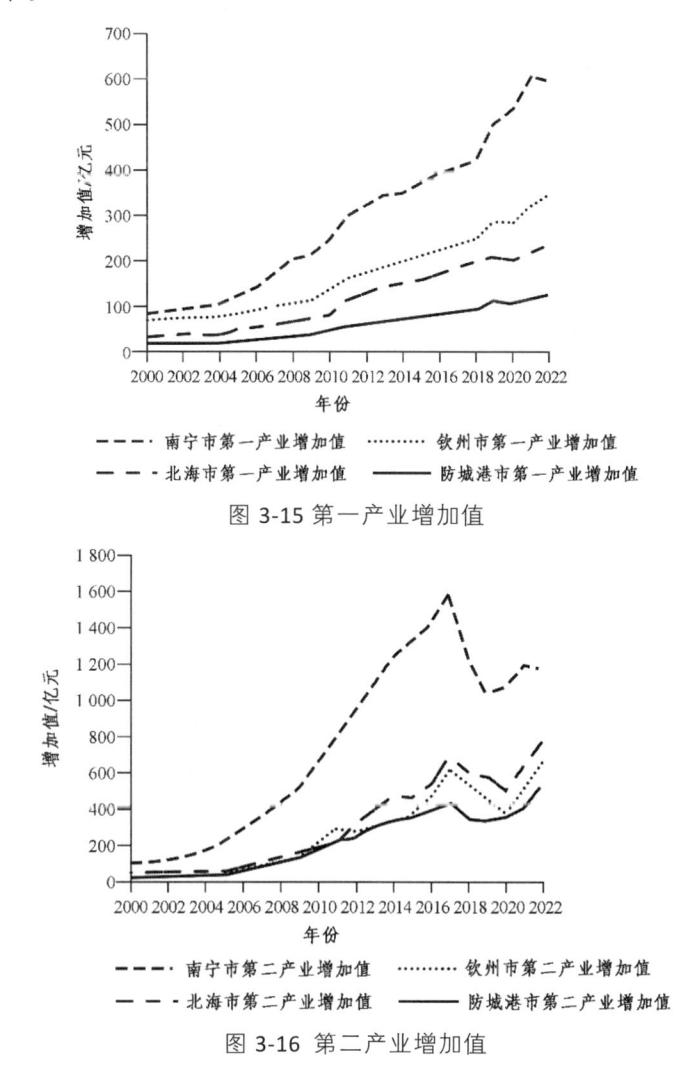

图 3-15 第一产业增加值

图 3-16 第二产业增加值

图 3-17 第三产业增加值

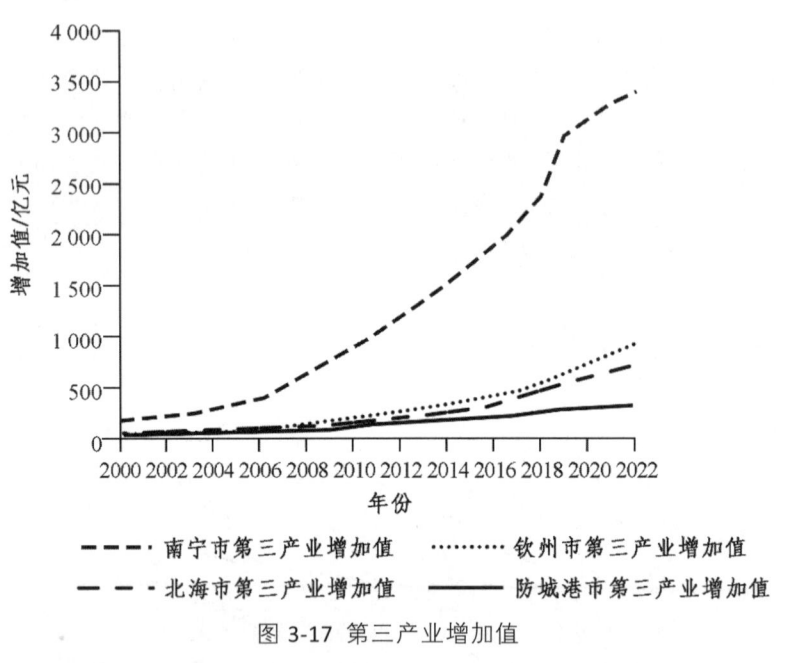

图 3-18 给出了北部湾经济区 4 市全社会固定资产投资总额情况。从图 3-18 可知，随着时间的推移，北部湾经济区全社会固定资产投资总额[①]总体呈现不断递增的趋势：从 2000 年的 173.25 亿元增加至 2022 年的 8 515.61 亿元。进一步看，2008 年之后增幅明显，主要原因是 2008 年北部湾经济区上升为国家战略，将部分投资者的眼光吸引到了北部湾经济区，所带来的全社会固定资产投资的增加有效地促进了北部湾经济区经济的增长。分市来看，在历年的全社会固定资产投资中，南宁市居于首位，钦州市次之，北海市位于第三位，防城港市处于末位。值得注意的是，2022 年北部湾经济区固定资产投资额较 2021 年下降，其中 2022 年南宁市全社会固定资产投资相较 2021 年下降 17.8%，降幅较大，主要原因之一是受新冠疫情影响全社会消费和投资需求不足。同时我们分析南宁市投资在不同产业上的分配比：第一产业投资下降 8.6%，第二产业投资增长 50.4%，第三产业投资下降 29.5%。

---

① 此处的全社会固定资产投资总额不包含农户。

图 3-18 北部湾经济区 4 市全社会固定资产投资总额

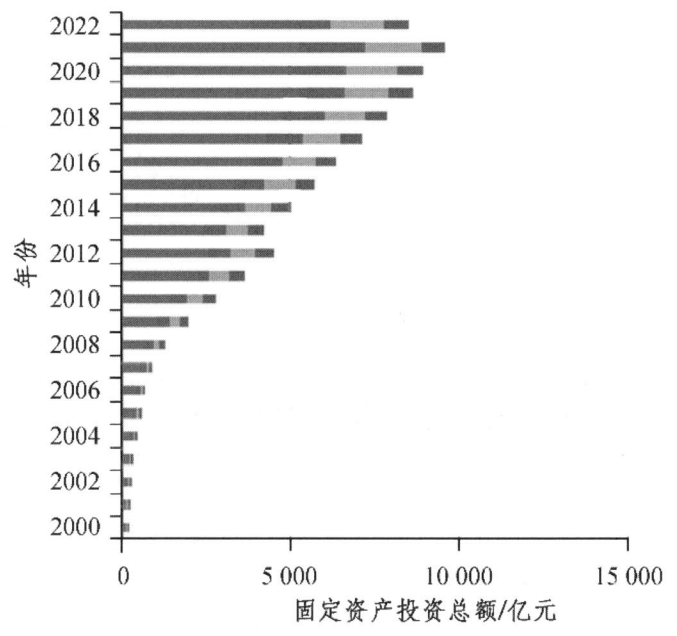

图 3-19 给出了北部湾经济区 4 市 2000—2022 年社会消费品零售总额变化趋势。从图 3-19 可知，历年社会消费品零售总额规模从大到小依次为南宁市、钦州市、北海市和防城港市，且南宁市与其他 3 市的差距越来越大，2022 年南宁市 2 359.44 亿元，是其他 3 市总额 965.5 亿元的 2.44 倍，这是因为南宁市作为广西省会城市，批发零售、住宿餐饮、娱乐消费、旅游体育等行业聚集，且政府推进出台系列政策措施，策划开展丰富多彩的促消费活动，有力推动城市商业消费。虽然目前钦州市社会消费品零售总额相对于北海市和防城港市处于领先地位，但优势并不明显，二者无论从总量来看抑或是从增长率来看，均较为接近。虽然从近 3 年看，增势较为平缓，但这主要与全球消费市场遭受疫情冲击有关，需全面看待。整体而言，北部湾经济区 4 市社会消费品零售总额保持着较高速的增长，平均增长速度超过 10%，有力地推动了北部湾经济区各地级市经济的发展。

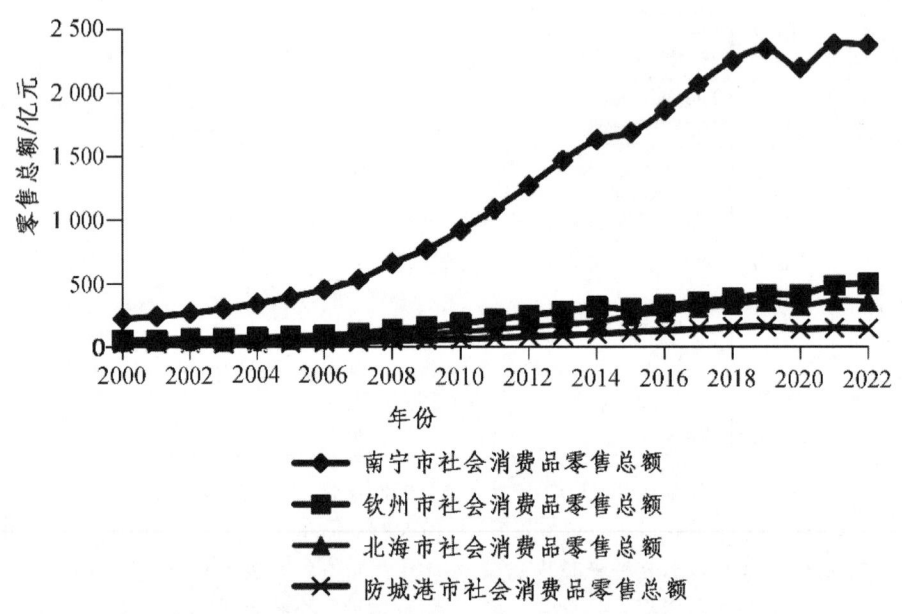

图 3-19 北部湾经济区 4 市社会消费品零售总额

从图 3-20 可知，整体而言，2020 年以前防城港市进出口总额在北部湾经济区 4 市中所占比重最大，排名第一，这主要得益于防城港本身就是边境城市，且拥有着 5 个国家级一类口岸，其陆路、水路连通东南亚，是中国内陆进入东盟最便捷的主门户和大通道。南宁市在 2020 年以前，进出口总额落后于防城港市，处于第二位，但 2020 年后充分发挥自身作为广西政治、经济和文化中心的优势，一路高歌，连续 3 年占据 4 市进出口总额第一：2022 年外贸进出口总值达 1 510.1 亿元，比 2021 年增长 22.9%。其中南宁市对 RCEP 其他成员方出口 252.8 亿元，同比增长 60.8%，增速强劲；钦州市和北海市进出口总额则分别排名第三和第四位。从 4 市进出口总额来看，南宁市、钦州市、北海市和防城港市的进出口总额并未与 4 市经济发展规模、全社会固定资产投资总额和社会消费品零售总额相匹配。

第三章　向海经济下北部湾国际门户港发展的经济基础

图 3-20 北部湾经济区 4 市进出口总额

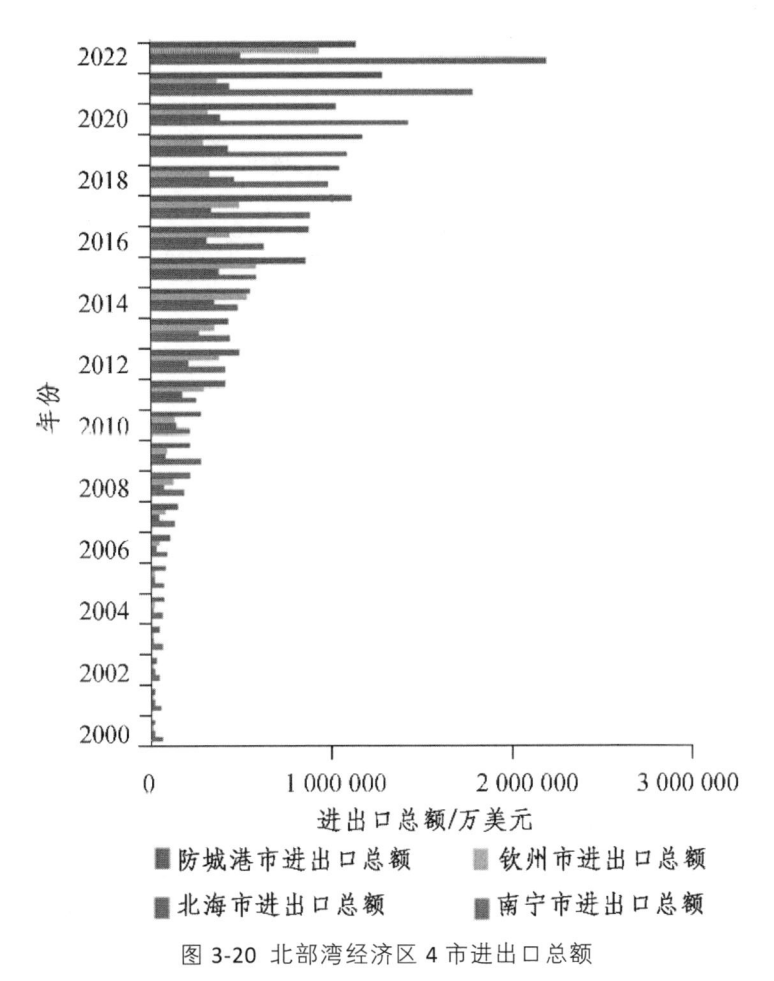

图 3-21 给出了北部湾经济区 4 市 2000—2022 年实际利用外资额情况。整体来看，南宁市发挥省会城市功能，在利用外资方面始终领先其他 3 市，且在 2019 年之前，优势明显。2019 年，南宁实际利用外资出现大幅下降，主要有以下两个原因：一是大额投资出现在 2018 年，2019 年处于实施阶段，并未出现大额外资到位情况；二是近几年受全球经济影响，国外资金投放积极性降低。此外，从图 3-21 可以看出，钦州在吸引外资方面位列第二，这是因为钦州充分利用中马"两国双园"、自贸试验区、钦州保税港区等优势，吸引更多外资项目落地。北部湾经济区 4 市 2019 年后狠抓稳抓外资工作，把利用外资作为开放

发展的重要举措，始终保持增势。

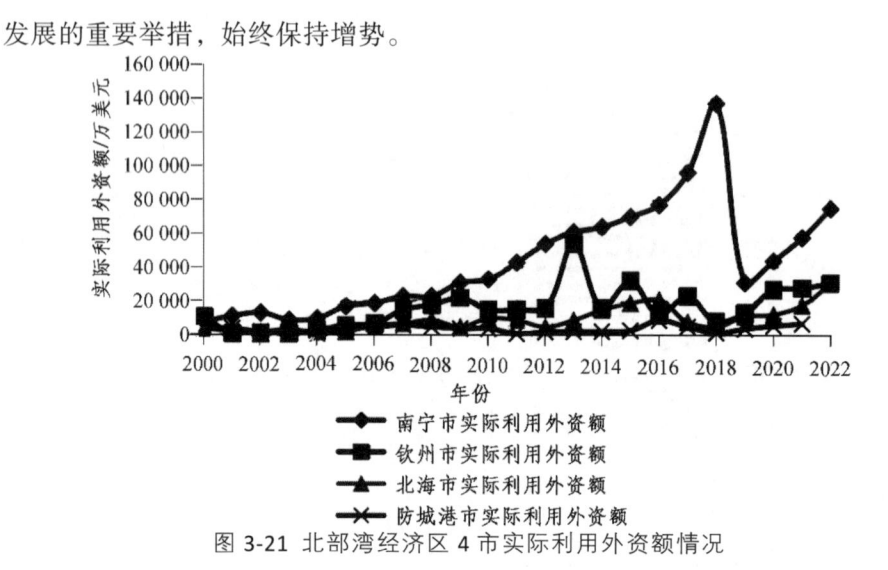

图 3-21 北部湾经济区 4 市实际利用外资额情况

二、产业发展情况

近年来，在向海经济发展、西部陆海新通道建设、RCEP 生效等背景下，北部湾经济区抢抓机遇，积极招商引资，大力培育发展壮大产业经济，积极引进资金。如表 3-7 所示，南宁市 2022 年招商引资到位资金 1 015 亿元，北海市 685.65 亿元，钦州市 700 亿元，防城港市 522.65 亿元，均比 2021 年有所增加。

北部湾经济区作为广西唯一沿海的区域，近些年更是在发展向海产业上下功夫。2021 年，全区向海经济产业招商引资到位资金 3 138 亿元，同比增长 17.4%。2022 年，广西各市积极组织前往粤港澳大湾区、长江经济带、京津冀等重点片区开展驻点招商，组织重点园区、企业赴北京、西安、深圳、杭州等地开展小分队精准招商，举办"投资广西——2022 年向海经济产业招商推介会"。2022 年前 3 季度，南宁、北海、钦州、防城港等市共签约向海经济产业项目 313 个，投资总额 3 346 亿元。

表 3-7 北部湾经济区 4 市 2020—2022 年招商引资到位资金

单位：亿元

年份	南宁市	北海市	钦州市	防城港市
2020	1 162.81	642	648.56	546.61
2021	881.07	602	500	481.08
2022	1 015	685.65	700	522.65

数据来源：北部湾经济 4 市政府统计公报。

除积极招商引资外，北部湾经济区加快向海传统产业转型升级步伐：

一是海洋交通运输业保持较快增长。2022 年北部湾港货物总吞吐量达 28 012 万吨，比 2020 年增加 4 191 万吨，年平均增长率达 10.79%，集装箱吞吐量首次突破 700 万标箱，比 2017 年翻了三番，平均年增长率达 25.79%。[1]班列开行量从 2017 年的 178 列，到 2022 年的 8 820 列，增长近 50 倍，年均增长达 118.3%。2022 年，北部湾港共开通内外贸航线共 75 条，其中外贸航线 47 条，与 100 多个国家和地区建立港口航运联系。[2]

二是临港临海产业聚集发展。2022 年北部湾经济区石油化工、电子信息、装备制造等八大产业集群营业收入突破万亿元，同比增长 9.7%，临海临港产业呈现聚集发展态势。预计到 2025 年，广西北部湾临港产业产值将突破 15 000 亿元。[3]

三是向海新兴产业加快发展。在新材料产业上，2022 年广西打造千亿级海上风电产业进入新阶段，钦州市和防城港市开展海上风电示范项目，初步构建海上风电装备产业园。在新能源产业上，钦州能源产业基地生产的广西首台大兆瓦智能风机产品进入市场投入使用，全球最大高端锂电池前驱体产业制造基地也在钦州落户。在新装备制造业上，中船钦州基地承接来自国际驳船和集装箱项目，实现了北部湾地区船舶出口订单从无到有的突破。

四是积极打造千亿元现代海洋渔业。北部湾经济区积极推进"蓝色粮仓"和"海洋牧场"工程，大力发展海水养殖和海洋捕捞，促进海洋渔业转型升级；加快推动沿海渔港经济区建设，防城港渔港经济区成为首批国家重点支持建设的沿海渔港经济区。

三、重点产业园发展情况

广西开放型园区作为广西经济高质量发展的主引擎、对外开放的排头兵，对广西经济社会发展的贡献是全方位的。产业园区肩负着聚集创新资源、培育新兴产业、推动城市化建设的重要使命，在明晰这一要点的情况下，广西将产业园区建设作为经济发动机，充分发挥产业园区对广西经济增长的引擎作用。2022 年，北部湾经济区 10 个重点园区中就有 8 家分属于北部湾经济区 4 市，

---

[1] 数据来源于 https://www.bbwport.cn/index.html。
[2] 数据来源于 http://fgw.gxzf.gov.cn/fzgggz/zcyj/t15813672.shtml。
[3] 数据来源于 http://bbwb.gxzf.gov.cn/ywdt/t14915024.shtml。

占总产值的比重超 97%。表 3-8 给出了 2020 年、2021 年和 2022 年处于北部湾经济区 4 市的重点产业园区的产值。从表中可以看出，南宁市拥有 4 个重点园区、北海市拥有 2 个重点园区，钦州市和北海市各拥有 1 个重点园区。此外，虽然钦州市和防城港市所拥有的重点园区在数量上不占优势，但在产值数额上却与其他 2 市存在可比性。尤其是防城港市，防城港经济技术开发区的产值是 8 个园区中第一个突破千亿的园区，2022 年产值达 1 920 亿元，2023 年有望突破 2 000 亿元。从规模上看，排名第二的是北海铁山港工业区，其产值于 2021 年突破千亿大关，并保持较快增速；排名第三的则为自贸区钦州港片区，该片区于 2022 年进入产值千亿工业园区之列。南宁拥有最多的产业园区，但各产业园区的产值相较其他 3 市而言规模较小，不过加总后产值也能达到千亿级。总的来看，3 年内，除了南宁六景工业园区外，各园区都保持增势。

表 3-8 北部湾经济区 4 市重点产业园区产值

单位：亿元

所在市	产业园区	2020 年	2021 年	2022 年
南宁市	广西—东盟经济技术开发区	114.26	145.08	155.42
	南宁高新技术产业开发区	444.66	471.40	468.49
	南宁经济技术开发区	241.57	297.15	324.53
	南宁六景工业园区	157.97	145.35	138.21
北海市	北海经济技术开发区	346.12	364.41	417.29
	北海铁山港工业区	954.20	1 336.43	1 625.60
钦州市	自贸区钦州港片区	609.00	923.40	1 286.00
防城港市	防城港经济技术开发区	1 129.26	1 760.95	1 920.66

数据来源：广西北部湾经济区规划建设管理办公室。

第四章

向海经济下北部湾国际门户港发展的港口条件

第一节 北部湾港基本概况

一、北部湾港发展背景

北部湾港北靠渝、云、贵,东邻粤、琼、港、澳,西接越南,南濒海南岛,地处华南经济圈、西南经济圈与东盟经济圈的接合部,是我国内陆腹地进入中南半岛东盟国家最便捷的出海门户。

北部湾港的发展大致经历了以下3个时期:钦州港、北海港、防城港三港(以下简称"三港")"单打独斗"时期(2007年以前);三港规划整合,实现北部湾"三港合一"时期(2007—2011年);加快建设北部湾国际门户港,实现一体化跨越式发展时期(2012年至今)。3个时期紧密衔接、层层递进、相互促进。

2007年以前,北部湾港口之间因缺少统一规划、整合,三港长期处于单打独斗、相互竞争的状态。1998年东南亚金融危机时,三港为了争夺国内外进出口资源而大打"价格战",出现了"1+1+1<3"的负面经济效应。显然,为了让港口资源得到合理配置以及让港口效益最大化,适应北部湾经济长足发展的"三港合一"机制急需构建。

2007年2月,广西对防城港港务集团有限公司、钦州市港口(集团)有限责任公司、北海市北海港股份有限公司和广西沿海铁路有限公司的国有产权进行重组整合,成立广西北部湾港务国际集团有限公司,主要负责进行港口建设及经营管理、地方铁路运输和公路运输等。自此,广西沿海港口事务由该公司统一管理、协调,正式步入"三港合一"的调整发展时代。2008年1月16日,国家正式批准实施《广西北部湾经济区发展规划》,广西北部湾经济区建设正式上升为国家战略。同年12月,国家交通运输部批复原则上同意广西沿海防城港、钦州、北海三港合并称"广西北部湾港"。2009年3月,广西壮族自治区人民政府正式批准广西沿海防城港、钦州港、北海港对外统一启用"广西北部湾港"名称。同年12月，交通运输部发布公告（2009年第53号）宣布"广西北部湾港"名称正式启用。至此，包含钦州港、防城港和北海港三港的北部湾港时代由此开启，广西沿海三港进入快速发展阶段。

2011年，北部湾港港口布局体系初步建立，"门户港"雏形基本构建完毕。2013年7月，李克强考察北部湾经济区时，提出"广西应成为我国西南中南地区对外开放和发展新的战略支点""建设千万标箱大港"等要求。2015年北部湾港进一步确定"一轴两翼"的战略布局。2017年4月，习近平总书记对广西港口、企业、重点项目深入考察调研，强调了北部湾港口对建设广西以及共建"一带一路"的重要性。2019年，国家发展改革委印发了《西部陆海新通道总体规划》，明确将北部湾港定位为国际门户港。2020年，钦州—北海—防城港港口型国家物流枢纽入选国家物流枢纽建设名单，北部湾港建设列入国家"十四五"规划纲要。2021年，国务院印发了《国家综合立体交通网规划纲要》，明确将北部湾港与上海港、深圳港、广州港等10个港口一并列为国际枢纽海港。

面临着如中国（广西）自由贸易试验区建设、西部陆海新通道建设、向海经济发展、RCEP落地、平陆运河开工等难得的发展机遇期，广西壮族自治区积极抢抓机遇，相继制定出台了《广西建设西部陆海新通道三年提升行动计划（2021—2023年）》《广西北部湾国际门户港建设"十四五"规划》《广西北部湾国际门户港建设三年行动计划（2021—2023年）》《钦州—北海—防城港港口型国家物流枢纽高质量建设3年行动计划（2022—2024年）》《广西北部湾经济区北钦防一体化发展规划（2019—2025年）》等规划和实施方案，明确北部湾三港的功能定位，全方位推动3个港口形成合力，发挥整体优势，增强市场竞争力，做强做大广西沿海港口。

二、北部湾港概况

（一）钦州港概况

钦州港位于广西北部湾钦州湾内，东西北三面环陆，南面向海，面向东南亚，地理位置优越，是广西沿海"金三角"的中心门户、西南地区最便捷的出海口。作为我国西南海岸少有的天然深水港，钦州港拥有63千米的深水岸线和15~22米的内湾深槽天然水深，最深处可达28.5米，具有建设深水泊位的有利条件。钦州港目前被划分为金谷港区、大榄坪港区、三墩港区、龙门港点、茅岭港点、平山港点、沙井港点、三娘湾港点。其产业主要包括发展港口物流、国际中转、中转集拼和航运交易等业务以及绿色化工、新能源汽车、装备制造、电子信息和生物医药等领域。钦州港以集装箱和石油化工运输为主,积极发展集装箱干线运输和为临港产业服务的货物运输,具备多式联运、装卸仓储、临港工业、现代物流、保税、航运服务、滚装等功能。近年来,随着国家对基础设施建设投入力度加大,特别是西部地区铁路、公路等交通网快速构建完成,钦州港港口货物吞吐量大幅增加。

在 20 世纪 90 年代末,钦州迎来了 2 个万吨级起步码头的建成和投产。这一历史性时刻标志着钦州告别了有海无港的尴尬境地。近年来,港口基础设施不断完善,装卸设备不断更新升级,港航服务不断提升。2021 年,钦州港建成并启用全国首个海铁联运自动化集装箱码头、钦州港 30 万吨级油码头试运营。2022 年,钦州港进口环节箱均费用较 2019 年年底降低 47%,出口环节箱均费用较 2019 年年底降低 36%;全年港口货物吞吐量完成 1.74 亿吨,增长 3.9%,集装箱吞吐量完成 541 万标箱,增长 16.9%。[①]

商务部 2022 年国家级经济技术开发区综合发展水平考核评价结果显示:2022 年钦州港区地区生产总值增长 11.6%,总量占钦州市 GDP 的 42%;规模以上工业总产值 1 167 亿元,同比增长 39.67%;实际利用外资 3.29 亿元,增长 81.2%;外贸进出口总额 470 亿元,增长 226.39%;港口货物吞吐量 1.751 亿吨,同比增长 5%;集装箱吞吐量 535 万标箱,同比增长 15.6%[②]。钦州港经济技术开发区在国家级经济技术开发区综合发展水平考核中前进 94 位,首次进入全国百强。钦州综合保税区在全国综合保税区发展绩效评估中前进 13 位,位居全区第一。[③]

本书梳理了 1991 年以来钦州港所发生的对其发展起到重要作用的大事,具体如表 4-1 所示。

表 4-1 钦州港发展大事记

序号	时间	钦州港发展大事件
1	1991	钦州地委、行署作出开发建设钦州港的重大决策
2	1991.09	钦州港进港公路正式开工

---

① 数据来源于钦州市政府工作报告。
② 数据来源于商务部 2022 年国家级经济技术开发区综合发展水平考核评价结果。
③ 资料来源于钦州市政府工作报告。

续表

序号	时间	钦州港发展大事件
3	1993.01	钦州港勒沟大桥动工
4	1994.01	钦州港2个万吨级码头启用
5	1994.06	挂牌成立钦州港区，初步实行开发区管理模式
6	1996.06	钦州港被设立为广西省级开发区、钦州港国家一类口岸对外开放
7	1998.06	钦州港二期工程项目建议书通过国家计委审批，实现从"无名分"到"有名分"的重大转折
8	1999.09	《广西南北钦防沿海经济区发展规划纲要》把钦州港定位为临海工业港
9	1999.11	市委第一届第七次全会提出了钦州加快临海工业发展的基本工作思路
10	2002.10	市委、市政府出台《关于加快钦州港经济开发区发展的决定》（钦市发〔2002〕21号）
11	2008.01	国家批准实施《广西北部湾经济发展规划》
12	2008.05	国务院批准在钦州港设立中国第6个保税港区——钦州保税港区
13	2010	钦州港经济开发区升级为国家经济开发区
14	2012.03	国务院正式批准设立中马钦州产业园区
15	2013.01	钦州港国投煤炭码头工程正式动工
16	2014	新开通"钦州—韩国—印尼—泰国—越南"定期班轮航线，成为首条外贸直航航线
17	2015	钦州港集装箱吞吐量突破90万标箱
18	2016	试运营贵阳至钦州港货运专列，新开通至中东地区、马来西亚等5条外贸集装箱航线
19	2017.07	钦州港海关全面落实全国海关通关一体化改革，企业全通模式报关单几秒即可放行，迈入"秒通关"时代
20	2018	钦州港货物吞吐量首次突破亿吨
21	2019	成功申报设立广西自贸试验区钦州港片区

续表

序号	时间	钦州港发展大事件
22	2020.10	钦州—北海—防城港港口型国家物流枢纽入选2020年国家物流枢纽名单
23	2020	启动建设我国首个海铁联运自动化码头
24	2020	钦州保税港区整合转型为综合保税区获得国务院批复
25	2021.05	建成钦州港30万吨级油码头，是北部湾港靠泊等级最高的泊位
26	2021.08	钦州港东航道（扩建工程）正式通航，满足20万吨级大型集装箱船进出港
27	2022	钦州港迈入"500万标箱时代"，钦州港在全球集装箱大港中的排名跃升至第44位
28	2022	全国首个海铁联运自动化集装箱码头大榄坪南7-8号泊位正式投运
29	2022	广西首个国际标准专业液化烃码头金鼓江19号泊位建成运营
30	2022	落地实施全国首个陆路启运港退税试点政策和广西首笔跨境跨国人民币电子缴税业务
31	2022	平陆运河开工

资料来源：《北部湾国际门户港发展报告2020—2021》、钦州市历年政府工作报告。

（二）防城港概况

防城港位于广西北部湾北部西端，港湾水深，避风，航道短而不淤，城市和陆域广阔，可用岸线较长，是大陆海岸线上最南端深水海港和全国沿海25个大港之一，是我国重要的金属矿石进出口基地、煤炭储备配送中心和粮油加工基地。防城港是中国唯一一个与东盟各国陆海相连的城市，同时也是连接中国内陆腹地和中南半岛东盟国家最便捷的海陆门户。目前，防城港港区划分为渔氵万港区、企沙港区、企沙东港区和茅岭、榕木江、白龙、潭吉、京岛、竹山、大小冬瓜等港点，其中渔氵万港区为大型综合性港区，企沙港区和企沙东港区为大型临港工业服务港区。防城港依托大港口布局钢铁、能源、化工、粮油及物流等大产业，成为全国最大的磷酸加工出口基地和重要的粮油加工基地。

防城港始建于1969年3月，早于钦州港。1970年设港务局，1974年扩大为对外贸易港口，1983 年 7 月国务院批准作为对外开放口岸正式开放。1986年完成一期工程建设，1987 年全面投产运营。1992 年建成第一个 3 万吨级泊位。1995 年，江山港、企沙港正式对外开放。2001 年防城港港口货物吞吐量突破 1 000 万吨。2012 年防城港港口货物吞吐量突破 1 亿吨。2019 年防城港口岸顺利完成了扩大开放的国家验收工作，防城港保税物流中心顺利通过正式验收。2019 年 6 月，习近平总书记明确提出支持在防城港市建立国际医学开放试验区。防城港市依托港口聚焦打造现代化临港工业城市，加快构建边海国际大通道、建设开放开发先行区、建成产业集群新高地。

防城港新建设的企沙东岛及南港区位于企沙半岛东南部。企沙半岛是由一个自然岛群发展而来的具有现代化设施和功能的人工化岛屿，与原有陆地连为一体，形成了东部区、中部区和西部区 3 个区域。企沙东岛区规划面积约为 62.25 平方千米，新增港口岸线约 25.36 千米，可提供 76 个 1 万~40 万吨级泊位，设计年吞吐能力为 3.4 亿吨，可实现海洋资源的最大化利用。企沙南港区为连陆域港区，规划面积约为 37.69 平方千米，新增港口岸线约 36.29 千米，可建成万吨级以上泊位 124 个，设计年吞吐能力 5.96 亿吨，初步规划定位为现代化公共港区[①]。

近年来，防城港基础设施及功能不断完善。2021 年，北部湾港首个"智能装卸+无人闸口"集装箱堆场 513 号泊位自动化集装箱堆场正式运营，全国首个新建规模最大的数字化自动化散货堆场——防城港散货专业化中心堆场顺利投产。

2023 年 3 月，北部湾港防城港域举行了系列重大开工项目，包括防城港企沙港区企沙南作业区 30 万吨级码头工程、企沙港区赤沙作业区 21—24 号泊位工程、防城港渔澫港区江海联运干散货中转码头工程等 9 个工程，总投资估算 121.67 亿元，涉及交通物流、生态环保、能源、科技创新、社会民生、文化旅游 6 个领域。未来项目建成后，将不断提升港口集疏运水平和基础服务能力。

本书梳理了 1969 年以来防城港所发生的对其发展起到重要作用的事件，具体如表 4-2 所示。

---

① 数据来源于防城港市人民政府。

表 4-2　防城港发展大事记

序号	时间	防城港发展大事件
1	1969.03	防城港始建
2	1970	防城港港务局成立
3	1972.08	防城港正式启用
4	1974.08	国务院批准将防城港逐步扩建为对外开放的贸易港口
5	1975.03	万吨级深水泊位建成
6	1983.10	防城港正式投入运营，对外开放
7	1984.04	国务院批准防城港与北海市作为一个整体，列为全国14个沿海开放城市之一
8	1986.12	防城港7个万吨级泊位全部建成投产
9	1987.05	国家决定在防城港区建设国家粮食中转基地、林业贮木场、建材进出口基地和外贸基地四大出口基地
10	1988.11	防城港年港口货物吞吐量突破100万吨
11	1989.01	防城港被交通部列为全国19个枢纽港之一
12	1990.05	防城港等19个枢纽港列入中国港口建设核心建设规划
13	1992.12	3万吨级深水泊位建成投产
14	1995.03	江山港、企沙港正式对外开放
15	2001.12	防城港港口货物吞吐量突破1 000万吨
16	2005.07	防城港20万吨级码头正式投入运营
17	2007.02	以防城港、钦州港和北海港为基础的广西北部湾国际港务集团公司组建成立
18	2012.12	防城港港口货物吞吐量突破1亿吨
19	2014.03	防城港核电1号机组核岛最后一台主设备——稳压器成功就位
20	2016	上线运行西部首个沿海口岸国际贸易"单一窗口"
21	2017.09	《防城港港口总体规划（2016－2030年）》正式获得国家交通运输部和自治区人民政府批复
22	2019.07	防城港保税物流中心通过验收

续表

序号	时间	防城港发展大事件
23	2019	开通百色"煤铝对流"专列、昆明"北粮南运"集装箱专列、锦州港粮食直航班轮
24	2020.10	钦州—北海—防城港港口型国家物流枢纽入选2020年国家物流枢纽名单
25	2020	建成万吨级以上泊位16个，赤沙4号泊位等20万吨级泊位竣工验收
26	2020	中越北仑河二桥建成使用，防城港口岸、东兴口岸获批扩大开放，入选港口型和陆上边境口岸型国家物流枢纽承载城市
27	2020	防城港保税物流中心封关运营，入围中国外贸百强城市
28	2021.01	防城港铁路第三进港专用线正式开通运营
29	2021	全区率先开展规范化海上互市贸易结算，上线全国首个互市贸易结算系统
30	2021	全区首创进口冷链食品集中监管仓驻仓核酸检测实验室
31	2022.05	广西北部湾国际生鲜冷链园区（一期）在防城港市港口区正式开业运营
32	2022	广西首个大型冷链园区——北部湾国际生鲜冷链园区项目一期开业运营
33	2022	防城港综合保税区申报进入国家审批阶段，防城港保税物流中心进出口额在全国保税物流中心中排名第六、西部第一
34	2022	建成投入运营华南最大规模数字化散货堆场

资料来源：《北部湾国际门户港发展报告2020—2021》、防城港市历年政府工作报告。

（三）北海港概况

北海港地处广西南陲，南海北部湾畔，海岸线长562千米，有多处天然良港，可建万吨级泊位200多个，其中10万~20万吨级泊位可建20多个，还可建30万吨级以上大型深水泊位，是临港工业区和大型石油储备库的理想之地，目前由北海港区、铁山港区、沙田港区、大风江港区、涠洲岛港区等组成。北海港以服务临港产业的能源、原材料物资运输为主，积极发展国际邮轮、商贸和清洁型物资运输，兼顾集装箱、滚装运输，具备装卸仓储、多式联运、临港工业、旅游客运和现代物流、保税、航运服务等功能，目前拥有国际商船装卸区、国内外小型货轮泊区和装卸区、国内运输机帆船停泊和作业区等6大作业区。

据北海文史专辑第十五辑《前景广阔的北海市港口》记载，新中国成立至改革开放前，北海港的建设处于迂回与缓慢前进阶段，当时北海港以港口调整、充实发展与恢复为主。改革开放以后，北海港港口建设逐渐步入正轨，北海港的发展也由此进入快车道。1984年，北海市被确定为全国14个沿海开放城市之一，加速了北海港的建设步伐。1985年，万吨级泊位码头在石步岭开工建设。1992年石步岭二期和铁山港动工建设，"北海新力"成为全国首家港口全资上市公司。随后，广西壮族自治区把北海港定位为集装箱中转、旅游、商贸于一体的港口。2000年，北海港集装箱公司成立，北海港集装箱业务正式向国际多式联运方向发展。2007年，广西北部湾港务国际集团有限公司组建，北海港与钦州港、防城港步入"三港合一"的调整发展时代。2012年，自治区批复实施《北海港总体规划》，进一步指明了北海港的功能定位、发展方向和产业布局。2017年，北海港口岸扩大开放通过国家验收。2021年，《北海港总体规划（2019—2035年）》获得批准，明确将铁山港进港航道和北海港泊位等级均提高到30万吨，为大型临港产业集群、北海向海经济发展提供强有力的支撑和动力。

2022年，北海港区纳入离境港试点，享受全国陆路启运港退税政策。铁山港区5—6号泊位正式对外开放，北海邮轮码头工程（一期）竣工，兰海高速钦州至北海段改扩建工程建成通车。北海对RCEP成员方进出口增长39.8%[①]。未来，北海港将着力于发展港口基础设施建设，建成铁山港北暮作业区7—8号泊位、玖龙纸业配套码头，开工铁山港20万吨级进港航道工程、北暮作业区南4—5号泊位、啄罗作业区15万吨级LNG码头等项目，推进合湛高铁、铁山港30万吨级进港航道、北部湾国际机场等项目前期工作。加快建设铁山港区国家进口贸易促进创新示范区，结合北海综合保税区B区等开放平台，提升进出口便利化水平，推动外贸与产业深度融合、高效联动。

本书梳理了1953年以来北海港所发生的对其发展起到重要作用的事件，具体如表4-3所示。

---

① 数据来源于北海市发展和改革委员会。

表 4-3 北海港发展大事记

序号	时间	北海港发展大事件
1	1953.01	北海港建港
2	1953.08	北海市成立建港委员会，在外沙桥和桂皮仓的中间地段动工，扩建外沙避风港
3	1955.11	北海市政府交通科成立
4	1956.01	北海港外轮代理分公司成立
5	1956.03	港务处在企沙、犀牛脚、茅岭、党江和石头埠设港务所
6	1964.02	中国轮船理货公司北海分公司正式成立
7	1964.03	北海港开辟直达英国、波兰、几内亚、摩洛哥的航线
8	1965.05	由国家交通部审定、国务院批准的《北海港港章》正式公布
9	1969.06	广西外贸首次在北海港组织木薯片运往西欧
10	1969.06	北海港千吨级小轮码头动工兴建
11	1970.10	北海港由交通部下放给广西壮族自治区交通厅领导，北海至新加坡、日本航线恢复，新开辟至非洲、地中海和西欧的航线
12	1984.04	国务院批准防城港与北海市作为一个整体被列为全国 14 个沿海开放城市之一
13	1985.03	广西首家中外合资海上运输企业——南方货运有限公司在北海成立
14	1985.04	民航福成机场动工兴建
15	1987.03	福成机场通航营业
16	1987.05	万吨级码头泊位在石步岭海滩动工兴建
17	1989.03	琼北线车客货轮渡通航
18	1991.10	钦北铁路建设在和塘村举行奠基典礼
19	1993.09	铁山港 2 个万吨级起步码头动工建设
20	1997.06	北海港散装进口沥青罐装线建成投入使用
21	1998.05	北海港—越南下龙湾国际旅游航线开通
22	2000	北海港集装箱公司成立，北海港集装箱业务正式向国际多式联运方向发展

续表

序号	时间	北海港发展大事件
23	2007	广西北部湾港务国际集团有限公司组建
24	2012	自治区批复实施《北海港总体规划》，进一步指明了北海港的功能定位、发展方向和产业布局
25	2017	北海港口岸扩大开放通过国家验收
26	2018	北海工业园区企业突破1 000家
27	2019	北海西村港跨海大桥开建
28	2020	北海工业园区升级为国家级经济技术开发区，出口加工区升格为国家级综合保税区，入选国家港口型物流枢纽承载城市
29	2020	铁山港进港铁路建成通车
30	2020	获批冠头岭西南海域精工南珠国家级海洋牧场示范区
31	2021	《北海港总体规划（2019~2035年）》正式获批，明确铁山港进港航道由15万吨提升到30万吨
32	2021	北海至香港航线普货集装箱实现常态化运输，"北海—美国"烟花出口海运直航顺利开通
33	2022	海邮轮码头工程（一期）竣工，兰海高速钦州至北海段改扩建工程建成通车
34	2022	铁山港区5~6号泊位正式对外开放，石头埠作业区1~2号泊位获批经营
35	2022.11	北海国际客运港航道扩建工程交工验收，实现了北海国际客运港客船和电建渔港渔船各行其道

资料来源：《北部湾国际门户港发展报告2020—2021》、北海市政府历年政府报告。

第二节 北部湾港集装箱吞吐量和港口货物吞吐量

一、北部湾港货物吞吐量整体情况

近年来，广西紧抓历史新机遇，以西部陆海新通道为引领，全力推进北部湾港建设快速发展，借此东风之势，北部湾港打造国际门户港的现实需求和重大机遇已然到来。

由交通运输部发布的全国港口2022年度统计数据可知，广西北部湾港货物吞吐量和集装箱吞吐量再一次进入前10：港口货物吞吐量和集装箱吞吐量在全国港口中分别排名第10和第9名。图4-1显示，广西北部湾港2022年货物吞吐量为3.7亿吨，比2021年增长3.7%，比全国沿海港口吞吐量平均增速高1.5%，居全国港口第10位；其中集装箱702万标箱，居全国港口第9位，比2021年增长16.8%，远高于沿海港口4.6%的平均增速；北部湾港已经连续5年，增速位居排名前10的全国沿海主要港口第1位，也成为全国11个国际枢纽海港中唯一保持两位数增长的港口。

对比来看，受供应链危机、地缘政治等因素影响，全国港口发展放缓，增幅不大，大多港口增速下滑，甚至出现负增长，比如2022年天津港集装箱吞吐量同比下滑1.83%，2022年厦门港货物吞吐量2.19亿吨，同比下降3.6%[①]。而北部湾港无论货物吞吐量还是集装箱吞吐量依然能保持持续增长，跑出"加速度"已受到社会各界的高度关注。

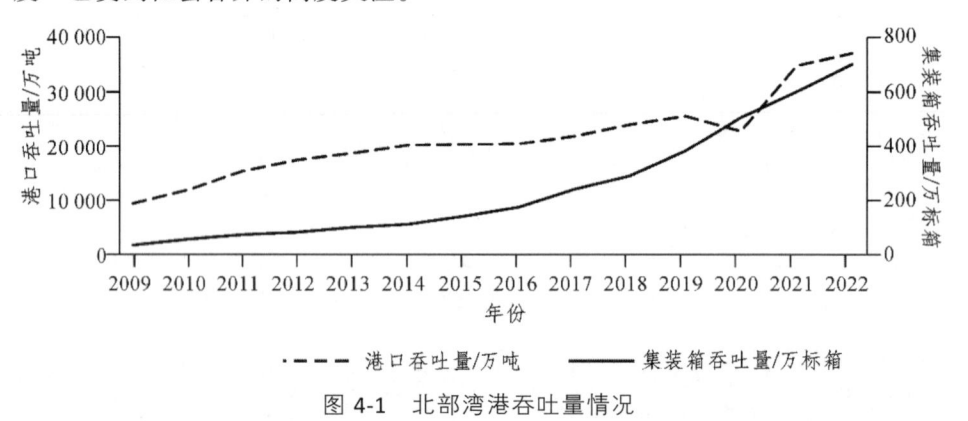

图4-1 北部湾港吞吐量情况

数据来源：交通运输部、广西统计年鉴。

从表4-4及图4-2可知，在集装箱吞吐量方面，2011年以前，防城港集装箱吞吐量处于钦州港、北海港和防城港三港之首。但随着钦州港的不断发展完善和2007年以来广西成立广西北部湾港务集团并实施"三港合一"战略，钦州港集装箱吞吐量得以在2011年首次超过防城港，而后以绝对优势领先于防城港和北海港。究其原因，一方面，2015年后按照规划，北部湾港逐步将防城港和北海港的集装箱（内、外贸）航线转移至钦州港，使北海港、防城港的集装箱吞吐量与钦州港相比，差距进一步拉大，北海港和防城港的集装箱吞吐量在

---

① 数据来源于中华人民共和国交通运输部。

2016年也首次出现回落。另一方面，钦州市于2014年颁布实施《钦州市促进口岸"大通关"的政策措施》（钦政办〔2014〕15号）、《钦州市人民政府办公室关于印发钦州市航线和集装箱业务补贴奖励兑现办法的通知》（钦政办〔2014〕112号）、《钦州市人民政府办公室关于印发2015年钦州港航线和集装箱业务补贴奖励标准的通知》（钦政办〔2015〕29号）、《广西北部湾经济区港口物流发展补助实施细则》等一系列政策文件，从内外贸航线、聚集箱源、集装箱运输费用、口岸基础设施建设和口岸工作组织领导等方面给予财政支持，一定程度上促进了钦州港集装箱业务的发展和集装箱吞吐量的增长。

表4-4 2000—2022年钦州港、防城港和北海港集装箱吞吐量、港口吞吐量

年度	集装箱吞吐量/万标箱				港口吞吐量/万吨			
	北部湾港	钦州港	防城港	北海港	北部湾港	钦州港	防城港	北海港
2000		0.056	1.592 1	0.827		140	919	265
2001		0.006 3	2	1.114 9		171.5	1 003	288
2002		0.033 7	4.6	2.218		203	1 116	311
2003		0.198 3	5.237 8	3.166		263	1 320	433
2004		1.036 1	8.02	2.789 6		321	1 609	472
2005		2.534 6	10.5	2.367 6		511	2 006	437
2006		4.500 5	13.03	3.39		762.38	3 382.16	804.15
2007		4.9	17.31	13		1 206	5 153	502
2008		6.111 6	22.57	4.93		1 507	3 701	620
2009	34.87	10.09	20.36	4.42	9408	2 013	6 380	1 015
2010	56.35	25.07	25.1	6.18	11 923.04	3 022.1	7 650.42	1 250.52
2011	73.29	40.2	26	7.09	15 330.6	4 716.22	9 023.63	1 590.75
2012	82.41	47.39	27	8.02	17 438	5 622	10 058	1 758
2013	100.313 8	60.129 6	30.981 6	9.202 6	18 673.48	6 035.23	10 560.47	2 077.78
2014	112.001 4	70.200 5	32.200 75	9.600 1	20 188.79	6 412.51	11 500.72	2 275.56
2015	141.516 8	94.176 9	36.863	10.476 9	20 482.2	6 510.2	11 504	2 468
2016	177.88	137.378	26.63	13.872	20 392	6 954	10 688	2 750
2017	241.3	177	26.89	37.41	21 862	8 338	10 355	3 169
2018	290.087	232.4	31.2	26.487	23 986	10 151	10 448	3 387
2019	382.43	302	42.1	38.33	25 568	11 931	10 141	3 496
2020	499.62	395.04	54.57	50.01	26 018	13 469	12 182	3 736
2021	601.18	462.7	77.1	61.38	35 823	16 700	14 800	4 323
2022	702.08	540.7	90.37	71.01	37 134	17 357	15 359	4 418

数据来源：广西北部湾港务集团有限公司、国民经济和社会发展统计公报、钦州港口集团、历年《广西统计年鉴》和北部湾经济区统计月报。

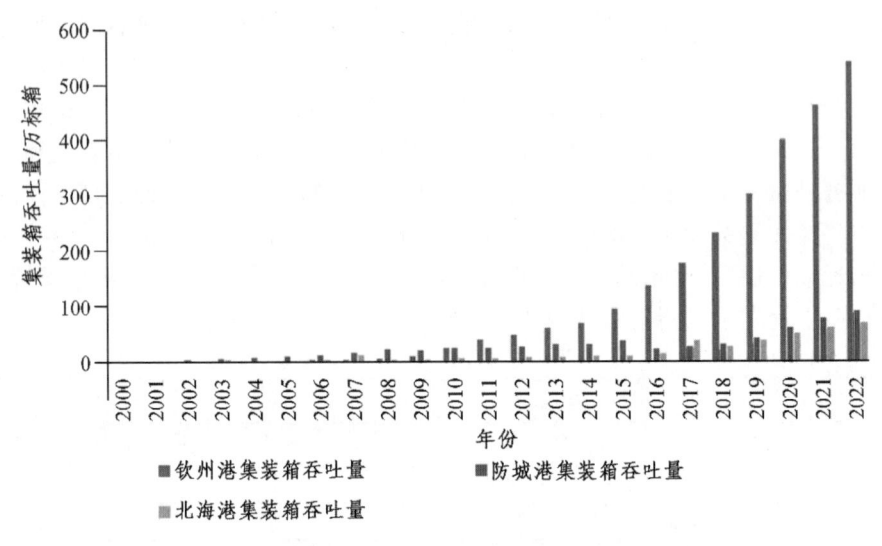

图 4-2　北部湾三港集装箱吞吐量

由图 4-3 可知,在港口货物吞吐量方面,2019 年前防城港港口货物吞吐量拥有较大的优势,位于广西北部湾港之首,2019 年、2021 年和 2022 年被钦州港反超。北海港则位于第三,远低于钦州港和防城港,增长缓慢。

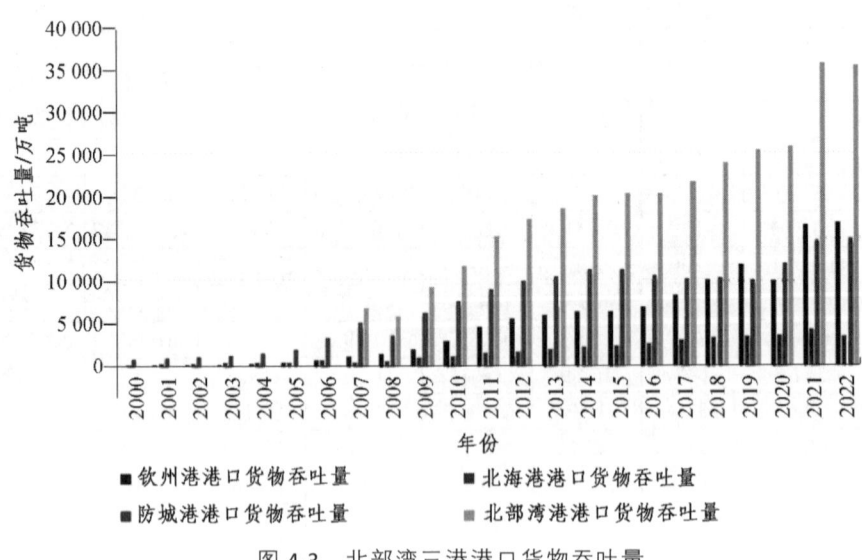

图 4-3　北部湾三港港口货物吞吐量

由表 4-5 可知，目前，北部湾港集装箱的主要货物类别涵盖了煤炭及制品，轻工、医药产品，钢铁，非金属矿石，化工原料及制品，粮食，木材，化肥及农药等，服务范围全面覆盖西部陆海新通道沿线的省市。

表 4-5　2021 年北部湾港各货类吞吐量完成情况表

货类	吞吐量/万标箱	占比	同比增长
合计	601	100.0%	19.0%
轻工、医药产品	51.7	8.6%	18.9%
非金属矿石	50.3	8.4%	39.5%
煤炭及制品	49.3	8.2%	-6.3%
钢铁	44.5	7.4%	16.0%
化工原料及制品	42.5	7.1%	33.0%
粮食	30.5	5.1%	4.3%
矿物性建筑材料	26.5	4.4%	50.1%
木材	26	4.3%	-1.4%
金属矿石	25.9	4.3%	18.7%
化肥及农药	22.2	3.7%	-1.6%
农林牧渔业产品	16.9	2.8%	10.2%
机械设备、电器	11.5	1.9%	79.4%
有色金属	3.5	0.6%	-13.4%
水泥	2.8	0.5%	-36.4%
石油天然气制品	1.2	0.2%	4.4%
盐	0.9	0.1%	64.0%
其他	3.6	0.6%	-4.1%
空箱	191.2	31.8%	28.2%

数据来源：笔者查阅资料整理所得。

按照集装箱业务类型分类，2021 年散改集业务完成吞吐量 142.6 万标箱，占比 24%，同比增长 27%；中转业务完成 87 万标箱，占比 14%，同比增长 13%；海铁联运业务完成 28 万标箱，占比 5%，同比增长 1%；其他业务完成 343.4

万标箱，占比57%，同比增长19%（见表4-6）。总体来说，各项业务都呈现出正增长趋势。2022年，西部陆海新通道海铁联运班列运量为44.1万标箱，折合列数8 820列，同比增长44%；2023年1-6月，运量22.5万标箱，列数4 500列，同比增长9%。

表4-6　2021年北部湾港各集装箱业务吞吐量分解表

业务	吞吐量/万标箱	占比	同比
合计	601	100%	19%
散改集业务	142.6	24%	27%
中转业务	87	14%	13%
海铁联运业务	28	5%	1%
其他业务	343.4	57%	19%

数据来源：笔者查阅资料整理所得。

二、钦州港集装箱吞吐量和货物吞吐量情况分析

钦州港依托独特的港口区位优势扩大货源包，扩大集装箱领域锂电池及其他新能源材料出口，与此同时石灰石及其他大宗货物成为拉动箱量的新动力。2022年，钦州市进出口贸易总值为642.2亿元，首次突破600亿元，同比增长150.8%，增速居广西首位。据统计，2022年钦州港货物吞吐量达到1.74亿吨，较2021年同期增长3.9%；钦州港的集装箱吞吐量达到了540.7万标箱，较2021年同期增16.9%，第一次跻身中国港口十大港口之列，并在世界百大港口中位居44位（见表4-7）。纵向来看，钦州港集装箱吞吐量和港口货物吞吐量均实现逐年增长态势。

表4-7　钦州市集装箱吞吐量和港口货物吞吐量情况

年度	2015年	2016年	2017年	2018年	2019年	2020年	2021年	2022年
集装箱吞吐量/万标箱	94.1769	137.378	177	232.4	302	395.04	462.7	540.7
港口货物吞吐量/万吨	6 510.2	6 954	8 338	10 151	11 931	13 649	16 700	17 357

数据来源：广西及钦州市统计年鉴、北部湾经济区统计年报。

三、防城港集装箱吞吐量和货物吞吐量情况分析

近年来，防城港市以港立市、以港兴市，全力聚焦海港口岸建设，对于港内金属、煤炭、铁矿、化肥等优势货类，防城港采用"精品货类"管理模式，严格记录现场作业，加快货物入港离港时间，大幅提高货物吞吐量。此外，防城港码头散货专业化中心堆场工程已投入使用，北部湾港首座充换电站和防城港码头 513 号泊位集装箱自动化堆场已投产，为满足船舶靠泊需求和服务临港企业门到门的供货奠定了坚实的基础。从表 4-8 可以看出，2022 年防城港港口货物吞吐量达到 15 359 万吨，比 2021 年增长 3.8%；集装箱吞吐量完成 90.37 万标箱，增长 17.2%，均实现正增长。

表 4-8 防城港集装箱吞吐量和港口货物吞吐量情况

年度	2015 年	2016 年	2017 年	2018 年	2019 年	2020 年	2021 年	2022 年
集装箱吞吐量/万标箱	36.863	26.63	26.89	31.2	42.1	54.57	77.1	90.37
港口货物吞吐量/万吨	11 504	10 688	10 355	10 448	10 141	12 182	14 800	15 359

数据来源：广西及防城港市统计年鉴、北部湾经济区统计年报。

四、北海港集装箱吞吐量和货物吞吐量情况分析

如表 4-9 所示，2022 年北海市港口货物吞吐量 4 418 万吨，较 2021 年同期增长了 2.2%；集装箱吞吐量 71.01 万标箱，较 2021 年同期增长了 15.69%；对比防城港，北海港集装箱吞吐量的差距不是很大，但是港口货物吞吐量差距较大。2022 年防城港货物吞吐量是北海港的 3.48 倍。

表 4-9 北海港集装箱吞吐量和港口货物吞吐量情况

年份	2015	2016	2017	2018	2019	2020	2021	2022
集装箱吞吐量/万标箱	10.4769	13.872	37.41	26.487	38.33	50.01	61.38	71.01
港口货物吞吐量/万吨	2 468	2 750	3 169	3 387	3 496	3 736	4 323	4 418

数据来源：广西及北海市统计年鉴、北部湾经济区统计年报。

第三节 北部湾港集装箱航线运营情况

作为我国西南对外开放的重要窗口，近年来北部湾港不断加强港口建设，拓展和加密航线。2022 年 1 月《区域全面经济伙伴关系协定》（RCEP）正式生效，北部湾港抢抓 RCEP 带来的机遇和红利，开通至日本、缅甸、越南、泰国等多条 RCEP 直航航线以及"柳州—北部湾港—印尼"等多条特色外贸线路，实现东盟主要港口全覆盖。

据统计，2014 年北部湾港内贸航线仅 13 条，外贸航线仅 3 条。但随着北部湾港基础设施建设的不断完善，进出口贸易量不断增加，对航线的需求也逐年增加。截至 2020 年，北部湾港内贸航线达 24 条，外贸航线达 19 条。2022 年，北部湾港建成 10 个项目，全年新增设计吞吐能力 3 000 万吨，新增外贸集装箱航线 10 条，新开辟达中东、缅甸等航线，进一步加密至泰国、柬埔寨、越南等东盟国家的航线密度。目前，北部湾港共开通 75 条航线，包括 47 条对外贸易路线（包括 6 条远洋路线），28 条内贸航线，与世界上 113 个国家和地区的 335 个港口实现了通航，并实现绝大部分东盟国家和中国沿海主要港口全覆盖。

作为西部地区最重要的物流运输大通道，西部陆海新通道的发展也促进了北部湾港海铁联运班列的加密和拓展。截至 2022 年，西部陆海新通道海铁联运班列辐射区域涵盖 14 省（区/市）、54 市，共 99 个站点，并与全球 107 个国家（地区）300 多个港口建立航运联系，货物运输种类多达 640 个。近年来，西部陆海新通道海铁联运发展日益强劲。如表 4-10 所示，2022 年西部陆海新通道海铁联运班列运量为 441 257 标箱，折合列数 8 820 列，同比增长 44%。其中，广西区内运量 151 283 标箱，同比增长逾 205%，占比达 34.3%；区外部分，重庆、四川、云南、贵州占比最大，分别是 24.51%、16.69%、15.53%、3.45%。

表 4-10 2022 年西部陆海新通道海铁联运班列开行情况统计表

序号	站点	运量/标箱	折合列数/列	同比增幅	占比
合计	—	441 257	8 820	—	100.00%
1	重庆	108 172	2 162	18%	24.51%
2	四川	73 644	1 472	36%	16.69%
3	云南	68 570	1 370	4%	15.53%

续表

序号	站点	运量/标箱	折合列数/列	同比增幅	占比
4	贵州	15 222	304	-40%	3.45%
5	湖南	762	15	67%	0.17%
6	湖北	162	3	同期为 0	0.03%
7	内蒙古	1 554	31	288.00%	0.35%
8	西藏	2	—	同期为 0	—
9	河南	184	4	同期为 0	0.05%
10	江西	300	6	同期为 0	0.07%
11	河北	6	—	同期为 0	—
12	西北	21 396	428	18%	4.85%
13	区内	151 283	3 025	205%	34.30%

数据来源：广西北部湾经济区规划建设管理办公室。

一、钦州港集装箱航线运营情况

近年来，钦州港集装箱航线（内、外贸）在广西壮族自治区、钦州市人民政府以及广西北部湾港务集团等政府职能部门的大力支持下，积极稳定已有航线，大力开辟新航线，增加航线运行班次，不断优化航线路径，集装箱航线（内、外贸）有了长足的发展。尤其是 2014 年钦州市实施促进口岸"大通关"的相关政策以及 2015 年广西北部湾港务集团逐步将防城港和北海港的内、外贸集装箱航线转移至钦州港，促进了钦州港集装箱航线（内、外贸）不断增加，运行班期密度进一步提升。

（一）集装箱航线发展方面

由表 4-11 可知，2022 年，钦州港共开通集装箱航线 65 条，是 2014 年 15 条的 4 倍多。其中，内贸航线相对稳定，主要是钦州至深圳、广州、厦门、宁波、连云港、青岛、大连、天津、上海、福州、日照等航线；外贸航线经过 9 年的发展，航线数量有了大幅度增加，新开辟了钦州至关丹、胡志明、新加坡、曼谷、雅加达、巴生等东盟港口城市航线，以及钦州至高雄、神户、釜山、仁川、东京、伊朗阿巴斯以及阿联酋杰贝阿里等航线。

表4-11 2014—2022年钦州港集装箱航线（内、外贸）情况

主要指标	2014	2015	2016	2017	2018	2019	2020	2021	2022
集装箱航线（条）	15	27	26	30	43	47	49	58	65
其中：内贸（条）	12	14	12	15	19	20	20	26	28
外贸（条）	3	13	14	15	24	27	29	32	37

数据来源：《关于钦州市"大通关"政策实施的情况报告》、钦州港务集团官网数据。

（二）海铁联运发展方面

2022年新开通6条海铁联运班列，海铁联运班列网络覆盖17个省份60个城市、113个站点，实现西部12个省份全覆盖，首次拓展至中部、华北地区；全年西部陆海新通道班列开行达到8820列、增长44%，累计开行超过2万列。①

二、防城港集装箱航线运营情况

近年来，防城港市人民政府依托广西壮族自治区政府以及北部湾港务集团各项支持政策，不断加大集装箱航线开行密度，优化航运组织模式，拓展航运范围。

（一）集装箱航线发展方面

目前防城港集装箱航线共15条，相比2014年，防城港内贸航线增加了8条，主要开通了防城港至海南、江西、广东、福建、浙江、江苏、山东、辽宁、河北、安徽、湖北、上海、天津、重庆等地以及珠三角、长三角、环渤海湾等经济圈的国内航线。外贸航线增加了5条，主要开通了"防城港—新加坡—丹戎柏拉柏斯""防城港—岘港"等外贸航线，并与世界上100多个国家（地区）的250多个港口通航。

---

① 数据来源于钦州市政府工作报告。

（二）海铁联运发展方面

防城港发挥自身发展大宗干散货业务的优势，先后开通了"锦州港—防城港"内贸粮食集装箱班列和防城港至湖南怀化、云南蒙自北等地的外贸粮食集装箱班列。防城港还持续推进"公转铁""水转水"战略，优化港口运输结构，提升港口海铁联运比例。2022 年 1—10 月，防城港市海铁联运货物的发运总量达到了 3 157.2 万吨，其中西部地区的发运货物数量高达 3 479 万吨[①]。

三、北海港集装箱航线运营情况

北海港已经与 80 多个国家和地区建立了贸易关系，从一个地方小港逐渐发展成为一个以国际贸易、边境贸易、商业、旅游、客运等多项功能为中心，各种基础设施一应俱全的港口。内贸航线覆盖了中国东部以及中部等主要港口城市，开通了至海南、广东、福建、浙江、江苏、上海、天津、重庆等地的航线。

自北海港外贸集装箱航线归集钦州港运营以来，北海外贸物流成本高、时效性不强已成为制约北海市外贸发展的主要因素。北海外贸企业总体外贸集装箱规模较小。2021 年，北海市 58 家样本企业实现了 41.4 亿美元的进出口额，进出口集装箱 42 777 标箱，其中进出口集装箱量最大的东南亚航线仅有 10 286 标箱。按比例推算，全市外贸企业通过该航线的进出口数量不足 1.2 万标箱，月平均数量还不到 1 000 标箱[②]。虽然北美航线、南美航线、西北欧航线的进出口货物价值较高，但是集装箱进出口量均不高。从目前的数据来看，北海的对外贸易集装箱数量，还不足以支撑航运公司为北海港单独开辟远洋航线。

第四节 北部湾港基础设施建设现状

一、码头

集装箱吞吐量、港口货物吞吐量的增长和航线的增加依托于港口码头、生产性泊位数等基础设施和配套设施的完善程度。因而理论上，基础及配套设施的完善程度直接制约了港口的营运能力，港口基础设施建设情况对于港口的发展至关重要。港口码头的建设长度可以在一定程度上反映该港口的承载能力。

[①] 数据来源于防城港市人民政府门户网站。
[②] 数据来源于北海新闻网。

由图 4-4 可知,钦州港码头建设速度较快,尤其是在 2008—2009 年、2013—2014 年,码头长度更是以 1 000 米以上的速度增加。经过 17 年的建设,其码头长度由 2000 的年 1 730 米增加至 2021 年的 15 589 米。经过近 20 年的建设,港口码头长度逼近防城港港口码头长度 18 326 米(2021 年)。再看北海港,其码头长度 2008—2009 年增速最快,从 2 417 米陡增至 5 142 米,但自 2016 年以来,随着钦州港和防城港的快速发展,其码头长度一直保持在 7 672 米,这对北海港港口的外贸发展造成了阻碍。2008—2009 年,防城港码头长度翻了一番,并在之后的近 12 年里一直保持着稳定增长。这与其得天独厚的区位优势、港口条件以及资源禀赋等因素密不可分,始终在北部湾三港中处于领先地位。

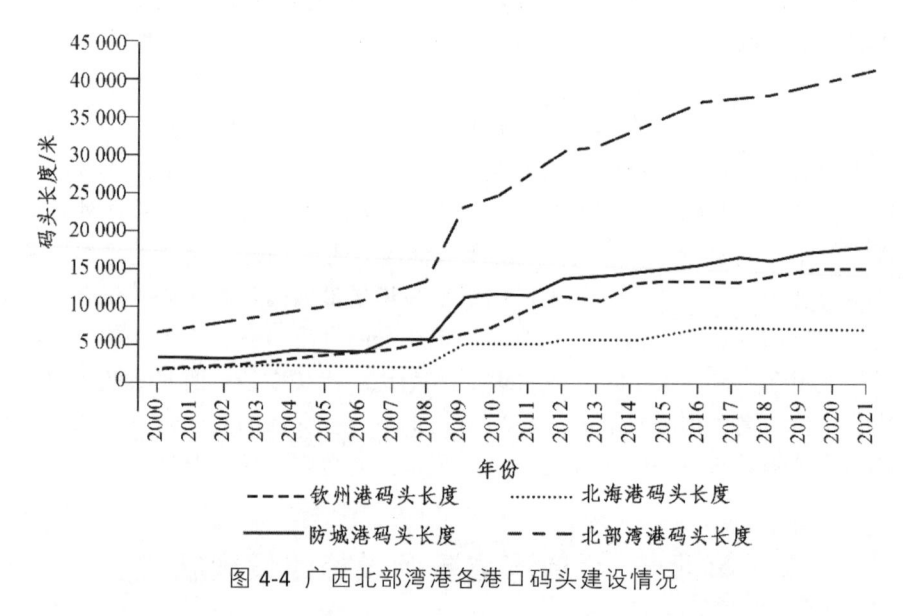

图 4-4 广西北部湾港各港口码头建设情况

数据来源:历年《广西统计年鉴》。

二、生产性泊位数

北部湾港在充分利用国家及自治区给予的各类平台和政策的基础上,抢抓港口建设的机遇期和窗口期,不断加大对泊位港口基础设施和配套设施的建设投入,港口泊位建设水平显著提升,为北部湾国际门户港的建设提供了坚实基础。

目前,北部湾港拥有 274 个生产性泊位,其中 1 万吨级以上泊位 101 个、

10万吨级以上泊位25个、20万吨级以上泊位5个、专业化泊位59个。货物的综合通过能力达到了288亿吨。同时，泊位吨数还体现了港口基础设施建设水平，北部湾港深水泊位以10万吨级为主，少数为20万吨级，30万吨级仅有1个[①]。

钦州港和防城港是北部湾港口集装箱码头的两个主要聚集区域。

钦州港区共有84个码头泊位，其中10万吨级集装箱泊位8个，7万吨级泊位10个，5万吨级泊位11个。北部湾港靠泊等级最高的泊位——钦州港30万吨级油码头，2021年已经正式投入试运行。目前，钦州港自动化集装箱码头一期工程已完工，并实现大榄坪南作业区7—8号泊位两个自动化码头开港运营。二期工程，即大榄坪南作业区9—10号泊位码头泊位水工工程顺利通过验收，正在加快建设。

防城港港区共有131个码头泊位，其中52个为深水泊位，可容纳万吨级以上的船只，最大设计靠泊能力达到20万吨级。防城港集装箱专用码头共设6个泊位，分为3个区域，即404—406号泊位、9—10号泊位和513号泊位。2022年，防城港建成投产全国首个新建大型数字化散货堆场——防城港鱼漓港区散货专业化中心堆场，进一步加快了北部湾港海铁联运自动化散货码头建设。

北海港共有59个泊位，其中万吨级泊位15个，千吨级泊位7个。北海港码头主要分布在石步港区和铁山港区，其中石步港区拥有6个0.5万~3.5万吨通用及多用途泊位，主要负责普通散杂货和集装箱货物的转运，铁山港区拥有通用泊位17个，以运输临港产业的能源和原材料为主。为推动北海港大型深水泊位建设，服务海运大型船舶，充分利用优越的水深条件，目前北海港铁山港西港区北暮作业区南7—10号、铁山港西港区北暮作业区7号和8号泊位、铁山港西港区北暮作业区9号和10号泊位正有序推进工程主体建设；北海港铁山港西港区北暮作业区南4南5号泊位工程进入工程设计工作阶段。全部建成后，将增加多个1万吨级、5万吨级、10万吨级和15万吨级多用途泊位和通用泊位，显著提升北海港综合服务能力。已建成的广西北部湾港泊位数如表4-12所示。

---

① 数据来源于北部湾港务集团。

表 4-12 广西北部湾港泊位数[①]

港口	泊位数
钦州港	泊位 84 个。 其中，10 万吨级集装箱泊位 8 个， 7 万吨级集装箱泊位 10 个， 5 万吨级多用途泊位 11 个
防城港	泊位 131 个。 其中，万吨以上深水泊位 52 个； 20 万吨级深水泊位 4 个； 15 万吨级深水泊位 4 个
北海港	泊位 59 个。 其中，万吨级泊位 15 个； 千吨级泊位 7 个

数据来源：广西北部湾港务集团。

三、航道

在航道建设方面，北部湾港的航道水深分为 3 类，以钦州港为例，包括万吨级、3 万吨级和 10 万吨级航道，其中万吨级航道水深为 9.6 米，3 万吨级水深为 12.3 米，10 万吨级水深为 16.55 米[②]。根据广西 2021 年 1—11 月交通固定资产投资完成情况（见表 4-13），广西 2021 年 1—11 月的航道投资（包括出海航道和内河航道）完成情况与 2020 年同期相比增长 20%。具体而言，在出海航道投资方面，2021 年 1—11 月累计完成投资 235 715 万元，与 2020 年同期相比，减少 8.5%；内河航道方面，2021 年 1—11 月累计完成投资 278 095 万元，与 2020 年同期相比，增长 62.9%。

近年来，北部湾港航道建设取得重大成就。钦州港东航道、钦州港金鼓江航道、钦州港 30 万吨级进港航道支航道、防城港三牙航道、防城港西贤航道和牛头航道、防城港渔澫港区第五作业区进港航道等航道建设工程已先后建成投产。北海港铁山港东港区榄根作业区进港支航道、北海港铁山港区航道、钦州港 20 万吨级航道、北海铁山港 20 万吨级航道、防城港 30 万吨级主航道等航道工程也正在加速建设之中。

[①] 需要说明的是，此处生产性泊位数仅为钦州港、防城港和北海港现有的生产性泊位，不包含在建或未投入生产的泊位。
[②] 资料来源于《北部湾港港口基础设施建设问题与对策》。

表 4-13 广西交通固定资产投资完成情况

完成投资分类	2019年1—11月累计完成投资/万元	2020年1—11月累计完成投资/万元	2021年1—11月累计完成投资/万元	2021年1—11月比2020年同期增减/%
总计	9 050 247	12 206 599	18 866 083	54.6
航道	233 094	428 224	513 810	20
出海航道	130 280	257 560	235 715	-8.5
内河航道	102 814	170 664	278 095	62.9

数据来源：广西交通运输厅。

表 4-14 展示了北部湾三港部分航道建设情况，其中，钦州港东航道扩建项目是国家《西部陆海新通道总体规划》重点项目，项目涉及航道总长 23.3 千米。项目自 2021 年试运行以来，便不断刷新 15 万吨级大型集装箱轮的进出港纪录，航道通航能力得到充分印证。钦州东航道扩建项目正式投入运行后，将进一步保障北部湾港钦州港区船舶进出港的高效与安全，助力打造"千万标箱"集装箱干线港，加快建设北部湾国际门户港、国际枢纽海港。

北海港铁山港 30 万吨级进港航道工程按照满足 30 万吨级油船满载单向通航设计，乘潮保证率 90%。航道起点位于涠洲岛北部外海规划的 15 万~20 万吨级锚地与 10 万~15 万吨级锚地之间，向东北延伸至铁山港湾湾口沿北暮航道至终点啄罗作业区 2 号突堤北端，全长约 100.8 千米，通航宽度 290~370 米，设计底高程-24.9~-22.7 米。

防城港的进港航道呈现出一个"Y"字形，由外部航道、防城湾内的西湾航道和东湾航道 3 部分组成。三牙航道是连接外海和 20 万吨级码头的一条全长 17.336 千米的单向航道。自三牙航道北端起，西湾航道向西北方向延伸，直至西湾内港区，沿途分为 4 个段落，依次由南向北。各段水深不等，底质主要砂卵石及淤泥质粉砂层。西贤航道与牛头航道为 7 万~10 万吨级，其中 10 万吨级段长 3.666 千米，底宽 130 米；7 万吨级段长 1.516 千米，底宽 130 米。

表 4-14 北部湾港部分航道建设情况

港区	航道名称	级别	基本情况	建设情况
钦州港	钦州港东航道	20 万吨级航道	水深 16.65 米 底标高-13 米	已建成

续表

港区	航道名称	级别	基本情况	建设情况
钦州港	钦州港西航道	万吨级航道	航道底宽95～110米 水深9.6米 底标高-6.6米	在建
	金鼓江航道	0.5万～5万吨级航道	航道宽度8～130米，设计底高程-10.10～-5.00米	已建成
	钦州港30万吨级进港航道支航道	30万吨级	长8.51km，设计水深-21.0m，有效宽度320m	已建成
北海港	铁山港区航道	30万吨级	底高程-24.9米～-22.7 通航宽度290～370米	在建
	铁山港东港区榄根作业区进港支航道	10万吨级单向航道		在建
防城港	三牙航道	20万吨级	航道宽195米 底高程-17.9米	已建成
	企沙港区	30万吨级进港航道		在建
	西贤航道、牛头航道	7万～10万吨级	10万吨级：航段有3.666千米，底宽130米；7万吨级：航段长1.516千米，底宽130米	已建成
	企沙港区潭油作业区进港航道	5 000吨级单向航道	全长11.43千米	在建
	防城港渔㵲港区第五作业区进港航道	3万～5万吨级单向航道	航道起点至511号泊位为5万吨级航道，长5.117千米；511号泊位南端至516号泊位北端为3万吨级泊位，长1.52千米	已建成

资料来源：广西统计年鉴，钦州市、北海市、防城港市政府历年工作报告。

四、锚地

钦州港域现有锚地8个，其中港内锚地4个，港外锚地4个。此外，还有国务院已批复的锚地5个，临时过驳锚地3个。钦州湾外现有4个锚地，其中

0号锚地为万吨级锚地，1号锚地为1万~2万吨级锚地，2号、3号锚地为5万吨级锚地。规划12个港外锚地，预留3个港外锚地，面积580.9平方千米，满足近远期船舶引航、待泊、检疫等需求①。

北海港域内共有锚地4个，其中，港内锚地3个，港外锚地1个。北海铁山港区拥有万吨级锚地，于2019年完成第一期工程。位于廉州湾南部湾的北海港区锚地，坐落于天然深槽的末端，距离地角码头约有100米的距离，而距西港口的位置则大约1 200米。位于冠头岭南海域0号灯浮的检疫锚地，以800米为半径的圆周范围内，水深达到12米，海底平坦且质地为泥沙质，具备满足船舶航运服务需求的有效性。检疫锚地由多个大小不同的锚泊区组成，每个锚泊区均有一个固定桩和数个临时锚。1、2、3号锚地长达2 650米，宽度介于450~550米，水深-5~9米，总面积为1.37万平方千米，其海底为沙质，可容纳6~8艘1万~3万吨级轮船同时停泊。

防城港域共有锚地3个，其中，港内锚地2个，港外锚地1个。0号锚地为引航域检验检疫锚地，半径约1 000米，水深12.5~14.5米，可供10万吨载重以下小型船舶使用，1号锚地为大型船舶待泊及避风锚地，面积为37.6平方千米，位于0号锚地以北，该锚地设有10个锚位，处于三牙航道的两侧，每个锚位的半径为450米，水深19~22米，底高程-14~-12米，是泥沙和黏土底质，可供超大型船舶锚泊使用②。

五、口岸

北部湾口岸功能不断完善，在原来的水路进境水果、进境粮食、进口肉类指定口岸的基础上，新增广西CEPA先行先试示范基地功能、北部湾国际门户港航运服务中心功能等，服务能力不断提升。其中，钦州港拥有保税港区、自由贸易试验区等多项优惠政策支持，在港口口岸功能上更加齐全、更加完善，基本涵盖北部湾港口岸服务功能。防城港发挥其沿边开放优势，拥有沿边金融改革东兴口岸试点区域，这是其他口岸所不具备的。口岸功能的不断完善，对促进港口集装箱业务加快发展，加强中国与东盟的经贸往来与合作交流，加快构建"南向、北联、东融、西合"全方位发展新格局，促进广西及北部湾经济区高质量发展具有重要意义。北部湾港部分口岸功能情况如表4-15所示。

---

① 数据来源于钦州市发展和改革委员会。
② 数据来源于防城港市发展和改革委员会。

表 4-15　北部湾港部分口岸功能情况表

港口	口岸功能
钦州港	广西粮食进境指定口岸
	广西水路进境水果指定口岸
	全国汽车平行进口试点口岸
	广西进口肉类指定口岸
	广西进口毛燕指定口岸
	全国进口酒类产业示范区
	广西 CEPA 先行先试示范基地
	北部湾国际门户港航运服务中心
北海港	广西粮食进境指定口岸
	广西进口肉类指定口岸
防城港	广西粮食进境指定口岸
	广西进口肉类指定口岸
	广西沿边金融改革试点口岸

数据来源：笔者查阅资料收集整理得到。

目前钦州港拥有整车进口口岸（2012 年）、粮食进口口岸（2014 年）、酒类进口口岸（2015 年）、进口肉类指定口岸（2015 年）、进口水果口岸（2016 年）等。南宁海关数据显示，2022 年 1—11 月西部陆海新通道沿线省份经广西钦州口岸的进出口货物总值达到 1 005.5 亿元的历史新高，同比增长近 1 倍，主要进口锰矿、煤炭、粮食等大宗散货，以及汽油、航空燃料、食品级磷酸和白卡纸等产品。

作为面向东盟开放合作的最前沿，同时也是"一带一路"西部陆海新通道的重要门户城市和重要节点城市，防城港市拥有 5 个国家一类口岸，分别为：防城港、东兴、企沙、峒中和江山。近些年来，口岸基础设施和配套设施不断完善，口岸功能得到提升，口岸通关环境得到较大改善。

第五节 北部湾港集疏运体系建设现状

一、北部湾港集疏运体系整体分析

北部湾港口的集疏运主要依赖于铁路和公路，形成了一条连接云贵、广东、湖南和东盟4个方向的主要通道，为地区经济发展提供了重要支撑。以南昆、黔桂、湘桂中段、南防、钦黎、钦北铁路和南防、南百高速公路为主干，将云南、贵州等西南腹地串联起来，形成了以北部湾港为出海口的西南地区综合交通中心；以南宁至玉林、南宁至广州铁路以及南宁至梧州等公路为主干，构筑起一条连接广东的物流通道；以焦柳、湘桂北段、黎湛等铁路和桂海高速公路等为主干，构筑起一条连接湖南的物流通道，为湖南地区的物流运输提供了便利；连接越南的国际陆路通道包括湘桂线南宁—凭祥段、南宁—友谊关以及防城港—东兴等公路，这些道路相互衔接，连通了中国与东盟。2010年9月，开通了北部湾三港"穿梭巴士"业务，防城港、北海港的内、外贸箱源逐步聚集到钦州港。

2022年，广西壮族自治区交通运输厅印发《广西港口集疏运铁路建设实施方案（2022—2025年）》，明确到2025年，广西力争推动安全、便捷、高效、绿色、经济的港口集疏运体系建设取得重要进展，水铁联运"补短板"取得明显成效，北部湾港重点港区进港铁路覆盖率达75%，内河港口进港铁路覆盖率达36.4%，初步解决广西港口水铁联运"最后一公里"问题，实现铁路和水运优势互补，进一步提高交通基础设施保障能力和运输服务质量。

二、铁路建设全面提速

近年来，广西北部湾港铁路建设抢抓机遇，调整运输结构，细化铁路布局，在铁路建设发展方面已经取得了显著成效，运输能力明显提升。广西铁路出海通道干线已全部电气化，货物列车的运行速度从44千米每小时提高到80千米每小时，几乎翻了一番，北部湾港口110条铁路专用线已建成，北部湾重要港区的铁路进港已全部覆盖。

截至2021年年末，北部湾港已形成3条公铁综合交通出海大通道，分别从重庆经贵阳、南宁至北部湾，从成都经泸州、百色至北部湾等，总长达101.06千米，共拥有48条装卸线，到发能力近4 000车/日，集装箱装卸能力达到4 300标箱/日。以广西沿海铁路股份有限公司防城港车站为例，它作为南宁铁路局集团最大的货运发送站，拥有70多条铁路装卸线和大型企业仓储基地，每天平均接发列车70多列[①]。

根据广西壮族自治区交通运输厅所公布的消息，北部湾港铁路专用线建设是未来集运疏体系构造的重点，目前钦州东—钦州港铁路支线扩能改造3条铁路支专线工程全部竣工，北海铁山港进港铁路专用线等支专线铁路于2021年竣工，防城港企沙港区云约江作业区铁路支线，黔桂铁路二线增建，钦州东至钦州港铁路增建二线、沙河至铁山港东岸铁路支线、钦州港石化专用线物流基地等工程加快建设，为北部湾港进一步优化调整运输结构，全力加快港口集疏运铁路建设，早日打通"最后一公里"提供了有力保障。

三、公路网布局日益完善

"十三五"时期，广西公路通车里程新增1.36万千米，其中高速公路的总里程为6 803千米，新建成的高速公路数量为2 515千米，县县通高速公路的完成率高达96%。截至2021年年末，广西的公路总里程已达16.06万千米。2022年12月，随着田林至西林、南丹至天峨高速公路正式通车运营，广西实现111个县（市、区）全部通达高速公路，全区高速公路运营总里程突破8 000千米。随着交通基础设施建设的不断发展和完善，路网规模进一步扩大，结构更加合理，服务功能日益增强，为推动区域协调发展奠定了坚实基础。在普通国省道中，达到二级及以上等级的比例高达72%，而在乡乡通中，达到三级及以上等级的比例则高达83%[②]。

四、水路建设扎实推进

截至2021年年末，广西港口的水路综合运输能力已达到5亿吨。在广西北部湾港，货物的综合通过能力高达2.77亿吨，而集装箱的通过能力则达到了690万标箱。随着时间的推移，广西北部湾港的规模不断扩大，其专业化水平也得到了有效提升，目前已有98个泊位可供1万吨级及以上的船只停泊，同时内河航道的通航里程也已经达到5 873千米，其中三级及以上高等级航道的通航里程更是高达1 532千米[③]。广西内河航道通航里程达5 873千米，1千吨级

---

① 数据来源于《北部湾国际门户港发展报告：（2021—2022）》。
② 数据来源于广西壮族自治区人民政府官网。
③ 数据来源于广西北部湾国际港务集团有限公司。

航道达 1 214.7 千米；2021 年水路运输完成货运量 3.8 亿吨，比 2020 年增长 15.8%，水路运输货物周转量增长 16.5%（见表 4-16）。

表 4-16　2019—2021 年广西水路运输货物周转量、货运量

年份	货物周转量（亿吨·千米）	货运量（万吨）
2019	1 765.46	31 880.7
2020	1 918.5	32 851.2
2021	2 235.93	38 030.0

数据来源：广西统计年鉴。

五、海上穿梭巴士衔接紧密，推动海上互联互通

海上穿梭巴士包括北部湾港三港往返穿梭巴士和广西北部湾港—广州南沙港穿梭巴士等。穿梭巴士具有定班、高效和低价等特点。港区间穿梭巴士的干支线集疏，保障了各港区对应腹地集装箱快速分拨，构建了环北部湾港集装箱集疏运体系；广西北部湾港—广东港外穿梭巴士的开通，搭建了两广间的高效物流通道，有助于进一步加快北部湾港集装箱业务的发展。近年来，北部湾国际门户港积极利用北部湾区域性国际航运中心、中国—东盟港口城市合作网络等平台红利，发展钦州港、北海港和防城港三港港内、港外穿梭巴士，有效地促进了北部湾港物流运输质量和集装箱业务的发展。2018 年，可以装载 60 标箱共 2 000 吨货物的北部湾港贵港码头永泰码头——中外运永泰码头"穿梭巴士"正式开通。2023 年，北部湾港"穿梭巴士"智能综合服务系统正式上线运行，不仅提高了"穿梭巴士"的服务质量和运营无纸化、信息化综合水平，也为客户提供了快速便捷的服务。"穿梭巴士"2023 年上半年运量达到 66.61 万标箱，同比增长 12.29%。

第五章

向海经济下北部湾国际门户港发展的 SWOT 分析

第一节 北部湾港的发展优势

一、区位地理位置优势突出

从地理位置来看，北部湾港所处的广西位于我国南部，从东至北依次与广东、云南、贵州和湖南4省相邻，濒临北部湾海；与越南东北部广宁、谅山、高平和河江4省接壤，形成背靠大西南，面向东南亚的独特的地理区位。广西也因此处于中国—东盟自由贸易区、大湄公河次区域、泛北部湾经济区、泛珠三角经济区和西南经济圈的交汇处。同时，也是中越"两廊一圈"合作的连接地和我国与东南亚国家进行经贸合作的先锋。此外，北部湾港本身地势平坦、港深水阔，主要由北海港、钦州港和防城港组成，是中国西南和中南地区重要的出海口，也是中国—东盟合作的国际桥梁和基地，有机衔接"一带一路"的重要门户港。

钦州市作为广西北部湾经济区的重要一员，拥有与自治区同等的地理区位，且依托广西经济最为活跃的地区——北部湾经济区，并借助钦州港经济技术开发区、钦州保税港区、中马钦州产业园、钦州高新技术开发区等国家级、自治区级重要平台，向东可承接广东省珠三角乃至长三角地区产业转移，融入泛珠三角经济圈和华南经济圈；向西可与云南省携手合作，积极参与大湄公河次区域建设；向北可与贵州、四川和重庆等省市构建西南经济圈，南下经北部湾海可与越南、泰国、老挝等东盟10国以及韩国、日本、英国、美国等世界主要国家开展文化交流、经贸往来。

北海市地处北部湾东北岸，是泛北部湾经济合作区域的中心枢纽，也是中国西南、中部地区出海出境的重要通道和门户。2017年，国务院批复的《北部湾城市群发展规划》赋予了北海市更加重要的战略地位，其物流枢纽的区位优势更加凸显。此外，向海经济战略的实施，也将助推北海市成为21世纪"海上丝绸之路"经济带的重要节点。

防城港市位于华南经济圈、西南经济圈与东盟经济圈的接合部，被誉为"中国西南门户"，拥有5个国家级口岸，是我国西南、中南地区重要的开放窗口，中国出口至东盟的货物有一半以上是经过防城港出口的。值得一提的是，防城港市东兴口岸是继深圳、珠海之后的我国第三大出入境人数最多的沿海口岸。近年来，防城港依托其独特的区位优势，大力发展对外贸易、现代物流、跨国旅游和外贸加工等产业，经济稳步发展。

从西部地区开放发展的格局来看，当前西部地区开放发展主要有5大通道，即东向长江黄金水道、西向渝新欧铁路（汉新欧、郑新欧、蓉新欧、兰新欧等）和亚欧大陆桥、东南向珠三角沿海港口、西南向云桂陆路口岸和南向北部湾港口[①]。5大通道中，北部湾是西部地区唯一沿海地区，北部湾港也成为西南地区最为便捷的出海通道。通过此通道，重庆、四川、贵州等西部省市可快速联通越南、新加坡等东盟10国，以及英国、美国、法国等欧美西方国家和地区。这为我国西部广阔地区对外开放发展，促进地区经济提供了重要的通道。由此可知，北部湾港不仅地理区位优越，战略地位也突出，不仅是广西北部湾经济区经济发展的加速器和推动力，也是西南中南地区开放发展新的战略支点的奠基石和出海口。

得益于独特的地理区位优势和资源禀赋优势，北部湾港多次被纳入国家发展战略布局中。2019年8月，国家发改委印发《西部陆海新通道总体规划》，明确指出，要提升北部湾港在全国沿海港口中的地位，打造西部陆海新通道国际门户港；2021年2月，中共中央、国务院印发《国家综合立体交通网规划纲要》规定，要将北部湾港打造为国际枢纽海港；2022年国家发展改革委印发《北部湾城市群建设"十四五"实施方案》，明确指出要进一步加快广西北部湾国际门户港建设。因此，将北部湾港打造为国际门户港不仅得益于得天独厚的地理位置，也基于时代发展的需要。

二、腹地经济发展规模、潜能巨大

从本书已有的研究可知，北部湾港地处广西北部湾海域，不仅可服务于北部湾经济区及广西全区，还是撬动西南中南地区经济发展、对外贸易、文化交流及开放开发的支点。

---

① 资料来源于交通运输部规划研究院。

改革开放以来，我国市场化改革进程的不断推进和社会主义市场经济体制的确立，使我国的经济得到了突飞猛进的增长，引起世界瞩目。国家统计局2023年2月发布的数据显示，2022年我国GDP总量为121.02万亿元，同比增长3%。广西在进入21世纪后，经济也快速增长，GDP总量从2000年的2 080.04亿元，增加至2022年的26 300.87亿元，增加了11.64倍。广西GDP和人均GDP增长率在2004—2018保持在10%以上的高位增长，2020年之后受疫情影响有所回落，但仍然保持在5%以上的速度增长。

从西南中南地区主要省（区/市）来看，近年来云南、贵州、重庆、四川和湖南等省市的经济发展呈现出较快的增长速度，经济发展规模总量不断攀升。表5-1给出了四川、湖南、广西、重庆、云南和贵州2022年GDP及增长率。从表5-1可知，2022年四川省和湖南省的GDP总量在全国31个省（区/市）中分别排名第6和第9位，GDP总量均达到4万亿元以上；重庆、云南的GDP总量虽然排名相对靠后，但从GDP增长率来看，分别为2.6%、4.3%，增长率排名分别为第15、第4位。从GDP总量来看，四川、广西和贵州等6省（区/市）GDP总量之和在2022年达到209 968.85亿元，占全国GDP总量的17.4%。西南中南部分省（区/市）较大的经济体量和经济发展潜力为北部湾港发展壮大集装箱业务提供了可能。

表5-1　2022年西南中南部分省市GDP增长情况

省（区/市）	GDP/亿元	GDP总量全国排名	GDP增长率/%	GDP增长率全国排名
四川	56 734.92	6	2.9	12
湖南	48 670.37	9	4.5	2
广西	26 300.87	19	2.9	12
重庆	29 129.03	16	2.6	15
云南	28 954.2	18	4.3	4
贵州	20 164.58	22	1.2	26
总计	209 953.97			

数据来源：各省（区/市）统计局。

尤其是西南中南省（区/市）目前已由资源输出向资源输入转变，由以原材料工业和轻型加工业为主，向以重化工业和先进制造业为主转变，由劳动密集型产业为主向劳动、资金、技术密集型共同发展转变，由内源型增长为主向外源型增长转变的产业转型与升级过程（广西北部湾港口发展战略研究，2015）。因此，西南中南省（区/市）除利用长江黄金水道、渝新欧铁路、亚欧大陆桥、珠三角沿海港口和云桂陆路口岸外，北部湾港则成为它们最便捷的出海通道，满足它们在矿产资源、冶金、化工、农产品、新能源、装备制造和先进制造业、生物医药、原材料等特色优势产业和战略性新兴产业方面的发展，以及日益增长的消费和国内外贸易等各种形式的运输需求。由表5-2可知，2022年四川、湖南、广西、贵州、重庆和云南等西南中南省（区/市）已成为一个拥有超过3亿人口，经济总量近21万亿元，进出口总额突破5 300亿美元，经济增长速度保持在7%以上的庞大市场。而无论是面积、年末总人口和GDP，抑或是全社会固定资产投资、社会消费品零售总额等指标之和占全国百分比均达到了15%以上，这表明西南中南省（区/市）呈现出加快发展的良好势头。腹地经济的快速发展，不仅带来港口货运需求的增长，还带来货物种类的增多、货源流向的多元化，带来与货运相关服务需求的增加。因此，从这个角度看，北部湾港具有腹地经济潜能巨大的优势。

表 5-2 2022 年西南中南部分省份经济发展概况

省（区/市）	面积/万平方千米	年末总人口/万人	GDP/亿元	进出口总额/亿美元	社会消费品零售总额/亿元	居民人均可支配收入/元
四川	48.60	8 374	56 734.92	1 512	24 100	30 700
湖南	21.18	6 604	48 670.37	1 026	19 100	34 000
广西	23.67	5 047	26 300.87	960	8 539.09	28 000
重庆	8.24	3 213	29 129.03	1 228	13 900	35 700
云南	39.4	4 693	28 954.2	500	10 800	26 900
贵州	17.6	3 856	20 164.58	116	8 507.1	25 500
总计	158.69	31 787	209 953.97	5 342	84 946.2	180 800
总计占我国的比重/%	16.53%	22.52%	17.35%	15.4%	19.3%	——

数据来源：各省（区/市）统计公报。

第二节　北部湾港的发展劣势

一、经济总量偏小，产业支撑薄弱

近些年，虽然北部湾经济区得到了快速发展，2022年钦北防3市生产总值4 559.3亿元，但整体而言其经济总量偏小，与深圳港、大连港所依托的深圳市GDP3.24万亿元、大连市GDP8 430.9亿元相比差距巨大；与之相比，北部湾经济区的产业发展、优化与升级的支撑作用也较为薄弱。同时，由于其经济总量偏小，财政支持力度有限，基础配套设施不完善，人才不足，部分重大政策尚未完全落实，开放开发政策的最大效能尚未释放，北部湾经济区产业发展虽然初具规模，但远远没有形成产业集聚，产生"虹吸效应"。

近年来，北部湾港在港口产业集群发展方面存在一些问题。首先，难以形成合力发展特色产业，容易弱化港口综合竞争力与产业布局功能。尽管北部湾港"三合一"以来，始终致力于明确广西港口功能及其合理分工，强调形成布局合理、功能完善、服务高效的现代化港口体系，但是由于钦州港、北海港和防城港三港仍然存在直线距离较短、同质发展的问题，此外整合后的一体化运营模式虽然规避了价格竞争但也带来了新的问题：北部湾港在港口区域内价格一致，成本领先策略失去激励作用，虽然能够促进生产要素的相互流动，但也会导致特色产业缺乏与产业支撑能力不足。其次，尽管广西经过了多年的发展，产业基础不断夯实，但是对比发达省份还是显得较为薄弱，以劳动密集型企业和资源密集型企业为主，科技创新能力不强。在港口经济腹地方面，是典型的通道型经济，即位于内地货源的出入海要道上，本地的"造血"能力不够，以致北部湾港的货源需依靠腹地四川、云南、重庆、贵州等，对外依赖性较强，导致北部湾港经济区的产业经济效益不高、产品处于产业链低端、附加值不高。

根据钱纳里和赛尔奎的产业结构演变规律及工业化阶段划分标准，目前北部湾经济区产业发展正处于工业化中前期阶段，工业产业基础薄弱，不能为北部湾港的发展壮大提供强力支撑。且港口与腹地的产业关联度不高，主要集中在上游产业，多是煤、石油等资源型产业，竞争力不强。倘若没有一定的产业规模并形成产业集聚，北部湾港作为西南中南最为便捷的出海通道，也仅仅发挥它作为重庆、四川、贵州、湖南、云南和广西链接东盟、日本、韩国以及欧美国家的转运枢纽和运输通道，而没有发挥港口在区域产业发展、社会消费、区域合作和对外贸易中的应有作用。另外，在培育新兴产业如绿色化工、新能源材料、海上装备制造、电子信息等方面，仍处于发展投入阶段，需加大建设力度以求早日获得产出。总之，受制于资源分布、地域分工、城市体系、人才技术等因素，北部湾港的产业结构还有极大的发展潜力。

二、港口基础设施建设有待加强

近年来，依托"一带一路"倡议、西部陆海新通道战略以及中国—东盟自贸区建设，北部湾港在航道泊位、码头长度、航线和锚地等基础设施建设方面都取得了较大的进步。但是，对标我国一流沿海港口的基础设施条件，北部湾港仍存在一定差距，需要进一步加强港口基础设施建设。

（一）航道泊位方面

从航道建设来看，北部湾港存在深水航道数量较少、航道水深不足等问题。从北部湾港深水航道建设来看，相比我国其他知名港口，建设较为滞后。目前，北部湾港除了已建成的钦州港东航道、防城港三牙航道等20万吨级航道和唯一一个钦州港30万吨级进港航道支航道外，其他大多数为万吨级航道。而我国其他枢纽港如大连、唐山、青岛、宁波舟山等港口已具有通航40万吨散货船舶的深水航道，与北部湾港一直就存在腹地竞争的湛江港更是早在2008年就已投产使用30万吨级航道，2021年就已拥有了华南地区唯一通航的40万吨级船舶的世界级深水航道。从泊位水深来看，广州港最低水深为13米，而钦州港万吨级水深、3万吨级水深均低于13米，差距较为明显。北部湾港航道水深不足严重限制了大型船舶通行，影响港口集装箱吞吐量、港口货物吞吐量和货物通过能力。

从泊位个数来看，目前，北部湾港生产性泊位274个，1万吨级以上泊位101个，10万吨级以上泊位25个，20万吨级以上泊位5个，专业化泊位59个，这与北部湾港建港初期相比，有了很大的进步。但与相邻的广州港相比，港口的泊位数还存在一定差异，广州港拥有各种类泊位共497个，差不多是北部湾港的2倍。随着船舶大型化发展趋势及临港工业快速发展，大型深水泊位、公共航道和临港工业配套码头建设滞后于实际发展需求的问题较突出。北部湾港仍需继续完善航道泊位等建设，不断缩小与周边其他港口在航道泊位方面的差距。

（二）码头长度方面

北部湾港码头长度在2019年突破40千米，但与我国其他重要港口仍有着较大差距，如上海港和浙江舟山港码头长度早已超过90千米[①]。如图5-1所示，2018年，广州港码头长度就已经突破50千米，而当时北部湾三港码头总长度不足40千米，仅为38 568米。截至2021年，广州港码头长度56 330米，北部湾港码头长度41 587米，是广州港的74%。北部湾码头长度的不足，不仅影响港口货物的流转和存放，还会降低船舶装卸效率，最终导致港口营运能力下降。

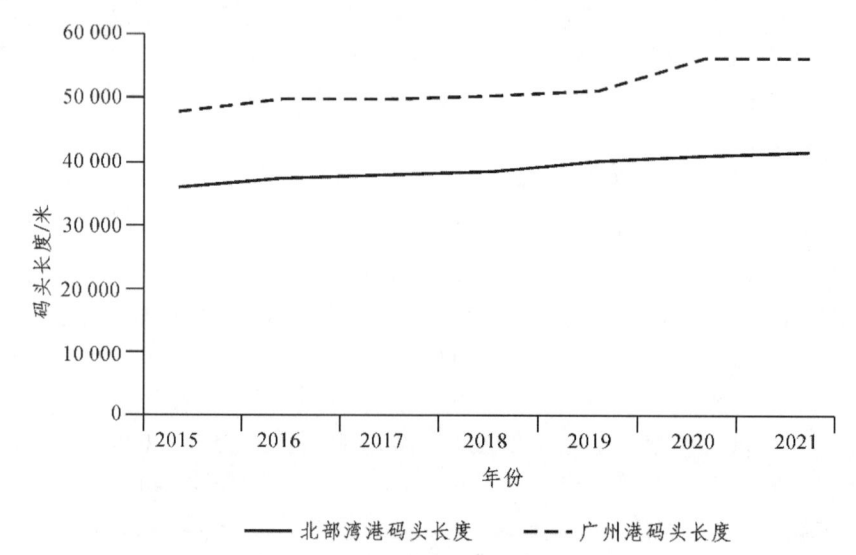

图 5-1 北部湾港与广州港码头长度对比

数据来源：广西统计年鉴以及广东统计公报。

（三）航线方面

港口的交通分为两类：一类为海上交通，即海运航线。该航线数量的多少直接影响港口的货物运输量及吞吐量。截至目前，北部湾港的航线总数为75条，包括47条对外贸易路线（包括6条远洋路线），28条内贸航线。其中仅开通至日本、缅甸、越南、泰国等RCEP国家直航航线，数量较少。同样与广州港进行对比，截至2022年年底，广州港共有集装箱班轮航线260条，其中外贸航线154条，南沙港区已开辟180条班轮航线，其中148条外贸航线[②]，直航航线通达南美、欧洲的国家。由此可以看出，北部湾港在航线数量方面仍有

[①] 数据来源于国家统计局。
[②] 数据来源于广东省人民政府官网。

很大的提升空间。

（四）锚地方面

北部湾港域现有港内外锚地 15 个，而湛江港湾内及湾口区域目前拥有锚地 34 个，其中万吨级及以上锚地 26 个、小型锚地 8 个。此外，在港湾外设有北方锚地（万吨级）、大型过驳锚地（10 万吨级）、超大型过驳锚地（30 万吨级）、钻井平台维护锚地（位于港界外）4 个。在锚地建设方面，北部湾港锚地建设明显落后于湛江港锚地的建设，与我国其他主要港口相比更是相差甚远。

综上所述，广州港等国内特大港口，在深水航道、深水泊位、码头长度以及直航航线建设上存在非常大的优势。基础设施的完善以及较低的海运成本将吸引更多的货主选择广州港，这使北部湾港在竞争中处于不利地位。此外，近年来北部湾港发展迅速，货物吞吐量不断增加，现有的远洋航线、深水泊位和航道已远远不能满足当前北部湾港集装箱业务快速增长的趋势。因此，加快北部湾港航道、锚地、码头、泊位、铁路、公路等基础设施和配套设施建设成为当前北部湾港口发展的重中之重。

三、集疏运体系发展滞后

目前，北部湾港集疏运体系整体发展相对滞后，还不够完善，无法完全满足当前北部湾港集装箱快速增长的需要。当前，中国—东盟自由贸易区建设进程正不断推进、北部湾经济区的开放开发与国家周边外交战略不断契合，四川、贵州等西南省份大宗货物通过北部湾港出口的要求也更加迫切。北部湾港作为西南地区最为便捷的出海港口，相较上海、广东等出海口，运输距离更近、运输时间更短，由此可为北部湾港口带来快速增长的集装箱量，但也使集疏运体系不完善的问题更加凸显，这已然成为目前限制北部湾港快速发展的重要因素之一。因此，未来如何解决铁路运力不足等问题，让西南地区的众多出口货物不再"舍近求远"，远走沪粤港口，将会是北部湾港集疏运体系能否实现畅通无阻的重要课题。

（一）航空方面

随着东盟市场的扩大，北部湾经济区的航空运输需求比例逐年上升，北部湾具有很大的航运市场空间。但北部湾的航空运输目前仍处于起步发展阶段。北部湾 3 市内，仅北海市拥有机场，虽然钦州、防城港、北海等地车辆可通过高速公路直达南宁吴圩国际机场,但就算是离其最近的钦州,来回路程也需耗费近4个小时,大大降低了货物运输效率。2022年,南宁国际航空货运枢纽年国际航空货邮保障能力虽已提升至15万吨,但与其他先进航空货运枢纽相比仍然有巨大的提升空间,如广州白云国际机场2021年货邮吞吐量已突破200万吨,其中国际货邮业务超过140万吨,预计到2025年,白云机场货邮保障能力将接近400万吨[1]。在货运航线网络方面,南宁机场驻场运力6架,南宁在飞的国际货运航线仅11条,只覆盖了东盟和南亚8个国家12个城市,还有很多国家和地区是没有覆盖到的[2]。因此,北部湾港航空集疏运体系的基础设施建设和运输能力与现代空港的水平还存在着较大差距。

(二)铁路方面

目前,广西已建成南昆、黔桂、洛湛、黎钦、焦柳、湘桂北段、黎湛等链接湖南、贵州、云南、广东等省份的铁路网络体系,2022年年底境内运营铁路为5 337千米。近年来,广西陆续开通了南广高铁、贵广高铁、云贵高铁、南凭高铁(南崇段)等高铁线路。2022年高铁里程数达到1 890千米,高铁通车总里程位列西部第一。但与广东的2 458千米仍存在一些差距[3]。虽然不断织密的铁路运输网络为北部湾港争揽货源提供了保障,但考虑北部湾港的货物需求量以及其发展速度,当前的铁路建设跟不上港口发展需要,而这也导致对外港口与铁路、公路及场站之间衔接不畅、效率不高、货运力度不够等问题逐渐凸显,压港情况也有时发生。同时,北部湾还存在进口箱数量多,出口箱数量少等问题。集装箱从贵州、湖南等腹地省份,返回北部湾港时空箱率高,加大了铁路、集装箱运输成本。

(三)公路方面

广西目前拥有六钦、钦崇、南防、南百、南梧、桂海等公路,基本形成四通八达的公路网。钦防高速是目前唯一一条能够将南宁、北海、钦州、防城港4市联系在一起的高速公路,其中连接钦州港区和防城港港区的龙门跨海大桥、连接钦州港区和北海港区的大风江大桥目前还正在建设之中。从港区公路建设来看,北部湾港的建设、规划相对滞后,且部分道路的质量较差。例如,钦州

---

[1] 数据来源于 https://www.sohu.com/a/513720994_161795。
[2] 数据来源于广西民航产业发展有限公司。
[3] 数据来源于国家铁路局。

港区目前拥有钦州港滨海大道、大榄坪二号路、三墩公路等路网，而钦州保税港区九大街、十二大街、钦州保税港区四号路和黄海路等骨干公路还未建成。虽然北海有高速公路、海港、高铁和机场，但是广西第一条高速公路是连接南宁、柳州的，而不是北海。目前柳州到钦州防城港都是双向8车道，而北海的还在修建中。目前防城港各县市均通高速，但是至南宁方向还没有高速公路，无法将越南等东盟国家的物资以最短的距离顺利发往全国各地。另外，防城港经钦州灵山浦北到玉林，对接南玉深高铁的公路还未建成，防城港到广东方向的道路仍不顺畅，这些都制约着北部湾港口货物运输效率的提升。

（四）海铁联运方面

在海铁联运方面，北部湾港存在的突出问题就是连接各作业区、码头的铁路专线、支线过少，这极大地增加了港区至码头、作业区的拖车成本。以钦州港为例，尽管钦州市已经规划了港口铁路、公路、海运的集疏运体系，但钦州港的交通线路依然混杂，各种交通工具之间的衔接还需要改进。尤其是铁路线路少，很多泊位和产业基地没有铁路专线到达，仍需要汽车来进行短倒，尚未实现真正意义上的"海铁联运"。

西部陆海新通道战略的实施为北部湾港海铁联运带来了绝好的发展机会，其所创设的西部陆海新通道海铁联运班列平台，将海铁联运高效、便捷的优势继续放大，吸引着更多的外贸人员和公司选择该方式进行运输，标志着钦州港集装箱海铁联运快速发展的开始。但是，发展快速的背后，问题也不断显现：班列平台尚不能为客户提供"门到门"服务，尚有一些中间环节需要客户自行办理，班列目前提供的服务是"码头+铁路"的方式，缺乏与船公司的合作和目的地的配送，目前尚不能让客户只对接班列平台即可完成"门到门"托运。总的来说，班列站点尚未能实现全覆盖，部分地区集装箱海铁联运发展比较薄弱。

综上所述，北部湾港集疏运体系发展的瓶颈问题不仅是3港与南宁、玉林等市及湖南、贵州等省份之间的铁路、公路连接问题，更是港区与作业区、仓储堆场、码头和产业园区之间的"最后一公里"，即铁路专线、支线和公路的规划建设问题。若要最大限度地发挥集疏运体系在港口发展中的重要作用，则必须花大力气，下功夫，统筹推进，加快建设，打通集疏运体系中的"最后一公里"，实现北部湾港跨越式发展。

四、港口服务水平较低

港口功能及航运服务水平是建设国际门户港的核心竞争力，北部湾港航服务水平仍有待进一步提升。首先，在口岸硬件环境大幅改善、整体通过效率大幅提升的同时，仍然经常存在大批进港船只超长时间排队等候、进出港衔接不畅、航道拥堵等问题，这反映出口岸通关软环境建设仍存在薄弱环节，服务水平有待提升，跨境电商、金融保险等高端航运服务发育欠缺。其次，物流信息平台也存在利用率低、数据共享碎片化等问题。北部湾港虽建有信息交流平台，但由于宣传与推广不足，船东、货车、代理、贸易商等获取、提交相关资料的方式仍较为传统。海关、企业数据系统不同，造成信息共享呈现碎片化、海量商业数据零散化状态，船、货、车、港运输系统未能高效匹配，供需双方相互寻找费时费力，变相增加了成本。港口现有的数据库无法为客户的供应链提供附加值，造成资源浪费及成本增加。最后，钦州、北海、防城港3市港口普遍存在的经营粗放，航运服务不到位，与经济腹地的合作联系不够紧密等问题，也降低了港口吸引力，进而影响港口的可持续发展。

五、港产城系统发育不足，空间融合不够

当前，我国正加快形成以国内大循环为主体、国内国际双循环相互促进的新发展格局。广西及北部湾与其他沿海地区相比，仍存在明显的梯度差距。北部湾在现代港口功能演化、产业更替、城市化等方面仍处于大规模的集聚阶段，港产城系统还在进一步发育。虽然其港口空间拓展、新兴产业空间塑造和城市空间成长较快，但港产城系统协调性不足，尤其是从三城一体化发展的角度来看，空间冲突和矛盾比较明显，粗放式空间生产带来的隐忧仍在逐步积累。

第一，钦州、北海、防城港3市对于钦北防一体化发展的认识不够，产业化、城市化与港口一体化发展不同步，导致港口整合效能大打折扣。具体来看，由于3市产业结构趋同，各园区之间存在产业趋同、定位模糊、资源配置效率低下的问题，尚未形成产业链分工协作机制和错位发展格局，削弱了北部湾港的综合竞争力，制约了其整体优势的发挥。同时，3市之间基础设施联通不畅，市际交通存在不少断点，港口集疏运体系不完善，产业园区发展的基础配套差异较大，区域一体化运输服务质量不高等问题也在一定程度上制约了北部湾港的发展。

第二，现有港产城系统中产业的地位被弱化，市际协调机制不够完善，3

市互补优势发挥不足。就港口城市而言，港口是城市发展的重要支撑与核心要素，产业是发展要务与主要抓手，城市是空间载体，三者都应该建立在一体化的"北部湾港产城系统"之上。因此，强调钦州作为核心城市的突出地位，有利于壮大经济核心增长极。但核心城市的发展壮大仍然要让位于北部湾港整体的产业集聚，只有将3市的优势互补，才能实现北部湾区域的整体利益最大化。

第三，开放平台功能未能充分利用，缺乏共建共享有效机制，部分平台建设推进缓慢。总体来看，区域发展的资源要素支撑不够，流动要素吸引力不足，公共资源配置亟须优化。

第三节 北部湾港面临的机遇

一、"一带一路"倡议

"一带一路"倡议从2013年提出2015年正式实施以来，给我国部分省份和地区的发展带来了机遇。在我国31个省（自治区、直辖市）中，有云南、广西、重庆、甘肃、宁夏等18个省（自治区、直辖市）位于"一带一路"沿线。广西以其得天独厚的地理区位优势成为全国唯一一个直接连接海陆丝绸之路经济带的省区，在"一带一路"倡议中发挥着重要作用。

广西北部湾港深度融入并服务于"一带一路"倡议，以其独特优势带动广西外向型经济发展。在海洋产业方面，广西依靠北部湾港加强与东盟国家的海洋渔业、海洋运输业、滨海旅游业等领域的合作，促进了广西向海经济的发展。在对外贸易方面，"一带一路"倡议促进北部湾港基础设施完善、物流园区和自贸区建设等，拓展了贸易范围，丰富了贸易种类，提高了广西与其他国家的贸易效率。但是北部湾港仍面临着内部、外部多种障碍和困境，如"广西货不走广西港"、港口财政政策支持不足等都是制约北部湾国际门户港建设的因素。面对日趋复杂的国际、国内以及区内大环境，北部湾港和广西应继续充分利用"一带一路"倡议各项政策优势，积极探索西部地区开放型经济发展，推进与东盟国家的基础设施、产业合作和国际大通道建设合作，打造陆海联动、开放发展的新格局，为促进北部湾国际门户港建设添砖加瓦。

二、中国—东盟自由贸易区建设

2002年11月，中国与东盟签署《中国—东盟全面经济合作框架协议》。2010年，中国—东盟自由贸易区全面启动，标志着中国与东盟10国的经贸合作进入了一个全新的历史时期。近年来，中国不断加强与东盟各国的经贸合作，进出口贸易总额不断攀升，中国已成为东盟第一大贸易伙伴，广西则成为东盟国家进入中国的窗口。2022年我国与东盟的进出口贸易总额为9 472.2亿美元，占中国对外贸易进出口总额的15%；广西与东盟国家外贸进出口总额408.4亿美元，在机电、轻工、化工等工业产品以及石油、铝土矿、铁矿、煤炭、锰矿、橡胶等工业原材料和农产品方面的交易需求十分旺盛。目前，中国—东盟自由贸易区正处于巩固发展与深入合作阶段，中国—东盟自由贸易区结算体系、中国—东盟自由贸易区区域金融合作机制等逐步提上日程。

在RCEP正式生效以及东盟成为中国最大贸易伙伴的背景下，中国与东盟之间的贸易进入快速扩张期。北部湾港与东盟陆上相邻、海上遥望，是我国与东盟深化合作最便捷的港口，具备以物流带产业、以合作促发展的绝佳条件，是推动构建新型国家关系、实践人类命运共同体理念的最佳对象。因而，北部湾港应以我国政府与外国政府合作共建的第三个国际园区——中国—马来西亚钦州园区等为依托，加快与东盟在金融、信息、技术、人才等方面的深化合作，打造面向东盟的金融中心、信息中心、航运服务中心等；同时进一步扩大试点示范范围，弥合北部湾经济区内的同质竞争，形成发展合力。

三、中国（广西）自由贸易试验区及我国自由贸易港的建设

目前，全国已经设立包括上海、重庆、江苏自由贸易试验区在内的21个自由贸易试验区，形成了全国东部地区、中部地区和西部地区全覆盖的开放态势。近年来，我国自由贸易试验区积极参与国际合作，形成了一批先进的制度创新成果，提高了我国资源配置效率，成为我国对外开放的重要平台和前沿阵地。

2019年8月，国务院批复设立中国（广西）自由贸易试验区。2020年2月，广西壮族自治区人民政府颁布《中国（广西）自由贸易试验区建设实施方案》，明确规定要充分利用建设自由贸易区相关政策措施，强化制度创新能力，引进国际先进规则，形成有益于广西外贸发展的制度创新成果，推动广西对外贸易的效率、动力和质量变革。广西自由贸易试验区自成立以来，就全面推动实施试点任务，加快创新制度的复制和推广。截至2023年一季度，广西全面实

施 100 多项改革试点任务,是同批自由贸易试验区中第二个全面实施改革试点任务的省区。

作为广西自贸试验区唯一临海片区,钦州港片区的最大优势是海洋。钦州港片区自成立以来就以建设西部陆海新通道门户港为目标,大力推进港航基础设施和交通运输网络建设。自 2019 年广西自贸试验区成立,钦州港集装箱吞吐量由 302 万标箱增至 2022 年的 541 万标箱。2022 年,钦州港 30 万吨级油码头实现常态化运营,累计靠泊 26 艘次 30 万吨级油轮,完成原油装卸 630 万吨;加强与中西部省市合作,新开通钦州港到河南、河北、西藏等地首发班列,西部陆海新通道海铁联运班列服务范围拓展到 17 省 60 市 113 站,实现西部地区全覆盖并首次拓展到华中、华北地区。

党的十九大报告指出,要给予自由贸易试验区更大的自主权,加强制度创新能力,积极探索自由贸易港建设。2020 年,国务院印发《海南自由贸易港建设总体方案》,指出自由贸易港能促进港口功能多样性和综合性发展,利用参与国际贸易的便利性和灵活性,促进港口所在城市的对外贸易发展,提升外向型经济总量。党的二十大报告明确提出要"实施自由贸易试验区提升战略",与自由贸易区相比,自由贸易港具有更加宽松的政策,更能提高对外贸易的效率和便利性。如外国货物的进出、装卸、分选加工、重新包装、储存与过境中转,以及专门进口原材料进行外贸加工再出口等,也可享有免征全部或大部分关税等优惠待遇。因此,自由贸易港区是比自由贸易试验区更高的一级,在这里能够实现完全自由化,包括法律监管自由化、期货贸易和离岸贸易。因而,上海、江苏、浙江等省市纷纷在相应港口和自由贸易区的基础上探索建设自由贸易港。

那么,北部湾港作为"21 世纪海上丝绸之路"重要门户港,作为广西和东盟国家经贸合作双向沟通通道的重要枢纽,作为西部地区参与国际经济合作最重要的通道和桥梁,发展口岸物流、保税物流、国际贸易的市场空间越来越大。同时,北部湾港可借助已有的中国(广西)自由贸易试验区和钦州保税港区、中马钦州产业园等国家级、自治区级平台优势,充分利用自贸区贸易创造、贸易转移的制度优势,加强同东盟国家的交流合作,扩展开放新空间,从而促进双边合作共赢。因而,北部湾港区如何在自由贸易港建设浪潮中,利用现有的发展基础及条件,先行先试,逐步探索向自由贸易港转型发展,成为当下北部湾港区发展面临的一个重要机遇。

四、北部湾城市群建设的批复

2017 年 2 月，国务院批复了《北部湾城市群发展规划》，指出北部湾城市群包括广西南北钦防，广东省湛江市和海南省海口市等 15 个县市，以"发挥地缘优势，挖掘区域特质，建设面向东盟、服务'三南'（西南中南和华南）的宜居宜业的蓝色海湾城市群"为战略定位，实现"面向东盟国际大通道的重要枢纽""'三南'开放发展新的战略支点""一带一路有机衔接重要门户""全国重要绿色产业基地"和"陆海统筹发展示范区"的突破，并明确指出打造"一湾双轴，一核两极"的城市群框架[①]，让北部湾城市群成为我国经济版图新的增长极，赋予南宁市、北海市、钦州市和防城港市新的发展使命。在港口方面，要完善以北部湾港口群为起点的海上运输通道，突出湛江港、钦防港群的货运枢纽港功能，有序推进邮轮码头建设，加快深水泊位、专业码头和深水航道等配套设施建设。

2018 年 1 月，广西壮族自治区人民政府颁布《广西壮族自治区人民政府关于印发北部湾城市群发展规划广西实施方案的通知》（桂政发〔2018〕2 号），明确指出要将钦州建设为"一带一路"有机衔接重要门户港、区域性产业合作新高地、现代化生态滨海城市；将北海建设成为高新技术与海洋经济示范区、生态宜居滨海城市、海上丝绸之路旅游文化名城；打造防城港港区大宗物资中转交易中心等，同时提出要加快推进钦州港 20 万吨级码头及航道、钦州港 30 万吨级油码头建设，加快深水航道及配套设施建设，重点推进防城港企沙南 40 万吨级航道、钦州港 30 万吨级航道、钦州港东航道扩建，以及北部湾港公共锚地等水上支持保障系统建设。由此，北部湾港建设迈入了黄金发展期。

2022 年 3 月，国家发展改革委印发《北部湾城市群建设"十四五"实施方案》，为北部湾港高质量发展释放了诸多政策利好。实施方案明确表示要加快广西北部湾国际门户港建设，编制完成北部湾港口总体规划，建成贵阳至南宁高铁，改造升级 G75 兰海高速公路，研究建设平陆运河，连通西江与北部湾，推动建设南宁至湛江高速公路；增强钦州—北海—防城港等综合交通枢纽、中转组织能力，打造南宁国际铁路港等，这些"硬核"举措，将有效提升北部湾经济区的互联互通，助力北部湾国际门户港建设。

---

① 一湾：以北海、湛江、海口等城市为支撑的环北部湾沿海地区，并延伸至近海区域；双轴：南北钦防、湛茂阳城镇发展轴；一核：南宁核心城市；两极：以海口和湛江为中心的两个增长极。

五、西部陆海新通道高质量建设

2017年8月31日，重庆、广西、贵州、甘肃签署《关于合作共建中新互联互通项目南向通道的框架协议》和《渝桂黔陇海关、检验检疫支持服务中新互联互通项目南向通道建设合作备忘录》，标志着"渝桂新"南向通道建设正式启动。该通道从我国重庆出发，经贵阳、南宁到广西北部湾3港，向南经海运至新加坡及全球，向西北连接川渝地区及渝新欧通道，全长4 080千米。渝桂新"南向通道"与东盟国家海陆相连，向北连接"丝绸之路经济带"，向南连接"21世纪海上丝绸之路"和中南半岛经济走廊，形成首条纵贯中国西部的南北货运大通道和完整的国际陆海贸易环线，成为连接"一带一路"的陆海贸易投资新通道。"渝桂新"南向通道的建设，能进一步完善交通物流基础设施、搭建通道管理运营平台、促进沿线地区经贸联动、形成跨国跨区域信息互通、推进通关一体化建设。

"南向通道"具有广阔的市场前景和市场价值。从重庆经长江航运出海是2 400千米，运输时间超14天；从重庆经铁路到北部湾港是1 450千米，运距缩短了950千米，运输时间只有2天，大大节约了运距和时间成本。如果从兰州向南到新加坡，比向东出海能节约5天时间，陆海运距约缩短一半。届时，甘肃、重庆、四川和贵州等省市有更多的原材料、商品等货物利用南向通道的运输优势，经北部湾港至新加坡及全球，进而推进"一带一路"倡议和西部大开发建设。

为贯彻落实党中央、国务院决策部署，推进西部陆海新通道建设，国家发展和改革委员会于2019年8月发布了《西部陆海新通道总体规划》，2021年8月印发《"十四五"推进西部陆海新通道高质量建设实施方案》，从国家层面明确了通道建设的总体要求、空间布局、重点任务、重点项目等。这2个国家层面的文件就明确要加快广西北部湾国际门户港建设，推进钦州港20万吨级进港航道等北部湾港重点项目建设，这无疑对北部湾门户港建设起到快速推动的作用。同时，为紧抓通道建设的巨大机遇，广西先后出台了《广西加快推进中新互联互通南向通道建设工作方案（2018—2020年）》《广西优化通关环境畅通南向通道若干措施》《广西加快西部陆海新通道建设若干政策措施（修订版）》《广西建设西部陆海新通道三年提升行动计划（2021—2023年）》《广西高质量建设西部陆海新通道若干政策措施》等一系列政策文件，不断释放政策红利，更大限度地激发区域开放发展新动能，推动高质量建设西部陆海新通道。因此，广西要抢抓新发展机遇，加快推进西部陆海新通道建设；同时，要以平陆运河建设为契机，谋划构建北部湾地区江海联运新格局。这对于促进北部湾经济区及西部地区高质量发展具有十分重要的战略意义。

北部湾港作为陆海新通道的重要组成部分，在西部陆海新通道建设中发挥着至关重要的作用。再加上世纪工程平陆运河开工建设的重大契机，这无疑加快了北部湾国际门户港的步伐，但同时提出了更高的要求。

六、向海经济发展战略的实施

港口是向海经济开放发展的门户。广西作为西部12个省（区/市）中唯一的沿海省区，尽管存在海洋发展起步晚、基础弱、底子薄、发展慢等问题，但广西的未来优势在海，希望在海，潜力在海。为发展向海经济，广西陆续出台了多份相关文件，如2016年自治区党委、政府出台《关于加快建设海洋经济强区的决定》，自治区层面及各市都各自出台了海洋经济或海洋产业的"十二五""十三五"规划及相关配套政策文件。2017年4月，习近平总书记在考察广西时首次提出要"打造向海经济"，赋予了广西向海发展的新使命。2021年4月，习近平总书记时隔4年再次赴广西考察，强调"大力发展向海经济"。广西坚决贯彻落实习近平总书记两次考察广西时的重要讲话精神和对广西工作系列重要指示要求，自治区党委、政府把大力发展向海经济融入广西发展大局中系统谋划、系统部署，全方位实施向海经济发展战略，坚持以高水平开放推动高质量发展，积极做好向海经济发展顶层设计，科学编制向海经济战略规划，精准制定向海发展政策措施，自治区层面先后出台了《关于加快发展向海经济推动海洋强区建设的意见》《广西加快发展向海经济推动海洋强区建设三年行动计划（2020—2022年）》《广西大力发展向海经济建设海洋强区三年行动计划（2023—2025年）》《广西向海经济发展战略规划（2021—2035年）》等发展规划和行动方案，沿海3市也出台了相关政策，如《防城港市加快向海经济发展推动海洋强市建设三年行动计划（2020—2022年）》《钦州市向海经济发展"十四五"规划》《钦州市加快发展向海经济推动海洋强市建设三年行动计划（2022—2024年）》等，广西从不同层面均全力推动向海经济高质量发展。2018—2021年，全区海洋生产总值由1 454亿元增长至1 828亿元，年均增长25.7%。2021年全区海洋生产总值1 828亿元，同比增长14.4%，占全区地区生产总值的7.4%，占北海、钦州、防城港3市地区生产总值的46.1%。南宁、北海、钦州、防城港等4个向海经济核心区城市的地区生产总值从2019年的7 864.9亿元增长到

2022 年的 9 777.6 亿元，年均增长 7.5%，高于全区地区生产总值平均增速[1]。

在向海经济发展的带动下，北部湾港发展势头良好：2022 年北部湾港在全国港口吞吐量排名中，集装箱吞吐量排名第 9，货物吞吐量排名第 10。近年来，北部湾港不断推进港口建设，拓展和加密航线，实现东盟主要港口全覆盖。北部湾港向海经济的大力发展，将从不同层面促进北部湾港口纵深发展，有效推进北部湾国际门户港的建设。未来，广西将继续大力发展向海经济，北部湾港也将继续乘着这股东风不断建设。

七、平陆运河建设添砖加瓦

平陆运河项目作为西部陆海新通道的骨干工程，是新中国成立以来建设的第一条江海连通的大运河。运河建成后将纵向贯通西江干流与北部湾国际枢纽海港，直接开辟广西内陆及我国西南、西北地区运距最短、最经济、最便捷的出海通道，大幅提升运输能力和效率，也将进一步完善西部陆海新通道的结构性功能，大幅提升通道运输能力，维护产业链、供应链稳定，从而释放北部湾港的货运吞吐量大潜力，为区域协调发展和对外开放注入强劲动力，也为北部湾国际门户港的建设增添翅膀。

平陆运河一边牵手内陆，一边面朝大海，建成后将打通广西水运的"任督二脉"，改变广西临海但没有江河通航入海的现状，并形成南宁—北海—钦州—防城港城市群格局。该运河建成后，有利于北部湾港各港口完善多式联运体系和商贸物流枢纽功能，加快建成区域性国际航运中心以及培育发展航运物流、修造船、航运服务、贸易金融服务等产业，统筹平陆运河沿线农业、文旅资源，推动一二三产业融合发展，构建"临港+县域+运河"融合发展的现代化产业体系。

平陆运河的建成将以最短距离打通西江干流入海通道，实现广西 5 873 千米内河航道网、云贵部分地区航道与海洋运输直接贯通，极大释放航运优势和潜力。西南地区货物经平陆运河出海，相比以往从广州出海可缩短入海航程约560 千米，预计每年可为西部陆海新通道沿线地区节省运输费用 52 亿元以上。平陆运河建成后，西江西接云贵、贯穿广西、东接粤港澳，是区域重要的水运通道，将使北部湾港口对中西部地区的战略支撑作用得以凸显。项目建成后主要运输货类有集装箱、金属矿石、煤炭、矿建材料、水泥、非金属矿石、粮食

---

[1] 数据来源于广西大力发展向海经济推动海洋强区建设进展成效新闻发布会。

等，货运量按常规方法预测，至 2035 年货运量达到 9 550 万吨，至 2050 年货运量达到 12 000 万吨。在考虑诱增运量的理想情况下，2050 年运量将达到 1.5 亿~1.8 亿吨，促进广西加快建成北部湾国际门户港、国际枢纽海港。

八、北部湾国际枢纽海港建设

2020 年，钦州—北海—防城港港口型国家物流枢纽入选国家物流枢纽建设名单，北部湾港建设被列入国家"十四五"规划纲要。2021 年，中共中央、国务院印发了《国家综合立体交通网规划纲要》，明确将北部湾港与上海港、深圳港、广州港等 10 个港口一并列为国际枢纽海港。这些港口大多是老牌的国际枢纽海港，北部湾港则是在规划定位上首次上升为国际枢纽海港。在多重文件支持下，如何抓住机会将北部湾港建设成为国家枢纽港自然成为北部湾港发展的机遇之一。国际枢纽港是整个集装箱港口运输体系中最重要的组成部分，它的形成需要港口有强大的腹地经济、一定规模的集装箱吞吐量、优越的港口自然条件、高效而完备的辅助支持系统、地处国际集装箱运输的干线航线上及良好的城市环境。北部湾港在战略地位上的提升，将进一步畅通北部湾港与东盟各成员国之间的贸易往来，为北部湾港发展注入新的强劲动力，提升北部湾港在双循环新格局中的战略地位。但同时也对港口的集疏运体系、基础设施的建设以及港口自身投资建设的能力提出了更高的要求。

综上所述，北部湾港近些年面临着"一带一路"、西部陆海新通道建设、自由贸易试验区、向海经济、平陆运河等多重机遇，能否充分利用这些机遇，将决定着北部湾国际门户港建设的进程。

第四节　北部湾港面临的挑战

一、港口竞争激烈

通常意义上，港口竞争被分为 3 种类型即港口间竞争、港口内竞争和码头竞争（李南，2007）。本书侧重关注第一种竞争，即两个或更多处于同质发展的港口为相同或相近的货源而展开的竞争。就北部湾港口发展及营运竞争来看，该竞争主要来自北部湾港之外周边港口如湛江港、广州港等。

首先，北部湾港周围的港口主要有湛江港、海口港、洋浦港，越南的海防港和岘港，但由于越南的海防港、岘港服务范围大都限于自己国内，且港口货物吞吐量和集装箱吞吐量小：2021年海防港港口货物吞吐量为3 750万吨，岘港港口货物吞吐量为1 140万吨，集装箱吞吐量为55.4万标箱，还未对北部湾港形成较大竞争。海口港和洋浦港均位于海南省，没有形成对北部湾港所依腹地的竞争。因此，北部湾港周边港口的主要竞争对象为湛江港。湛江港作为"一带一路"支点港口、西南沿海港口群主体港、中西部地区货物进出口的主通道和中国南方能源、原材料等大宗散货的主要流通中心，2021年，40万吨"矿石湛江"轮满载成功靠泊，标志着湛江港成为华南沿海港口第一个成功满载靠泊40万吨船舶的世界级深水港。湛江港形成了区域领先的港口综合服务能力，刷新了区域港口能力等级，进一步推进了湛江港建设区域强港的步伐。湛江港拥有40万吨级散货泊位、30万吨级陆岸原油泊位、25万吨级矿石泊位、15万吨级散货泊位等各类泊位，拥有各类码头泊位162个，其中生产用泊位149个、非生产性泊位13个（见表5-3），并形成调顺岛、霞山和宝满等多个港区，主要经营石油、铁矿石、煤炭、化肥、粮食、木材、危险品等多种货物的装卸、中转和仓储。货源腹地包括广东、广西、云南、贵州、四川、重庆、湖南等省（区/市），业务范围覆盖东北、华北、华东、华南沿海以及东南亚、东北亚、南亚和非洲等100多个国家及地区[①]，其发展目标是成为泛北部湾地区区域性国际航运中心。与北部湾港相比，无论是在港口地位、货源腹地，抑或是业务范围、业务种类和发展目标等方面均出现大部分重叠，形成激烈竞争。

2022年湛江港港口货物吞吐量为2.5亿万吨，集装箱吞吐量为150万标箱，外贸货物吞吐量为1亿吨，旅客吞吐量为1 580万人，拥有航线40条，海铁联运专列29条。湛江港作为"一带一路"的战略支点，2017年以来，陆续开通湛江—越南/泰国、湛江—贵州（大龙）、贵州福泉—湛江港—泰国等航线，2023年更是开通"湛江—温州"与"湛江—宁波"直航精品航线，每周一班，形成南北贯通呼应的"双子星"航线格局，有力推动了粤西区域与长三角区域物流贯通与融合。同时，贵州省黔东南州无水港的建设，加强了贵州等西南省（区/市）与湛江港的紧密联系，进一步加剧了湛江港与北部湾港之间的竞争程度。

表5-3 湛江港2021年泊位数统计

泊位长度/米	泊位数/个	泊位年通过能力			
^	^	货物/亿吨	集装箱/万标箱	旅客/万人	汽车/万辆
23 577	162	3.469 3	80	3 178	627.5

数据来源：《广东统计年鉴》（2022）。

[①] 数据来源于交通运输部、中国港口协会和湛江港。

二、政策优势不明显

政策优势转化为经济优势的前提是具有丰富的政策优势资源。广西北部湾港的政策资源丰富,广西北部湾经济区在成立之前已享有少数民族自治区政策、西部大开发政策、沿海开放政策和边境地区开放政策。但与西部其他地区相比,这些政策资源特色并不明显。少数民族自治政策基本上属于一项政治制度,可挖掘的空间有限;西部大开发政策在西部 12 个省(区/市)都享有,降低了广西北部湾经济区的比较优势;沿海开放政策和边境地区开放政策在相邻的地区也不同程度的存在。表面上看,广西北部湾经济区享有多重优惠政策,但这些政策真正具有的比较优势非常有限。

获得政策优势的经济效益,还需要通过政策来引导和规范区域的资源开发,具备区域实际的资源开发政策才能在竞争中体现出明显的优势。广西北部湾经济区内部各行政区都有自身发展的动力,在中央和地方政府的领导下,将这种政策上的潜在优势转变为经济上的优势,还需要在该行政区内部实现充分的整合。广西北部湾经济区管委会的成立就是为了发挥资源协调和引导的作用,以实现政策资源的开发,并将拥有的基本政策具体化。资源的开发程度从一定程度上体现出经济发展的程度和空间,然而广西北部湾经济区的市场发育程度低,资源利用效益不高,所以要挖掘政策资源对经济发展的促进作用,需要针对本区域的发展实际进一步完善上级所给予的政策措施,提高开发区区域特色资源的效益。在政策的制定和执行上,应当对已经拥有的政策资源进行归类,充分利用中央所给予的一系列优惠政策,出台一批适合自身的区域发展政策,发挥市场在区域经济中对资源配置的基础性作用,努力发挥政府的经济服务职能,为区域经济优势的形成提供前提。

近 20 年来,北部湾港的发展受到来自国家层面、自治区层面及钦州市、北海市和防城港市市级层面等各类政策支持,包括财政政策、产业政策、基础设施政策、人才政策、土地政策等。以财政政策为例,从颁布的主体来看,可以将影响北部湾港发展的相关财政政策分为国家层面、自治区层面和市县级层面。

首先,就国家层面,北部湾港地处北部湾经济区、中国西部地区,无疑可以享受国家西部大开发政策(包括新一轮西部大开发政策)、北部湾经济区开发开放政策、沿海沿边开放开发政策以及少数民族政策等,同时,在国家出台的一些文件里,如《国务院关于同意设立广西钦州保税港区的批复》、《国家物流枢纽布局和建设规划》(2018 年)、《国务院关于西部陆海新通道总体规划的批复》(2019 年)、《国务院关于同意新设 6 个自由贸易试验区的批复》

（2019年）、《国务院关于北部湾城市群建设"十四五"实施方案的批复》等，或多或少涉及北部湾港的建设，这些政策都有力地促进了北部湾港的建设。但目前国家还未出台专门针对北部湾港发展建设的意见、通知、函和规定等财政政策文件，仅有对钦州港、北海港、防城港或者北部湾港的财政支持散落于其他相关的政策文件中。

其次，还受到来自广西壮族自治区层面的大力支持，如出台实施了《广西北部湾经济区港口物流发展补助实施细则》（2016年）、《珠江—西江经济带（广西）港口、码头国际标准集装箱运输车辆减半收取车辆通行费实施办法》（2017年）、《北部湾港集装箱进出口环节对标提升工作方案的通知》（2020年）、《广西建设西部陆海新通道三年提升行动计划（2021—2023年）的通知》（2021年）、《广西高质量建设西部陆海新通道若干政策措施》（2022年）等一系列政策文件。在市级层面也出台了不少相关政策文件，如《钦州市促进口岸"大通关"的政策措施》（2014年）、《2016年钦州港航线和集装箱业务补助标准的通知》（2016年）、《北海市促进海运业发展意见的通知》（2017年）、《北海市产业物流补助资金使用方案》（2022年）、《防城港市加快发展冷链经济的若干扶持办法（试行）》（2019年）、《防城港市进一步降低港口中介服务收费补贴扶持办法》（2021年）、《关于支持防城港市国家级沿海渔港经济区发展若干政策》（2022年）等相关政策文件。

大量的政策文件在短期内形成叠加效应，吸引了一批企业、机构、组织和（重大）项目的进驻，带动了广西区域经济的发展，促进了广西区内产业的转型与升级、基础设施的改善、外贸的增长和税收的增加，取得了一定的政策效果。但同时我们也发现，随着时间的推移，一些法规、政策文件可持续性不强，时效性不够，甚至某些政策文件不能够适应北部湾经济区以及港口快速发展的变化需要，对企业、项目的吸引力逐渐减弱。另外，企业、机构也由原来较为关注税收优惠多少，转而注重入驻地区的市场化水平、金融发展水平、法律环境、政府干预程度等公司、机构所处的制度环境（背景）以及交通便利程度、劳动力和土地价格等因素。根据王小鲁（2017）编制的"中国市场化指数（2020）"显示，广西2020年的"市场化总指数评分""政府与市场的关系评分""非国有经济发展评分""产品市场的发育程度评分""要素市场的发育程度评分""市场中介组织的发育和法律制度环境评分"分别为6.78分、5.85分、9.51分、9.4分、5.41分和7.71分，其在我国31个省、自治区和直辖市排名分别为17、

12，18，5，18 和 21[①]。据此可知，广西的制度背景等各方面还相对落后，企业所处的区域环境还相对较差。而这恰好是当前及未来企业进入广西地区所考虑的关键问题之一。加之，兄弟沿海省份及城市如江苏省、浙江省、湛江市、福州市、连云港市的经济综合实力远强于广西和钦州市，对相应港口的财税、人才、土地、金融等方面的支持、投入更多，这对于企业、公司、机构和组织而言，无疑更具有吸引力。

综上所述，北部湾港看似享受到来自国家、自治区以及各级市政府多重财政、税收、土地、金融和人才等优惠政策，但是这些政策所带来的政策效果并不显著，究其原因：一是由于广西和北部湾经济区的财力有限，财政投入落后于东部沿海港口城市，且政策落实不到位；二是正如本书所述，企业更加注重所处地区行政效率、制度环境（背景）（包括市场化水平、金融发展水平、经济发展、对外开放度、政府干预程度和法制环境等）等外部环境的优劣。三是与东、中部地区相比，西部地区、少数民族地区和沿海沿边地区的政策支持优势正在逐步缩小。基于上述原因，北部湾港虽然享受了方方面面的政策支持，但它与东部沿海港口相比，其政策优势不明显，吸引力不足，一定程度上制约了北部湾港基础设施、集疏运体系等的完善。

此外，政策的不稳定性也会影响经济的发展。北部湾港区的政策环境不够稳定，因此投资者可能不愿意在该地区进行长期投资。另外，政府政策的不稳定性也可能导致投资者对该地区的不信任，并不愿在该地区进行长期投资。此外，政策的不稳定性也可能导致企业经营不稳定，从而降低了该地区的投资吸引力。

三、广西货不走广西港

目前北部湾港存在着基础设施尚不完善，集疏运体系滞后，产业支撑薄弱，港口服务能力较差，航线密度不够等多重问题，这些问题导致桂林、柳州等多个地市货物舍近求远，绕远路去广州港和深圳港，货源流失严重。

广西境内最大的水系为西江水系，是珠江的干流之一。整个西江水系几乎占据了广西80%以上的地域，广西14个地级市中就有10个位于西江流域，是广西域内最重要的一条河流，但是西江呈东西走向，是珠江流域的主要干流，且最终通过广东汇入珠江。因此，尽管西江水量充沛，航运条件优越，但各个

---

① 数据来源于《中国城市年鉴》。

地级市货物从各支流进入西江主航道后却是顺流而下抵达珠江口。而珠江口恰恰是广东的腹地，东西流向的西江，使广西千帆云集广东。广西内部，除西江流域外剩余的 20%，恰恰就是广西的沿海地带，包括钦州、防城港、北海和偏内陆的玉林。也就是说，广西的河不通广西的海，却通广东的海。根据西江航运干线最后一个梯级枢纽——位于梧州的长洲水利枢纽，2022 年船闸通航情况，在上下行船舶数量差距不大的情况下，下行过闸船舶货物通过量达到 12 490.76 万吨，主要货种为碎石、水泥、石粉等，其中前两种货物重量占比超过一半，而上行货物则仅有 3 041.95 万吨[①]。从这些数据可以看出，上游货物往往作为原材料运往制造业云集的广东进行加工处理，所以航船在市场的驱动下不断向广东行驶，返程时却面临着空载的问题。

此外，西江西接云贵、贯穿广西、东接粤港澳，是区域重要的水运通道。一般来说，西江能够发挥水运功能，在运河周边及沿海港口吸引形成生产要素和临港产业的聚集，最终对中西部地区形成强力辐射。但是内陆货源往往"舍近求远"，绕过广西选择广东的现实，促使当地政府抓紧构建"南向、北联、东融、西合"全方位开放发展新格局。如长江经济带发往南宁的水运货物必先由长江出海，转而南下至广州再进入珠江航运至南宁，或转运至北部湾港，或由陆路运输至南宁。这样一来，自然加大了运输成本，也耗费了更多的时间。这事实上与上文提到的广西加工制造能力不足，以及对外沟通能力欠缺有关。放眼广西全区，制造业总体上都存在分布较为分散的情况。比如传统制造业重镇位于柳州，而桂林则曾是广西多年的省会城市。如今同位于北部湾城市群的南宁，与北部湾城市也存在一定距离。而即便是在北部湾 3 市，也并未产生足够的合力。3 市之间的融合发展问题一直是北部湾港乃至广西能否快速增长的痛点所在。尽管目前北部湾城市群大项目不断，但更多是各自建设，少有合作，而如果在谋划重大项目上不能充分沟通，那么，几个城市之间就难以形成更大的合力，以致北部湾发展的下一个"极核"迟迟难以出现，货源问题也就难以得到很好的解决。

目前为了解决上述问题，北部湾港采用的方式一般是海铁联运或者江铁海联运，要么通过铁路将货物运往港口，或者先通过内河运往较大的枢纽城市，再装上火车运往港口，总之就是无法通过内河直接运往海边。铁路虽然速度快，但终归运量有限，运费高，还有大量的货物出于成本考虑，采用河运直接运往珠江口的深圳、香港等地，从而使货物流出广西。但北部湾港及广西应该认识

---

① 数据来源于交通运输部珠江航务管理局。

到，南流的江水带来的不仅是物流和人流，还必须集合形成各种要素的聚集，从广西区内和区外获得足够、稳定的货源，从而撬动中国西部地区的发展，使北部湾形成中国沿海发展的新一极。

此外，北部湾港航线辐射范围小，班轮密度低。尽管目前北部湾港拥有47条外贸航线，但主要通往东盟国家和东北亚的近洋航线，到欧美和地中海等地的远航航线和直航航线较少，缺乏港口竞争力，货主会因此选择其他港口。同时由于北部湾航运服务业仍处于起步阶段，进驻港区的航运服务公司和中介公司较少，难以为客户提供配套完善的航运服务。加之北部湾港开通至世界各地的班轮和航线有限，难以满足客户多样化的定制需求，大部分客户宁愿增加运费和成本也会选择在其他港口承运货物。当然，这些问题似乎都能随着平陆运河的建成迎刃。然而平陆运河建成后如何吸引产业入驻和固定货源是需要攻克的难题。总之，北部湾港的发展必然需要依靠一个行之有效的方案用以解决广西作为沿海省份却没有河流通航入海以及北部湾实为良港却无货可运的窘境。

第五节 北部湾港打造国际门户港的 SWOT 矩阵分析

根据本章对在向海经济下北部湾国际门户港发展所面临的优势、劣势、机遇和挑战，得出北部湾港打造国际门户港的 SWOT 综合矩阵，具体如表 5-4 所示。

表 5-4 北部湾港打造国际门户港的 SWOT 综合矩阵

		优势（S）	劣势（W）
机遇（O）	1. "一带一路"倡议；2. 中国—东盟自由贸易区建设；3. 中国（广西）自由贸易试验区及我国自由贸易港的建设；4. 北部湾城市群建设的批复；	1.区位地理位置优势突出；2. 腹地经济发展规模、潜能巨大	1. 经济总量偏小，产业支撑薄弱；2. 港口基础设施建设有待加强；3. 集疏运体系发展滞后；4. 港口服务水平较低；5. 港产城系统发育不足，空间融合不够
		SO 战略	WO 战略
		1. 发挥地理区位优势，提升临港产业发展能级，打造中国—东盟"新桥梁"（S1, S2, O1, O2, O3, O5, O8）；	1.抢抓向海经济发展等机遇，加快产业优化升级，增强经济发展新动能（W1, O1, O2, O3, O4, O5, O6, O7, O8）；

续表

机遇（O）	5.西部陆海新通道高质量建设；6.向海经济发展战略的实施；7.平陆运河建设添砖加瓦；8.北部湾国际枢纽海港建设	2.加强与周边省份的紧密联动、协同深化，提升北部湾港与腹地省份的联通性（S2，O1，O2，O3，O4，O5，O6，O7，O8）	2.加快港口物流基础设施建设，搭建水陆空一体化集疏运体系（W2，W3，O1，O2，O3，O4，O5，O6，O7，O8）；3.加大科技投入，提升港口物流的信息化程度，注重港口综合服务能力提升（W4，O1，O3，O5，O6，O7，O8）；4.突出港口对城市的拉动作用，大力推进港口与产业、港口与城市良性互动（W5，O3，O4，O5，O6，O7，O8）；5 加强在职人员培训，大力引进专业人才（W1，W3，W5，O1，O2，O5，O6，O7）
挑战（T）	1.港口竞争激烈；2.政策优势不明显；3.广西货不走广西港	ST 战略 1.整合资源，优势互补，错位竞争（S1，S2，T1，T3）；2.开展区域合作，营造开放式的港口物流环境（S2，T1，T3）；3.加大政府投资力度和政策法规引导作用（S1，S2，T2）	WT 战略 1.降低服务成本，提高服务质量（W3，W4，T1，T2，T3）；2.大力开通航线，注重航线班轮培育（W2，W3，T1，T3）；3.创建综合物流服务体系，建设区域物流中心，提高港口物流服务附加值（W3，W4，W5，T1，T3）

第六章

向海经济下北部湾港建设国际门户港相关财政政策及效果分析

第一节 北部湾港建设国际门户港相关财政政策分类

一、按相关财政政策颁布的主体分类

经济学中，财政政策是指为提高就业水平、减轻经济波动、防止通货膨胀、实现稳定增长而对政府收支、税收和借债水平所进行的选择，或对政府收入和支持水平所做出的决策（吴易风，颜鹏飞，2018）。它主要通过变动税收和政府支出（包括政府购买和转移性支付）来实现影响就业和国民收入的政策。本书是对具体事务相关财政政策的研究，为了便于进一步研究、探讨，故而将财政政策的范围界定为对税收、财政支持（补贴）、专项资金和相关费用的研究。

从第五章北部湾港面临的机遇可知，北部湾港的发展受到来自国家层面，自治区层面，钦州市、北海市和防城港市市级层面等各类政策支持，包括财政政策、产业政策、基础设施政策、人才政策、土地政策等。近年来，叠加西部陆海新通道高质量建设、大力发展向海经济打造海洋强区战略、北部湾城市群和中国（广西）自由贸易试验区批复等重大机遇，北部湾港受到来自国家、自治区和市级层面的各类政策支持更多。财政政策作为各类政策中的一类，自然也有国家、自治区和市县级之分。因此，从这个角度，我们按照颁布的主体可以将影响北部湾港建设国际门户港的相关财政政策分为国家层面、自治区层面和市县级层面。

具体而言，由国家相关部委如国务院、海关总署、财政部、税务总局、国家发展改革委、交通运输部等部门颁布的有关税收、财政支持（补贴）、专项资金和相关费用的通知、意见、批复、函等相关政策、文件，为国家层面的相关财政政策；由自治区人民政府、自治区发展和改革委员会、自治区财政厅、自治区交通运输厅、自治区北部湾办等区级政府部门颁布的规定、意见、通知、方案方法、规划计划、实施细则和决定等相关政策、文件，为自治区级相关财

政政策；由北海市、钦州市和防城港市等3个市人民政府、市发展和改革委员会等政府职能部门颁布的有关意见、规定、方案、规划计划、方案、实施细则等相关财政政策、文件，为市县级相关财政政策。

按照以上关于财政政策的定义、界定和分类，我们对北部湾港2000年后所受到的各类、各级别的相关财政政策进行梳理、归类，并按照时间先后顺序进行排序。需要说明的是，由于本书主要研究的是与北部湾港发展、建设有关的财政政策，因此，对于那些法律、规定、意见、通知和函等政策文件如《关于印发促进西部地区特色优势产业发展意见的通知》（国西办经〔2006〕15号）、《广西壮族自治区人民政府关于加强招商引资的工作意见》（桂政发〔2004〕18号）、《钦州市人民政府办公室关于印发钦州市促进企业上市扶持及奖励暂行办法的通知》（钦政办〔2010〕51号）、《广西壮族自治区人民政府办公厅印发关于促进广西高新技术产业开发区高质量发展若干措施的通知》（桂政办发〔2021〕81号）等一系列政策文件，虽然从大范围对企业税收、产业发展、基础设施、投融资等各个方面进行了规定，并有可能在一定程度上促进港口及其产业的发展，但政策文件里的政策内容未明确说明是给予钦州、北海、防城港3市的政策，且相关政策内容并未明确聚焦北部湾港口、航线、集疏运、园区等建设，与北部湾港建设的相关性不是很密切，对于这些政策文件我们将不纳入本书财政政策的研究范围，具体如表6-1所示。

表6-1 与北部湾港有关的财政政策

类型	颁布时间	颁布部门	批文号	相关政策	备注
国家层面	2004.03.11	国务院	国发〔2004〕6号	国务院关于进一步推进西部大开发的若干意见	
	2008.01.16	国家发展和改革委员会	发改地区〔2008〕144号	国家发改委关于印发广西北部湾经济区发展规划的通知	
	2008.05.29	国务院	国函〔2008〕48号	国务院关于同意设立广西钦州保税港区的批复	
	2009.12.07	国务院	国发〔2009〕42号	国务院关于进一步促进广西经济社会发展的若干意见	

续表

类型	颁布时间	颁布部门	批文号	相关政策	备注
国家层面	2010.11.11	国务院	国办函〔2010〕155号	国务院办公厅关于钦州港经济开发区升级为国家级钦州港经济技术开发区的复函	
	2012.03.26	国务院	—	国务院批复设立中国—马来西亚钦州产业园区	
	2017.02.04	国务院	国函〔2017〕6号	国务院关于北部湾城市群发展规划的批复	
	2018.07.27	自然资源部 中国工商银行	自然资发〔2018〕63号	自然资源部 中国工商银行关于促进海洋经济高质量发展的实施意见	
	2018.11.23	国家发展改革委 自然资源部	发改地区〔2018〕1712号	国家发展改革委、自然资源部关于建设海洋经济发展示范区的通知	
	2018.12.21	国家发展改革委、交通运输部	发改经贸〔2018〕1886号	国家物流枢纽布局和建设规划	
	2019.01.15	国家海关总署	—	国家海关总署关于同意北海综合保税区验收结果的批复	北海综合保税区前身为北海出口加工区
	2019.08.02	国务院	国函〔2019〕67号	国务院关于西部陆海新通道总体规划的批复	
	2019.08.02	国家发展改革委	发改基础〔2019〕1333号	国家发展改革委关于印发西部陆海新通道总体规划的通知	
	2019.08.02	国务院	国发〔2019〕16号	国务院关于印发6个新设自由贸易试验区总体方案的通知	
	2019.08.02	国务院	国函〔2019〕72号	国务院关于同意新设6个自由贸易试验区的批复	
	2020.05.17	国务院	—	国务院关于新时代推进西部大开发形成新格局的指导意见	

第六章　向海经济下北部湾港建设国际门户港相关财政政策及效果分析

续表

类型	颁布时间	颁布部门	批文号	相关政策	备注
国家层面	2020.08.24	交通运输部	交规划函〔2020〕587号	交通运输部关于广西壮族自治区开展推进交通运输高水平对外开放等交通强国建设试点工作的意见	
	2021.06	国务院办公厅	—	国务院办公厅关于河北张家口经济开发区等13个省级开发区升级为国家级经济技术开发区的复函	北海工业园区被正式批准成为国家级经济技术开发区，名字就叫北海经济技术开发区
	2021.08.17	国家发改委	发改基础〔2021〕1197号	国家发展改革委关于印发"十四五"推进西部陆海新通道高质量建设实施方案的通知	
	2022.03.23	国务院	国函〔2022〕21号	国务院关于北部湾城市群建设"十四五"实施方案的批复	
自治区层面	2001.12.31	自治区人民政府	桂政发〔2001〕100号	广西壮族自治区人民政府关于印发贯彻实施国务院西部大开发政策措施若干规定的通知	
	2007.10.20	自治区人民政府	桂政发〔2007〕41号	广西壮族自治区人民政府关于印发广西壮族自治区沿海港口布局规划的通知	
	2008.12.29	自治区人民政府	桂政发〔2008〕61号	广西壮族自治区人民政府关于促进广西北部湾经济区开放开发的若干政策规定的通知	
	2009.08.26	自治区人民政府	桂政发〔2009〕54号	广西壮族自治区人民政府关于支持台资企业发展若干政策措施的通知	

续表

类型	颁布时间	颁布部门	批文号	相关政策	备注
自治区层面	2009.06.17	自治区交通厅、物价局、财政厅	桂交财务发〔2009〕57号	广西壮族自治区交通厅 物价局 财政厅关于印发广西北部湾经济区国际标准集装箱运输车辆减半收取车辆通行费实施办法的通知	
	2009.10.12	自治区交通厅、物价局、财政厅	桂交财务发〔2009〕107号	广西壮族自治区交通厅 物价局 财政厅关于进一步明确广西北部湾经济区国际标准集装箱范围及其运输车辆通行费减半优惠的通知	
	2010.03.01	自治区人民政府办公厅	桂政办发〔2010〕52号	广西壮族自治区人民政府办公厅关于印发加快广西北部湾经济区大产业大港口大交通大物流大城建大旅游大招商大文化发展实施意见的通知	有效期至2020.12.31
	2011.02.22	自治区人民政府	桂政发〔2010〕74号	广西壮族自治区人民政府关于加快广西物流业发展的实施意见	
	2011.03.01	自治区人民政府办公厅	桂政办发〔2011〕26号	广西壮族自治区人民政府办公厅关于印发建设"无水港"加快发展保税物流体系工作方案的通知	
	2011.04.02	自治区地方税务局	桂地税发〔2011〕34号	广西壮族自治区地方税务局关于落实转方式调结构惠民生若干税收政策和措施的意见	
	2012.10.25	自治区人民政府办公厅	桂政办发〔2012〕277号	广西壮族自治区人民政府办公厅印发关于推动广西北部湾经济区国家高新技术产业带建设实施方案的通知	
	2013.04.27	自治区人民政府办公厅	桂政办发〔2013〕39号	广西壮族自治区人民政府办公厅关于印发广西北部湾经济区同城化发展推进方案的通知	有效期至2019.12.31
	2013.09.12	自治区人民政府办公厅	桂政办发〔2013〕104号	广西壮族自治区人民政府办公厅关于延长促进广西北部湾经济区开放开发若干政策规定执行期限的通知	

续表

类型	颁布时间	颁布部门	批文号	相关政策	备注
自治区层面	2014.01.13	自治区人民政府	桂政发〔2014〕5号	广西壮族自治区人民政府关于延续和修订促进广西北部湾经济区开放开发若干政策规定的通知	
	2014.01.15	自治区人民政府办公厅	桂政办发〔2014〕4号	广西壮族自治区人民政府办公厅关于延长促进广西北部湾经济区开放开发若干政策规定执行期限补充规定的通知	
	2014.08.27	自治区人民政府	桂政发〔2014〕55号	广西壮族自治区人民政府关于印发中国—马来西亚钦州产业园区建设自治区改革创新先行园区总体方案的通知	
	2014.10.24	自治区人民政府	桂政发〔2014〕64号	广西壮族自治区人民政府关于深化改革加快北部湾港发展的若干意见	
	2014.10.24	自治区人民政府	桂政发〔2014〕62号	广西壮族自治区人民政府关于印发广西北部湾经济区口岸通关一体化工作方案的通知	
	2014.10.29	自治区人民政府办公厅	桂政办发〔2014〕97号	广西壮族自治区人民政府办公厅关于印发广西北部湾经济区发展规划（2014年修订）的通知	
	2015.04.30	自治区人民政府	桂政发〔2015〕19号	广西壮族自治区人民政府关于千方百计做好稳增长工作的意见	
	2016.01.05	自治区人民政府	桂政发〔2015〕66号	广西壮族自治区人民政府关于新形势下进一步加强口岸工作的若干意见	
	2016.02.04	自治区北部湾办、财政厅、交通运输厅	北部湾办发〔2016〕6号	自治区北部湾办、财政厅、交通运输厅关于印发广西北部湾经济区港口物流发展补助实施细则的通知	

续表

类型	颁布时间	颁布部门	批文号	相关政策	备注
自治区层面	2016.02.16	自治区人民政府办公厅	桂政办发〔2016〕22号	广西壮族自治区人民政府办公厅关于印发促进海运业健康发展实施方案的通知	
	2016.02.28	自治区财政厅、北部湾办	桂财建〔2016〕20号	广西壮族自治区财政厅 自治区北部湾办关于印发广西北部湾经济区重大产业发展专项资金管理办法的通知	
	2016.04.29	自治区人民政府	桂政发〔2016〕20号	广西壮族自治区人民政府关于降低实体经济企业成本若干措施的意见	
	2016.06.20	自治区党委、自治区人民政府	—	中共广西壮族自治区委员会 广西壮族自治区人民政府关于实施开放带动战略全面提升开放发展水平的决定	
	2016.08.05	自治区人民政府办公厅	桂政办发〔2016〕91号	广西壮族自治区人民政府办公厅关于印发广西物流业发展"十三五"规划的通知	
	2016.09.05	自治区人民政府办公厅	桂政办发〔2016〕105号	广西壮族自治区人民政府办公厅关于印发广西北部湾经济区"十三五"规划的通知	
	2017.04.17	自治区人民政府	桂政办发〔2017〕55号）	广西壮族自治区人民政府办公厅关于推动物流业降本增效促进我区物流业健康发展若干政策的意见	
	2017.05.27	自治区人民政府	桂政发〔2017〕23号）	广西壮族自治区人民政府关于进一步降低实体经济企业成本的意见	
	2017.06.02	自治区交通运输厅、财政厅、物价局	桂交财务函〔2017〕530号	广西壮族自治区交通运输厅 财政厅 物价局关于印发珠江—西江经济带（广西）港口、码头国际标准集装箱运输车辆减半收取车辆通行费实施办法的通知	
	2017.06.17	自治区人民政府	桂政办发〔2017〕77号）	广西壮族自治区人民政府办公厅关于转发自治区发展改革委推动交通物流融合发展三年行动计划工作方案的通知	

续表

类型	颁布时间	颁布部门	批文号	相关政策	备注
自治区层面	2017.12.29	自治区人民政府办公厅	桂政办电〔2017〕274号	广西壮族自治区人民政府办公厅关于印发广西北部湾经济区物流一体化工作方案的通知	
	2017.12.31	自治区人民政府办公厅	桂政办发〔2017〕197号	广西壮族自治区人民政府办公厅关于印发广西加快推进中新互联互通南向通道建设工作方案（2018—2020年）的通知	
	2018.01.05	自治区人民政府	桂政发〔2018〕2号	广西壮族自治区人民政府关于印发北部湾城市群发展规划广西实施方案的通知	
	2018.01.22	自治区人民政府办公厅	桂政办发〔2018〕8号	广西壮族自治区人民政府办公厅关于印发广西北部湾经济区升级发展行动计划的通知	
	2018.05.27	自治区人民政府办公厅	桂政办发〔2018〕56号	广西壮族自治区人民政府办公厅关于印发优化通关环境畅通南向通道若干措施的通知	
	2018.05.27	自治区人民政府办公厅	桂政办发〔2018〕50号	广西壮族自治区人民政府办公厅关于印发进一步减轻企业税费负担若干措施的通知	
	2018.11.12	自治区北部湾办	—	广西北部湾经济区港口物流发展补助实施细则（修订）	
	2019.02.01	自治区交通运输厅	桂交规〔2019〕3号	广西壮族自治区交通运输厅 广西壮族自治区发展和改革委员会 广西壮族自治区财政厅关于印发广西北部湾经济区国际标准集装箱运输车辆减半收取车辆通行费实施办法的通知	
	2019.05.23	自治区中新互联互通陆海新通道建设工作领导小组办公室	桂通道办发〔2019〕8号	广西壮族自治区中新互联互通陆海新通道建设工作领导小组办公室关于印发广西北部湾港优服降费工作方案（2019—2021年）的通知	
	2019.06.10	自治区北部湾办 商务厅 南宁海关	北部湾办发〔2019〕32号	广西北部湾经济区规划建设管理办公室 广西壮族自治区商务厅 南宁海关关于印发关于促进广西综合保税区高水平开放高质量发展的实施方案的通知	

续表

类型	颁布时间	颁布部门	批文号	相关政策	备注
自治区层面	2019.07.28	自治区党委 自治区人民政府	桂发〔2019〕22号	广西壮族自治区党委 自治区人民政府关于推进北钦防一体化和高水平开放高质量发展的意见	
	2019.09.17	自治区北部湾办	北部湾办发〔2019〕51号	自治区北部湾办关于印发广西北部湾经济区对接粤港澳大湾区建设实施方案的通知	
	2019.10.31	自治区发展改革委 财政厅	桂发改通道规〔2019〕1028号	广西壮族自治区发展和改革委员会 广西壮族自治区财政厅关于印发广西加快西部陆海新通道建设若干政策措施（修订版）的通知	
	2019.12.27	自治区交通运输厅	桂交规〔2019〕8号	广西壮族自治区交通运输厅关于印发广西北部湾经济区、珠江—西江经济带（广西）国际标准集装箱运输车辆减半收取车辆通行费实施办法的通知	
	2019	西部陆海新通道建设指挥部办公室	—	西部陆海新通道广西海铁联运主干线运营提升实施方案（2019—2020年）	
	2020.01.09	自治区发展改革委等	桂发改经贸〔2019〕1281号	广西壮族自治区发展和改革委员会等4部门印发关于推动广西物流高质量发展的实施方案（2019—2021年）的通知	
	2020.03.31	自治区人民政府办公厅	桂政办电〔2020〕59号	广西壮族自治区人民政府办公厅关于印发北部湾港集装箱进出口环节对标提升工作方案的通知	
	2020.05.26	自治区人民政府办公厅	桂政办发〔2020〕30号	广西壮族自治区人民政府办公厅印发关于推动进一步降低广西北部湾港口中介服务收费专项行动方案（2020—2021年）的通知	
	2020.07.04	自治区人民政府办公厅	桂政办发〔2020〕45号	广西壮族自治区人民政府办公厅关于印发促进中国（广西）自由贸易试验区跨境贸易便利化若干政策措施的通知	

续表

类型	颁布时间	颁布部门	批文号	相关政策	备注
自治区层面	2020.09.01	自治区人大常委会	广西壮族自治区人大常委会公告（十三届第30号）	广西北部湾经济区条例	
	2020.09.21	自治区党委、政府	—	广西壮族自治区党委、政府印发广西贯彻落实中共中央、国务院关于新时代推进西部大开发形成新格局的指导意见实施方案	
	2020.09.24	自治区人民政府办公厅	桂政办发〔2020〕63号	广西壮族自治区人民政府办公厅印发广西加快发展向海经济推动海洋强区建设三年行动计划（2020—2022年）	
	2020.12.19	自治区人民政府	桂政发〔2020〕42号	广西壮族自治区人民政府印发关于促进新时代广西北部湾经济区高水平开放高质量发展若干政策的通知	
	2021.01.15	自治区人民政府办公厅	桂政办发〔2021〕5号	广西壮族自治区人民政府办公厅转发自治区发展改革委 交通运输厅关于进一步降低物流成本实施方案的通知	
	2021.02.19	自治区人民政府	桂政发〔2021〕5号	广西壮族自治区人民政府印发关于推进工业振兴若干政策措施的通知	
	2021.06.12	自治区人民政府办公厅	桂政办发〔2021〕49号	广西壮族自治区人民政府办公厅印发关于加快现代服务业提升发展若干政策措施的通知	
	2021.06.29	自治区人民政府办公厅	桂政办发〔2021〕56号	广西壮族自治区人民政府办公厅关于印发广西打造国内国际双循环重要节点枢纽行动方案的通知	
	2021.10.18	自治区人民政府办公厅	桂政办发〔2021〕101号	广西壮族自治区人民政府办公厅关于印发加快推进广西经济技术开发区改革提升行动方案的通知	
	2021.10.20	自治区发改委	桂发改工服规〔2021〕930号	广西壮族自治区服务业发展办公室关于印发促进服务业提升发展若干政策措施资金奖补实施细则的通知	

续表

类型	颁布时间	颁布部门	批文号	相关政策	备注
自治区层面	2021.10.20	自治区人民政府办公厅	桂政办发〔2021〕103号	广西壮族自治区人民政府办公厅关于印发广西建设西部陆海新通道三年提升行动计划（2021—2023年）的通知	
	2021.10.30	自治区人民政府办公厅	桂政办发〔2021〕112号	广西壮族自治区人民政府办公厅关于印发广西北部湾国际门户港建设三年行动计划（2021—2023年）的通知	
	2021.11.23	自治区人民政府办公厅	桂政办发〔2021〕122号	广西壮族自治区人民政府办公厅关于印发广西加快综合保税区高质量发展三年行动计划（2021—2023年）的通知	
	2021	自治区发改委等	桂发改通道规〔2021〕784号	广西壮族自治区发展和改革委员会等关于印发西部陆海新通道海铁联运广西补贴实施细则的通知	
	2021.12.19	自治区人民政府	桂政函〔2021〕164号	广西壮族自治区人民政府关于北海港总体规划（2035年）的批复	
	2021.12.31	自治区人民政府办公厅	桂政办发〔2021〕143号	广西壮族自治区人民政府办公厅关于印发广西北部湾经济区高质量发展"十四五"规划的通知	
	2022.04.03	自治区人民政府办公厅	桂政办发〔2022〕26号	广西壮族自治区人民政府办公厅关于印发广西物流业发展"十四五"规划的通知	
	2022.05.13	自治区发展改革委等	桂发改通道规〔2022〕506号	广西壮族自治区发展和改革委员会等六部门关于印发广西高质量建设西部陆海新通道若干政策措施的通知	
	2022.06.17	自治区发展改革委 财政厅	桂发改通道规〔2022〕643号	广西壮族自治区发展和改革委员会 广西壮族自治区财政厅关于印发广西支持冷藏集装箱运输等3项奖补政策实施细则的通知	

续表

类型	颁布时间	颁布部门	批文号	相关政策	备注
自治区层面	2022.07.06	自治区人民政府办公厅	桂政办发〔2022〕50号	广西壮族自治区人民政府办公厅关于印发推进多式联运高质量发展优化调整运输结构实施方案（2022—2025年）的通知	
	2022.08.01	西部陆海新通道建设指挥部办公室	桂通道指办〔2022〕11号	西部陆海新通道建设指挥部办公室关于印发发挥北部湾港陆路启运港退税试点政策优势推动西部陆海新通道海铁联运加快发展实施方案的通知	
	2022.08.08	自治区发展改革委等	桂发改价格规〔2022〕796号	广西壮族自治区发展和改革委员会等部门关于印发2022年降成本工作要点的通知	
	2022.08.15	自治区人民政府办公厅	桂政办发〔2022〕57号	广西壮族自治区人民政府办公厅关于印发钦州—北海—防城港港口型国家物流枢纽高质量建设三年行动计划（2022—2024年）的通知	
	2022.12.30	自治区交通运输厅	—	广西壮族自治区交通运输厅关于印发广西港口集疏运铁路建设实施方案（2022—2025年）的通知	
	2023.04.19	自治区人民政府办公厅	桂政办发〔2023〕19号	广西壮族自治区人民政府办公厅关于印发广西大力发展向海经济建设海洋强区三年行动计划（2023—2025年）的通知	
钦州市层面	2007	钦州市人民政府	钦政发〔2007〕53号	钦州市人民政府关于印发钦州市企业奖励暂行办法的通知	
	2010.12.27	钦州市人民政府办公室	钦政办〔2010〕222号	钦州市人民政府办公室关于印发广西钦州石化产业园投资优惠暂行规定的通知	
	2013.04.11	钦州市人民政府办公室	钦政办〔2013〕41号	钦州市人民政府办公室关于印发钦州市强优工业企业奖励暂行办法的通知	
	2014.03.13	钦州市人民政府办公室	钦政办函〔2014〕15号	钦州市人民政府办公室关于印发钦州市促进口岸"大通关"政策措施的通知	

续表

类型	颁布时间	颁布部门	批文号	相关政策	备注
钦州市层面	2014.11.11	钦州市人民政府办公室	钦政办〔2014〕112号	钦州市人民政府办公室关于印发钦州市航线和集装箱业务补贴奖励兑现办法的通知	
	2015.04.22	钦州市人民政府办公室	钦政办〔2015〕29号	钦州市人民政府办公室关于印发2015年钦州港航线和集装箱业务补贴奖励标准的通知	
	2015.12.30	钦州市人民政府	钦政发〔2015〕46号	钦州市人民政府关于印发钦州市贯彻落实广西北部湾经济区口岸通关一体化工作实施方案的通知	
	2016.06.03	钦州市人民政府办公室	钦政办〔2016〕49号	钦州市人民政府办公室关于印发2016年钦州港航线和集装箱业务补贴奖励标准的通知	
	2016.12.29	钦州市人民政府办公室	—	钦州市人民政府办公室关于印发贵阳至钦州港铁路货运专列财政奖励暂行办法的通知	
	2017.09.25	钦州市人民政府	钦政发〔2017〕21号	钦州市人民政府关于进一步降低实体经济企业成本若干措施的意见	
	2018.05.31	钦州市人民政府办公室	钦政办〔2018〕36号	钦州市人民政府办公室关于印发钦州市加快推进交通运输物流业发展工作方案的通知	
	2018.06.07	钦州市人民政府办公室	钦政办〔2018〕45号	钦州市人民政府办公室关于印发钦州市加快推进"一带一路"南向通道建设工作方案（2018－2020年）的通知	
	2020.02.19	钦州市人民政府	钦政规〔2020〕3号	钦州市人民政府关于印发促进中国（广西）自由贸易试验区钦州港片区高质量发展补充政策的通知	
	2020.09.30	钦州市人民政府办公室	钦政办〔2020〕33号	钦州市人民政府办公室关于印发钦州市推动进一步降低钦州港口中介服务收费专项行动方案（2020—2021年）的通知	

续表

类型	颁布时间	颁布部门	批文号	相关政策	备注
钦州市层面	2021.12.27	钦州市人民政府办公室	钦政办〔2021〕40号	钦州市人民政府办公室关于印发钦州市向海经济发展"十四五"规划的通知	
	2022.01.05	钦州市人民政府办公室	钦政办〔2021〕42号	钦州市人民政府办公室关于印发钦州市加快发展向海经济推动海洋强市建设三年行动计划（2022—2024年）的通知	
	2022.1.28	钦州市人民政府办公室	钦政办〔2022〕2号	钦州市人民政府办公室关于印发钦州市推进广西北部湾国际门户港建设实施方案（2022—2023年）的通知	
	2022.03.25	中国（广西）自由贸易试验区钦州港片区管理委员会	自贸钦管发〔2022〕13号	中国（广西）自由贸易试验区钦州港片区管理委员会关于印发高质量发展支持政策及钦州港片区补充政策实施细则（修订版）的通知	
	2022.11.24	钦州市人民政府办公室	钦政办〔2022〕37号	钦州市人民政府办公室关于印发钦州渔港经济区建设规划（2022—2030年）的通知	
北海市层面	2002.03.03	北海市人民政府	—	中国（北海）民营工业园暨北海市工业园区优惠政策暂行办法	
	2011.03.31	北海市人民政府	北政发〔2011〕13号	北海市人民政府关于印发2010—2012年市对工业园区、出口加工区、高新技术产业园区财政政策的通知	
	2012.09.19	北海市人民政府	北政发〔2012〕60号	北海市人民政府关于印发北海市海洋经济发展"十二五"规划的通知	
	2012.12.17	北海市人民政府	北政发〔2012〕68号	北海市人民政府关于加快北海高新技术产业园区发展的若干意见	
	2013.01.21	北海市人民政府办公室	北政办〔2013〕14号	北海市人民政府办公室关于印发北海市重点工业企业扶持奖励实施方案的通知	
	2013.12.05	北海市人民政府	北政发〔2013〕55号	北海市人民政府关于印发北海市加快新型工业化跨越发展扶持奖励办法的通知	

续表

类型	颁布时间	颁布部门	批文号	相关政策	备注
北海市层面	2015.02.03	北海市人民政府办公室	北政办〔2015〕4号	北海市人民政府办公室关于印发北海市贯彻落实广西壮族自治区人民政府关于深化改革加快北部湾港发展的若干意见实施方案的通知	
	2015.03.06	北海市人民政府办公室	北政办〔2015〕17号	北海市人民政府办公室关于印发北海市贯彻落实广西北部湾经济区口岸通关一体化工作实施方案的通知	
	2016.04.14	北海市人民政府办公室	北政办〔2016〕60号	北海市人民政府办公室关于印发北海市促进海运业发展意见的通知	
	2017.02.04	北海市人民政府办公室	北政办〔2017〕11号	北海市人民政府办公室关于印发北海市"十三五"现代渔业发展规划的通知	
	2017.02.14	北海市人民政府办公室	北政办〔2017〕7号	北海市人民政府办公室关于印发北海市海洋产业"十三五"发展规划的通知	
	2017.08.01	北海市人民政府	北政发〔2017〕26号	北海市人民政府关于继续做好北海市降低实体经济企业成本工作的通知	
	2017.10.10	北海市人民政府办公室	北政办〔2017〕174号	北海市人民政府办公室关于印发北海市促进海运业发展意见的通知	
	2018.07.04	北海市人民政府办公室	北政办〔2018〕101号	北海市人民政府办公室关于印发提高通关效率优化通关环境若干措施的通知	
	2018.07.05	北海市人民政府办公室	北政办〔2018〕106号	北海市人民政府办公室关于印发北海市进一步减轻企业税费负担若干措施的通知	
	2018.10.10	北海市人民政府	北政发〔2018〕34号	北海市人民政府关于印发北部湾城市群发展规划北海实施方案的通知	
	2018.10.23	北海市人民政府办公室	北政办〔2018〕177号	北海市人民政府办公室关于印发北海市参与中新互联互通南向通道建设工作方案（2018—2020年）的通知	
	2019.01.17	北海市人民政府办公室	北政办〔2019〕9号	北海市人民政府办公室关于印发北海市北部湾经济区升级发展行动实施方案的通知	

续表

类型	颁布时间	颁布部门	批文号	相关政策	备注
北海市层面	2021.05.24	北海市人民政府办公室	北政办〔2021〕32号	北海市人民政府办公室关于印发北海市促进海运业发展实施方案的通知	
	2021.10.28	北海市人民政府办公室	北政办〔2021〕82号	北海市人民政府办公室关于印发北海市打造国内国际双循环重要节点枢纽行动落实方案的通知	
	2021.11.15	北海市人民政府办公室	北政办〔2021〕78号	北海市人民政府办公室关于印发北海市2021年进一步降低港口中介服务收费奖补办法的通知	
	2021.11.24	北海市人民政府办公室	北政办〔2021〕80号	北海市人民政府办公室关于印发北海市工业高质量发展"十四五"规划的通知	
	2021.11.29	北海市人民政府办公室	北政办〔2021〕81号	北海市人民政府办公室关于印发北海市工业企业扶持行动方案(暂行)的通知	
	2021.12.01	北海市人民政府办公室	北政办〔2021〕84号	北海市人民政府办公室关于印发北海市推进交通强区建设试点实施方案(2021—2025年)的通知	
	2021.12.01	北海市人民政府办公室	北政办〔2021〕85号	北海市人民政府办公室关于印发北海港口型国家物流枢纽建设"十四五"规划的通知	
	2021.12.31	北海市人民政府办公室	北政办〔2021〕102号	北海市人民政府办公室关于印发北海市加快北海综合保税区高水平开放高质量发展三年行动实施方案(2021—2023年)的通知	
	2021.12.31	北海市人民政府办公室	北政办〔2021〕95号	北海市人民政府办公室关于印发北海市落实广西综合交通运输发展"十四五"规划工作方案的通知	
	2021.12.31	北海市人民政府办公室	北政办〔2021〕105号	北海市人民政府办公室印发关于促进北海高新技术产业开发区高质量发展的若干措施的通知	
	2022.12.06	北海市人民政府办公室	北政办〔2022〕57号	北海市人民政府办公室关于印发北海市产业物流补助资金使用方案的通知	

续表

类型	颁布时间	颁布部门	批文号	相关政策	备注
防城港市层面	2016.05.30	防城港市人民政府	防政发〔2016〕18号	防城港人民政府关于降低实体经济企业成本若干措施的意见	
	2016.11.11	防城港市人民政府办公室	防政办发〔2016〕63号	防城港市人民政府办公室关于印发防城港市培育扶持服务业企业上规模奖励暂行办法的通知	
	2018.07.31	防城港市人民政府	—	防城港市人民政府关于印发防城港市关于支持台资企业发展的政策措施的通知	
	2018.08.07	防城港市人民政府办公室	防政规〔2018〕3号	防城港人民政府办公室关于印发防城港进境水果指定口岸航线稳定运行实施方案的通知	
	2019.03.15	防城港市人民政府办公室	防政规〔2019〕2号	防城港市人民政府办公室关于印发防城港市加快发展冷链经济的若干扶持办法（试行）的通知	
	2019.12.06	防城港市人民政府	—	防城港市人民政府关于印发防城港市促进海运业发展的意见的通知	
	2020.12.31	防城港市人民政府办公室	防政办发〔2020〕19号	防城港市人民政府办关于印发防城港市加快向海经济发展推动海洋强市建设三年行动计划（2020—2022年）的通知	
	2020.11.19	防城港市人民政府	防政发〔2020〕18号	防城港市人民政府关于印发防城港市贯彻落实《交通强国建设纲要》实施方案的通知	
	2021.04.23	防城港市北部湾办公室、财政局	防湾办发〔2021〕8号	市北部湾办 市财政局关于印发防城港市进一步降低港口中介服务收费补贴扶持办法的通知	
	2021.09.08	防城港市人民政府	防政发〔2021〕11号	防城港市人民政府关于印发防城港渔港经济区建设规划（2021—2030年）的通知	
	2022.04.15	防城港市人民政府办公室	防政办发〔2022〕5号	防城港市人民政府办公室关于印发防城港市物流业发展"十四五"专项规划的通知	

续表

类型	颁布时间	颁布部门	批文号	相关政策	备注
防城港市层面	2022.07.11	防城港市人民政府办公室	防政办函〔2022〕10号	防城港市人民政府办公室关于印发推动现代物流业高质量发展的实施意见的通知	
	2022.07.12	防城港市人民政府办公室	防政规〔2022〕7号	防城港市人民政府办公室关于印发防城港市推动现代物流业高质量发展的若干扶持政策的通知	
	2022.09.14	防城港市人民政府办公室	防政规〔2022〕11号	防城港市人民政府办公室关于印发关于支持防城港市国家级沿海渔港经济区发展若干政策的通知	

二、相关财政政策的特点

（一）从数量上看

2000以来北部湾港相关财政政策数量明显增加。意见、通知、函、规划计划、方案方法、实施细则和规定等相关政策文件及政策内容明文规定支持北部湾港口、航道、物流园区、口岸等基础设施建设或出台相应财税扶持政策的文件就有150余个。这主要包括由国务院、自治区人民政府、自治区财政厅、自治区发展改革委、自治区交通运输厅、自治区北部湾办及钦州、北海、防城港市人民政府及相关职能部门颁布的政策文件，如《国务院关于同意设立广西钦州保税港区的批复》《广西壮族自治区交通厅、物价局、财政厅关于印发广西北部湾经济区国际标准集装箱运输车辆减半收取车辆通行费实施办法的通知》《广西壮族自治区人民政府关于促进广西北部湾经济区开放开发若干政策规定》《钦州市人民政府办公室关于印发2016年钦州港航线和集装箱业务补贴奖励标准的通知》《防城港市人民政府办公室关于印发防城港市加快发展冷链经济的若干扶持办法（试行）的通知》《广西壮族自治区人民政府印发关于促进新时代广西北部湾经济区高水平开放高质量发展若干政策的通知》《广西壮族自治区人民政府办公厅关于印发广西北部湾国际门户港建设三年行动计划（2021—2023年）的通知》《北海市人民政府办公室关于印发北海市促进海运业发展实施方案的通知》《广西高质量建设西部陆海新通道若干政策措施》等。这主要是因为随着我国改革开放的推进，对外贸易活动日趋频繁，进出口总额增加，对外贸易及旅游对经济的影响逐渐加大，港口在对外贸易及旅游中的作用逐渐显现，因而港口的建设发展也逐步得到政府职能部门的重视。

（二）从时间维度上看

支持北部湾港建设的相关财政政策主要集中在 2008 年及其以后，且在 2014 以后更为明显。从表 6-1 可知，有关北部湾港的财政政策约 3/4 是在 2014 年以来颁布实施的。其中，2008 年出台 3 个文件，2014 年出台 8 个，2016 年之后每年出台的文件均超过 10 个，2021 更是高达 17 个。这可能是因一些标志性事件产生的。

一是 2008 年国家发展和改革委员会批复北部湾经济区发展规划，北部湾经济区的开放发展上升到国家战略。

二是 2013 年 7 月李克强在考察北部湾港时，提出将钦州港努力建设成为千万标箱集装箱干线港的愿景。这两个标志性事件使北部湾港在 2008 年和 2013 年之后的财政支持的相关政策文件有所增加。

三是 2017 年之后开始出现关于向海经济方面的政策，主要是因为习近平总书记分别于 2017 年和 2021 年两次赴广西视察时提出"要建设好北部湾港口，打造好向海经济"和"大力发展向海经济"，有力地促进了北部湾国际门户港的建设。

四是 2017 年开始出现涉及新通道建设的相关政策。国家大力推进通道建设，北部湾港成为通道出海口，直接扩大北部湾港的经济腹地，资金、技术和人才等不断向北部湾港集聚。2017 和 2018 年出台的政策文件名主要表述是中新互联互通南向通道，2019 年国务院批复西部陆海新通道总体规划之后，文件名表述基本统一为西部陆海新通道，直接相关的方案、行动计划、政策措施等一共出台了 10 余个，显示了国家和自治区层面对于新通道建设的高度重视，从而加速推进了北部湾国际门户港的建设进度。

（三）从支持层面上看

北部湾港的相关财政政策主要来自国家层面、自治区层面和钦州、北海、防城港市级层面。其中来自广西壮族自治区层面的相关财政政策文件有 70 多个，来自钦州、北海、防城港市的相关财政政策有 50 多个。分析可知，自治区层面和市级层面对北部湾港的财政支持力度要大于国家层面。

综上分析，北部湾港在进入 21 世纪以来，无论是从财政支持的数量还是力度上，均有很大的提升。而政策效果如何则是我们接下来需要探讨的问题。

三、按相关财政政策的内容分类

从表6-1可知，与北部湾港建设发展有关的财政政策主要有《国务院关于进一步促进西部大开发的若干意见》（国发〔2004〕6号）、《广西北部湾经济区港口物流发展补助实施细则》（北部湾办发〔2016〕6号）等150多个政策文件。那么这些政策主要包括哪些内容呢？朱静（2014）对历史上出现的相关扶持政策进行归纳总结认为，主要有航运法律政策、货载保留制度、税收优惠政策、营运补贴政策、政府服务政策和自由港政策。我们对北部湾港有关的150多个意见、函、规定和通知等政策文件中涉及北部湾港建设、发展的财政政策按照内容进行分类发现，其有关财政政策主要包括以下方面：

（1）税收优惠减免政策。如对港区货物实行退税政策，免征增值税和消费税。

（2）补助、补贴和奖励政策。如在扶持发展内外贸航线方面，支持开通北部湾港至新加坡、马来西亚、越南、泰国、柬埔寨航线以及其他外贸航线；加密钦州港至香港航线；支持开辟和运营内贸航线。在聚集箱源方面，给予货代公司揽货奖励；鼓励成立货代公司；给予进出口企业奖励；给予北部湾三港"穿梭巴士"奖励；给予海铁联运补贴。

（3）专项资金。如北部湾经济区重大产业发展专项资金。

（4）集装箱运输的相关费用。如降低海运、报关报检、报关预录入、装卸和堆场、引航费用和拖船使用费。

（5）港航、集疏运、口岸等基础设施建设。如推动建设北海邮轮码头，建设钦州港东航道扩建工程，开工建设防城港30万吨级进港航道，推进钦州港20万吨级码头及航道等重大基础设施项目。

第二节 北部湾港建设国际门户港相关财政政策主要内容

为促进北部湾经济区的发展，2009—2012年自治区财政每年都安排一定的资金对落户经济区的重大产业发展项目给予项目业主及招商引资者一次性奖励。从2014年起明确规定每年安排不低于13亿元的广西北部湾经济区重大产业发展专项资金,并列入年度预算,用于支持经济区重点产业园区及重点产业发展。这部分资金极大地促进了北部湾港口的建设和发展,为北部湾国际门户港的建成奠定了坚实的基础。

同时,根据上一节按照相关财政政策的内容分类可知,与北部湾港有关的相关财政政策主要包括税收优惠政策,扶持发展内外贸航线、班列、聚集箱源,降低涉及集装箱运输、港口中介服务的各种费用,支持港航、园区、口岸基础设施建设和提高通关便利化水平等内容。由于篇幅有限,本节截取一部分代表性的政策内容进行介绍。

一、税收优惠减免政策

税收优惠政策主要包括税收奖励、税收减免、退税等,涉及北部湾港税收方面的政策内容主要如表 6-2 所示。

表 6-2 税收优惠减免政策

序号	政策内容	政策文件
1	国内货物入港区视同出口,实行退税;港区内企业之间的交易不征增值税和消费税	《国务院关于同意设立广西钦州保税港区的批复》(国函〔2008〕48号)
2	对在自治区人民政府批准设立的沿海工业园区内投资新办的属于国家鼓励类产业的企业,自生产经营之日起,前三年免征后两年减半征收企业所得税。 新办交通、电力、水利、邮政……以及医药和生物技术企业,自生产经营之日起,两年免征三年减半征收企业所得税。 对新办的其他企业,除国家明令禁止和淘汰的企业外,从生产经营之日起,免征企业所得税两年	《广西壮族自治区人民政府关于印发贯彻实施国务院西部大开发政策措施若干规定的通知》(桂政发〔2001〕100号)
3	实行产业发展税收优惠。(一)新办的享受国家西部大开发减按15%税率征收企业所得税的企业,免征属于地方分享部分的企业所得税……(七)经济区内经批准开山填海整治的土地和改造的废弃土地,从使用之月起免征城镇土地使用税5年,第6年至第10年减半征收	《广西壮族自治区人民政府关于延续和修订促进广西北部湾经济区开放开发若干政策规定的通知》(桂政发〔2014〕5号)

第六章 向海经济下北部湾港建设国际门户港相关财政政策及效果分析

续表

序号	政策内容	政策文件
4	实行物流发展税收优惠。（一）在经济区内新注册开办，从事航运经纪、中介服务企业的员工，开展船舶交易、航运法律咨询服务所产生"工资、薪金所得"个人所得税中，按自治区和设区市地方分享部分的50%给予奖励。奖励资金由自治区和企业所在地设区市人民政府按各自税收比例分别承担……（三）对在经济区内新注册开办的冷链物流企业，自其取得第一笔收入所属纳税年度起，免征属于地方分享部分的企业所得税5年	《广西壮族自治区人民政府印发关于促进新时代广西北部湾经济区高水平开放高质量发展若干政策的通知》（桂政发〔2020〕42号）
5	落实好大宗商品仓储用地城镇土地使用税减半征收等物流减税降费政策	《广西壮族自治区人民政府办公厅转发自治区发展改革委 交通运输厅关于进一步降低物流成本实施方案的通知》（桂政办发〔2021〕5号）
6	2015年12月31日前在北海市注册的海运企业，以2015年度企业在北海市汇缴入库的增值税和企业所得税总额为基数，以后每年度企业在北海市汇缴入库的增值税和企业所得税总额，按以下档次给予奖励：超基数达到80万元（含）~200万元的，按超基数部分地方财政分享所得的50%给予奖励……	《北海市人民政府办公室关于印发北海市促进海运业发展意见的通知》（北政办〔2016〕60号）
7	2018年12月31日前在防城港市注册登记、依法纳税的海运企业，以2018年度企业在防城港市缴纳入库的一般增值税和企业所得税总额为基数，以后每年度企业在防城港市缴纳入库的一般增值税和企业所得税总额，按以下档次给予奖励：超基数达到30万元（含）~200万元的，超基数部分按地方财政(市、县级)分享所得的55%同等金额给予奖励……	《防城港市人民政府关于印发防城港市促进海运业发展的意见的通知》

续表

序号	政策内容	政策文件
8	加大海运财政扶持力度。（一）2021年1月1日起，在北海市注册的海运企业，以2021年度企业在北海市汇缴入库的增值税和企业所得税总额为基数（新注册海运企业以注册当年汇缴入库的增值税和企业所得税总额为基数），以后每年度企业在北海市汇缴入库的增值税和企业所得税总额，按以下档次给予奖励：超基数达到30万元（含）~1000万元的，按超基数部分地方财政分享所得的50%给予奖励……	《北海市人民政府办公室关于印发北海市促进海运业发展实施方案的通知》（北政办〔2021〕32号）

二、航线、班列及货源集聚方面的补助、补贴和奖励政策

北部湾港高度重视航线、班列的开通及运行、货源及箱源的集聚，近些年出台了不少针对内外贸航线及穿梭巴士、海铁联运班列及冷链专运班列、货源集聚的补助补贴及奖励政策，主要内容如表6-3所示。

6-3 航线、班列及货源集聚方面的补助、补贴和奖励政策

序号	政策内容	政策文件
1	如对已稳定运行1年以上，且开行45航次/年以上的外贸集装箱直航航线，视其使用船型、航线密度、运营箱量等情况，每年给予80万元~120万元的补助。补助资金由自治区政府和港口所在地政府分别承担50%。鼓励新开辟通往东盟国家及其他国家的外贸班轮直航航线。 对于新开行且开行率不低于80%的集装箱周班航线，视其使用船型、航线密度、运营箱量等情况连续3年给予相应补助，第1年每条航线补助200万元~400万元，后2年补助额按20%比例逐年递减。随后年度按本条（一）款标准执行。补助资金由自治区政府和港口所在地政府分别承担50%。 自治区内生产贸易企业适箱外贸货物通过北部湾港进出的，当年集装箱量（重箱）比上年实际增长部分，给予生产贸易企业100元/标箱的补助。补助资金由自治区政府和港口所在地政府分别承担50%	《广西壮族自治区人民政府关于促进广西北部湾经济区开放开发的若干政策规定》（桂政发〔2014〕5号）

续表

序号	政策内容	政策文件
2	扶持发展内外贸航线。钦州港至香港航线加密到每天一班……对运营固定专船固定周班、船型2 000吨级（集装箱舱位120集装箱）以上、持续运营时间半年以上的船公司给予补贴。第一年补贴标准为：运营周二、周三、周五、周六、周日航班的补贴5万元/班运营周一、周四航班的补贴7万元/班…… 钦州港—香港—台湾高雄—钦州港集装箱航线改用5 000吨级左右的船运营，保持每周运营一个航班，再给予船公司3年航线培育补贴。第一年补贴15.5万元/班，第二、第三年的补贴标准视第一年的运营情况确定……	《钦州市人民政府办公室关于印发钦州市促进口岸"大通关"政策措施的通知》（钦政办函〔2014〕15号）
3	既有的、已稳定运行一年（含）以上、航线开行率达到45航次/年（含）以上的外贸集装箱班轮直航航线的航运企业，按以下原则确定补助标准：（一）使用600TEU[①]以下船型的航线，每年给予80万元的补助；（二）使用600TEU（含）~1 000TEU船型的航线，每年给予100万元的补助……开展海铁联运集装箱业务的货代公司，按照以下标准给予补助：（一）当年完成集装箱运输量比上年实际增长的部分，按200元/箱给予补助（空箱不补助）……	《自治区北部湾办财政厅 交通运输厅关于印发广西北部湾经济区港口物流发展补助实施细则的通知》（北部湾办发〔2016〕6号）
4	对于新开通的钦州港至新加坡、马来西亚或其他国家港口直航航线给予奖励，每周运营1个航班，补助标准15.5万元/航班；新开辟一条航线给予船公司100万元补助。对经营三港"穿梭巴士"的船公司给予中转每个标箱100元的补助。 对从广西区外到达钦州港的海铁联运内外贸集装箱托运人给予补助，每个重箱补助300元。安排30万元政策宣传和货源组织活动经费，由市港口管理局牵头组织到云贵川等西南腹地开展宣传推介，吸引更多企业从钦州港进出口货物	《钦州市人民政府办公室关于印发2015年钦州港航线和集装箱业务补贴奖励标准的通知》（钦政办〔2015〕29号）

---

① TEU 是 Twenty-feet Equivalent Unit 的简称，以长度为 20 英尺的集装箱为国际计量单位，也叫国际标准箱单位。

续表

序号	政策内容	政策文件
5	扶持聚集箱源（一）给予货代公司揽货奖励。对货代公司揽货代理在钦州港组织出口外贸集装箱重箱（凭船公司订舱单认定）全年达到200~499自然箱的，每箱奖励100元；达到500~999自然箱的，每箱奖励150元；达到1000自然箱以上的，每箱奖励200元……	《钦州市人民政府办公室关于印发钦州市促进口岸"大通关"政策措施的通知》（钦政办函〔2014〕15号）
6	对承揽冷链班轮、班列和铁路集装箱精品专列重箱的贸易商或承揽企业予以奖励。奖励标准：300元/20英尺[①]冷藏集装箱、600元/40英尺及以上冷藏集装箱，200元/20英尺集装箱，300元/40英尺及以上集装箱；每个集装箱同一航线（铁路班次）的奖励不重复，空箱不奖，单条线路（航线）每家企业奖励每年最高不超120万元……	《防城港市人民政府办公室关于印发防城港市加快发展冷链经济的若干扶持办法（试行）的通知》（防政规〔2019〕2号）
7	经我市港口进出的煤炭、矿石、石油、粮食、钢材等大宗物资由我市海运企业且注册在我市的船舶（含光租）承运的按货运量增量部分（以上一年货运量为基数，年增量不低于10万吨），每年给货主单位每吨1元奖励	《防城港市人民政府关于印发防城港市促进海运业发展的意见的通知》
8	培育集展示交易、电子商务、物流配送、商品检测、贸易服务等功能一体的水产品交易中心，鼓励进境水产品在防城港集散。对年度进口水产品总值达到1亿美元（含本数）以上的，当年给予200万元人民币一次性补贴	《防城港市人民政府办公室关于印发关于支持防城港市国家级沿海渔港经济区发展若干政策的通知》（防政规〔2022〕11号）
9	每半年度通过北海港进出达到1 000个标准箱以上但未达到2 000个标准箱的，给予10万元一次性补助……每半年度通过北海港进出达到5 000个标准箱以上的，给予50万元一次性补助（半年最高补助不超过50万元）	《北海市人民政府办公室关于印发北海市产业物流补助资金使用方案的通知》（北政办〔2022〕57号）
10	经我市港口进出的煤炭、矿石、石油、粮食等大宗物资由我市海运企业且注册在我市的船舶（含光租）承运的按货运量增量部分（年增量不低于10万吨），每年给货主单位每吨1元奖励	《北海市人民政府办公室关于印发北海市促进海运业发展意见的通知》（北政办〔2016〕60号）

① 1英尺=0.304 8米。

续表

序号	政策内容	政策文件
11	对货代企业（物流企业）、托运人在贵阳当地或贵州省内组织货源（凭铁路大票认定）通过贵钦专列运输经钦州港进出口的予以奖励，奖励标准如下：（一）集装箱奖励。按当年完成集装箱运输量给予奖励，奖励标准为300元/标箱，单个企业、托运人奖励金额最高不超过300万元（空箱不奖励）…… 对贵阳铁路承运部门，当年贵阳至钦州港方向货物运输总量达到10万吨以上（含）的，给予一次性奖励20万元。对钦州铁路部门开行贵钦专列产生的成本增加及运价下浮损失，政府每年按货物运输总量6元/吨的标准给予奖励，奖励金额每年最高不超过300万元	《钦州市人民政府办公室关于印发贵阳至钦州港铁路货运专列财政奖励暂行办法的通知》
12	对往返北部湾港的西部陆海新通道海铁联运铁路冷藏集装箱重箱，在享受铁路班列支持基础上按不同运输距离给予补助，运输距离200~500公里按照不超过500元/40英尺集装箱、运输距离500~1 500公里按照不超过1 000元/40英尺集装箱、运输距离超过1 500公里按照不超过1 500元/40英尺集装箱给予支持。 鼓励广西企业在西部陆海新通道沿线建设北部湾港无水港。对年度运至北部湾港集装箱量3000TEU以上且经营满1年的无水港，一次性奖励不超过100万元……	《自治区发展改革委 自治区财政厅关于印发广西加快西部陆海新通道建设若干政策措施（修订版）的通知》（桂发改通道规〔2019〕1028号）
13	对北部湾港上行至通道沿线省份及广西区内上下行海铁联运班列、海公联运集装箱卡车运输的冷藏集装箱重箱，在享受海铁联运班列、海公联运集装箱卡车支持基础上，按照500元/40英尺集装箱的标准给予资金补助	《广西壮族自治区发展和改革委员会等六部门关于印发广西高质量建设西部陆海新通道若干政策措施的通知》（桂发改通道规〔2022〕506号）

续表

序号	政策内容	政策文件
14	鼓励铁路企业支持北部湾港海铁联运班列开行的奖补标准为：每年在保持铁路运价下浮政策持续稳定的基础上，给予铁路企业奖励为（当年海铁联运班列发运集装箱量/上一年海铁联运班列发运集装箱量）×上一年奖励金额	《广西壮族自治区发展和改革委员会 广西壮族自治区财政厅关于印发广西支持冷藏集装箱运输等3项奖补政策实施细则的通知》（桂发改通道规〔2022〕643号）
15	支持港口航运物流发展。（一）鼓励新开辟北部湾港至其他国家和地区的外贸集装箱直航航线。对新增外贸集装箱直航航线，视其使用船型和运行情况给予相应补助。补助资金由自治区和港口所在地设区市人民政府分别承担50%……	《广西壮族自治区人民政府印发关于促进新时代广西北部湾经济区高水平开放高质量发展若干政策的通知》（桂政发〔2020〕42号）

三、港航物流服务企业（基地）支持政策

港航物流业是北部湾港拓展市场空间、获得规模经济的重要途径，是北部湾国际门户港建设的重要部分。广西高度重视港航物流业的发展和建设，相继出台了关于发展和壮大航运企业、海运企业等政策文件，主要内容如表6-4所示。

表6-4 港航物流服务企业（基地）支持政策

序号	政策内容	政策文件
1	对在经济区注册的航运企业，自有并经营的运力规模首次达到10万载重吨及以上的，给予一次性奖励200万元；对运力规模超过10万载重吨的，每增加5万载重吨再奖励100万元。对同一企业奖励总金额最高不超过500万元……	《广西壮族自治区人民政府关于促进广西北部湾经济区开放开发的若干政策规定》（桂政发〔2014〕5号）
2	从广西北部湾经济区重大产业发展专项资金安排北部湾集装箱提升工程补助资金1亿元、海铁多式联运物流扶持资金5 000万元	《广西壮族自治区人民政府关于千方百计做好稳增长工作的意见》（桂政发〔2015〕19号）

续表

序号	政策内容	政策文件
3	鼓励海运企业发展壮大。2016年3月1日起，对在我市注册的航运企业新购买（不含市内过户运力）或从市外转户落籍北海市的载重吨达到1000吨以上、开票结算的新增自有船舶运力，按船舶载重吨给予9元/吨的一次性奖励	《北海市人民政府办公室关于印发北海市促进海运业发展意见的通知》（北政办〔2016〕60号）
4	2019年1月1日起，对注册在防城港市的海运企业自有船舶落籍防城港，年度新增运力（不含市内过户运力）1000载重吨以上且开票结算的，按船龄实行落户补助，船龄10年及以内且维持该运力达5年及以上的每载重吨给予一次性补助60元，船龄10年以上且维持该运力达5年及以上的每载重吨给予一次性补助35元。获得补助的海运企业若未满5年将船舶移出我市，企业需全额退回补助资金	《防城港市人民政府关于印发防城港市促进海运业发展的意见的通知》
5	鼓励海运企业发展壮大。（一）2021年1月1日起，在北海市新注册的海运企业，开业时投入运营的新入籍北海市的自有船舶运力达到1万至3万载重吨（含3万载重吨）的给予企业30万元的一次性奖励；达到3万载重吨以上（不含3万载重吨）的给予企业50万元的一次性奖励……	《北海市人民政府办公室关于印发北海市促进海运业发展实施方案的通知》（北政办〔2021〕32号）
6	建设钦州—北海—防城港港口型国家物流枢纽承载城市	《国家发展改革委 交通运输部关于印发国家物流枢纽布局和建设规划的通知》（发改经贸〔2018〕1886号）
7	对全球排位前100名集装箱班轮公司在广西新注册的子公司并参与北部湾港国际航线运营满1年的，给予300万元的一次性奖励。重点培育冷链物流、零担货运、城市配送、网络货运等物流龙头示范企业，对当年新创建的5A、4A、3A级企业，分别给予200万元、100万元、50万元的一次性奖补资金，用于物流项目建设……	《广西壮族自治区发展和改革委员会等六部门关于印发广西高质量建设西部陆海新通道若干政策措施的通知》（桂发改通道规〔2022〕506号）

四、港航（园区）基础设施、集疏运体系、口岸建设及通关便利化等方面支持政策

完善的港航基础设施、集疏运体系和口岸建设是北部湾国际门户港提升服务水平、增强港口辐射能力、提升作业效率的重要条件。近年来，国家、自治区都相继出台政策措施，助力北部湾国际门户港的码头、泊位、航道和口岸等方面的建设，主要内容如表 6-5 所示。

表 6-5 港航（园区）基础设施、集疏运体系、口岸建设及通关便利化等方面支持政策

序号	政策内容	政策文件
1	扩大防城港、钦州、北海港口岸和边地贸口岸对外开放范围，将钦州保税港区列为整车进口口岸	《国务院关于进一步促进广西经济社会发展的若干意见》（国发〔2009〕42号）
2	加强沿海港口公用码头、专用泊位、集装箱泊位以及深水航道建设，改善防城港进港航道条件，新建北海邮轮码头，增开北部湾港国际海运航线	《国务院关于进一步促进广西经济社会发展的若干意见》（国发〔2009〕42号）
3	充分发挥钦州保税港区的作用，加快大型集装箱泊位、智慧港等互联互通设施建设，加密国际航线航班，搞好整车、肉类、水果等指定进口口岸建设和运营。探索建立口岸通关中国—东盟标准，推动港口通关便利化。建设中国—东盟航运服务中心和中国—东盟港口物流信息平台、中国—东盟港口大数据平台等重大项目	《广西壮族自治区人民政府关于印发广西北部湾经济区升级发展行动计划的通知》（桂政办发〔2018〕8号）
4	加快推进防城港企沙南40万吨级码头、钦州港20万吨级码头及航道、钦州港30万吨级油码头、北海邮轮码头、北海铁山港东港区榄根作业区1—2号泊位及南1—3号泊位等工程建设……加快深水航道及配套设施建设，重点推进防城港企沙南40万吨级航道、钦州港30万吨级航道、钦州港东航道扩建……	《广西壮族自治区人民政府关于印发北部湾城市群发展规划广西实施方案的通知》（桂政发〔2018〕2号）

续表

序号	政策内容	政策文件
5	建成钦州港东航道扩建工程，开工建设防城港30万吨级进港航道，推进钦州港20万吨级进港航道等项目…… 建成钦州30万吨级油码头、大榄坪作业区1—3号泊位……	《广西壮族自治区人民政府办公厅关于印发广西北部湾国际门户港建设三年行动计划（2021—2023年）的通知》（桂政办发〔2021〕112号）
6	积极推进钦州、洋浦等港口建设大型化、专业化、智能化集装箱泊位，提升集装箱运输服务能力；大力推进防城港等港口建设大型化干散货码头，促进干散货作业向专业化、绿色化方向发展…… 建设钦州港大榄坪南作业区自动化集装箱泊位、30万吨级油码头、北海铁山港东港区及西港区泊位…… 研究建设钦州港20万吨级进港航道、钦州港东航道扩建、防城港30万吨级进港航道…… 推进南宁—防城港铁路升级改造和钦州、北海铁山港区进港铁路专用线建设……	《国务院关于西部陆海新通道总体规划的批复》（国函〔2019〕67号）

五、临港（园区）产业发展、港口（园区）国内外合作等支持政策

临港产业发展和港口园区建设是北部湾国际门户港高质量发展的重要支撑。近年来，广西相继出台资金奖励政策、产业投资基金政策、重点产业园区扶持政策等，支持北部湾港壮大临港产业和完善港口园区建设，主要内容如表6-6所示。

表6-6 临港（园区）产业发展、港口（园区）国内外合作等支持政策

序号	政策内容	政策文件
1	筹建防城港市农业与冷链产业发展投资基金，基金总规模30亿元以上，面向农业、渔业、冷链产业等领域开展股权或债权投资……	《防城港市人民政府办公室关于印发防城港市加快发展冷链经济的若干扶持办法（试行）的通知》（防政规〔2019〕2号）

续表

序号	政策内容	政策文件
2	对引进落户我市具有农业农村部远洋渔业资格，注册资金 3 000 万元人民币以上，远洋渔船船龄在 15 年以下，具有捕捞配额且总吨不少于 3 000 吨的企业，给予一次性奖励 300 万元人民币…… 对新建 -60 ℃以下超低温水产品冷库的企业予以奖励，库容达 0.5 万立方米奖励 100 万元人民币；库容达 1 万立方米奖励 300 万元人民币	《防城港市人民政府办公室关于印发关于支持防城港市国家级沿海渔港经济区发展若干政策的通知》（防政规〔2022〕11 号）
3	对于当年新增上规入统的工业企业，一次性给予 20 万元资金扶持；当年新增上规入统的工业企业次年继续在库的，再一次性给予 10 万元资金扶持…… 对规模以上工业企业，当年营业收入同比增长 5 000 万元（含）以上（新建投产企业从有完整会计年度的第二年起算），且营业收入数据在税务部门报税并在企业增值税纳税申报表中有反映的，按营业收入增量的 1‰给予资金扶持，每家企业当年扶持最高不超过 100 万元	《北海市人民政府办公室关于印发北海市工业企业扶持行动方案（暂行）的通知》（北政办〔2021〕81 号）
4	企业年产品销售收入达到 3 亿元及以上，而且一个会计年度内纳税 1 000 万元（纳税总额不含企业代征、代扣、代缴税款）以上，而且与上年度比较有所增长。 其中：特等奖：企业年产品销售收入 100 亿元及以上，且一个会计年度内纳税 3 亿元以上的，奖金 50 万元……对强优工业企业，由市委、市人民政府授予"钦州市××××年度强优工业企业"荣誉牌匾，颁发获奖证书，发放奖金	《钦州市人民政府办公室关于印发钦州市强优工业企业奖励暂行办法的通知》（钦政办〔2013〕41 号）
5	对钦州港片区内注册的企业，其年进出口额超过 2 亿美元且同比增长达到当年钦州市政府工作报告提出的外贸进出口总额增速要求的，该年度给予 100 万元的一次性奖励……	《钦州市人民政府关于印发促进中国（广西）自由贸易试验区钦州港片区高质量发展补充政策的通知》（钦政规〔2020〕3 号）

续表

序号	政策内容	政策文件
6	对钦州港片区内注册的企业，从钦州口岸进境报关进口汽车1至1 000辆部分，每辆给予2 000元的物流成本补贴；超过1 000辆部分，每辆给予3 000元的物流成本补贴。每家企业每年享受本款补贴总额500万元以内……	《钦州市人民政府关于印发促进中国（广西）自由贸易试验区钦州港片区高质量发展补充政策的通知》（钦政规〔2020〕3号）
7	实行园区发展资金扶持政策。设立产业专项发展资金，对园区内的纳税大户及高新技术企业，给予专项资金扶持（以下三条政策，不可叠加享受）。 （一）企业年纳税额5 000万元的，园区按企业所交纳土地出让金总额的50%给予扶持发展，在此基础上，年纳税额每超1 000万元，则增加10%的发展资金扶持，至土地出让金总额为止……	《钦州市人民政府办公室关于印发广西钦州石化产业园投资优惠暂行规定的通知》（钦政办〔2010〕222号）

六、降低集装箱运输、港口中介服务等相关费用支持政策

集装箱运输、港口中介服务等费用是影响北部湾国际门户港服务质量、吸引货源的重要因素。在降低北部湾港的港口服务费、涉及集装箱运输的各项收费、通关费用、海铁联运港口作业费用等方面，广西均出台相关政策文件，目的是不断降低费用，提高港口竞争力，具体内容如表6-7所示。

表6-7 降低集装箱运输、港口中介服务等相关费用支持政策

序号	政策内容	政策文件
1	降低涉及集装箱运输的各种收费…… （二）降低报关报检收费。对在钦州港办理进出口外贸集装箱货物的报关报检代理业务的公司，按200元/票给予奖励，要求其收费标准降至每票300元以下。 （三）降低报关预录入收费。规范集装箱报关预录入收费标准，由每票50元降至每票30元以下……	《钦州市人民政府办公室关于印发钦州市促进口岸"大通关"政策措施的通知》（钦政办函〔2014〕15号）

续表

序号	政策内容	政策文件
2	缩减外贸企业通关时间、费用成本，深度推广应用广西国际贸易"单一窗口"，提高无纸化报单比例和企业覆盖面； 对查验没有问题的企业免除吊装、移位、仓储等费用，清理规范进口环节经营性服务和收费	《钦州市人民政府关于进一步降低实体经济企业成本若干措施的意见》（钦政发〔2017〕21号）
3	全面取消北部湾港穿梭巴士运行及吊装费用……对海运口岸收费进行专项清理整顿，实施港口收费专项整治行动……	《广西壮族自治区人民政府办公厅转发自治区发展改革委 交通运输厅关于进一步降低物流成本实施方案的通知》（桂政办发〔2021〕5号）
4	降费指导目标：（一）理货服务费。2020年底前，由12~16元/标箱降至10~12元/标箱以内；2021年底前，降至8~10元/标箱以内…… （五）码头办单费。2020年底前，由200元/票降至100元/票以下；2021年底前，降至50元/票以下…… （八）查验手续服务费。2020年底前，由150~500元/票降至100~400元/票；2021年底前，降至80~350元/票……	《广西壮族自治区人民政府办公厅印发关于推动进一步降低广西北部湾港口中介服务收费专项行动方案（2020—2021年）的通知》（桂政办发〔2020〕30号）
5	建立北部湾港集装箱进出口费用对标指标体系。 其中，进口边界合规收费项目8项，进口单证合规费用1项。 出口边界合规收费项目10项，出口单证合规费用1项。按一票运单包含1个标准箱计算，2020年底前，进口每箱平均费用由3 300元降至2 200元；2021年底前，降至1 800元。2020年底前，出口每箱平均费用由2 300元降至1 900元；2021年底前，降至1 600元……	《广西壮族自治区人民政府办公厅关于印发北部湾港集装箱进出口环节对标提升工作方案的通知》（桂政办电〔2020〕59号）

续表

序号	政策内容	政策文件
6	对通过下列高速公路和普通公路指定收费站点进出北部湾港的钦州、北海、防城三个港区和东兴、友谊关口岸、凭祥铁路口岸（以下统称三港区三口岸）合法装载的国际标准集装箱运输车辆减半收取车辆通行费。 国际标准集装箱运输车辆通行收费高速公路时，应使用广西发行的高速公路非现金支付卡支付车辆通行费并通过下列方式享受减半收费优惠政策……	《广西壮族自治区交通运输厅 广西壮族自治区发展和改革委员会 广西壮族自治区财政厅关于印发广西北部湾经济区国际标准集装箱运输车辆减半收取车辆通行费实施办法的通知》（桂交规〔2019〕3号）
7	对在广西注册的车辆运输车和满足国家交通运输部标准（GB—1589）的集装箱运输车辆，在进出钦州、北海、防城港港域和东兴、友谊关、凭祥铁路3个口岸时，在广西区内减半收取高速公路车辆通行费	《广西壮族自治区发展和改革委员会 广西壮族自治区财政厅关于印发广西加快西部陆海新通道建设若干政策措施（修订版）的通知》（桂发改通道规〔2019〕1028号）
8	对进入防城港市运输冷链班轮、冷链班列货物的物流企业、贸易商或集装箱揽货企业，凭道路收费票据给予50%奖励（含往返），最高不超500元/车	《防城港市人民政府办公室关于印发防城港市加快发展冷链经济的若干扶持办法（试行）的通知》（防政规〔2019〕2号）
9	加大西部陆海新通道海铁联运港口作业费用优惠力度，免收西部陆海新通道海铁联运客户码头汽车提卸箱服务费用，执行优惠至2021年9月30日； 汽车提卸箱、短途运输及港内专线装卸火车的全程服务费用降低至340元/20GP，较原费用降低约50%，执行优惠至2021年9月30日； 延续西部陆海新通道集装箱免费堆存天数优惠政策，冷藏箱免费制冷天数延长至10天，普通箱堆存免费天数延长至15天，执行优惠至2021年9月30日……	《广西壮族自治区中新互联互通陆海新通道建设工作领导小组办公室关于印发广西北部湾港优服降费工作方案（2019—2021年）的通知》（桂通道办发〔2019〕8号）

第三节 北部湾港建设国际门户港相关财政政策实施的效果分析

一、北部湾港相关财政政策的分值

从本章第一节和第二节的内容可知，2000年以来，直接有关国家、自治区和市县级层面对北部湾港有关财税政策总计150多个。那么这些财政政策是否对北部湾港的建设产生作用？产生什么样的作用呢？这就是我们即将要探讨的问题：北部湾港相关财政政策的效果分析。

在进行政策效果分析时，怎样衡量一个政策实施后的效果成为本书研究的重点和难点问题。法律与金融学界的开创者 La Porta，Lopez-de-Silanes，Shleifer 和 Vishny（以下简称"LLSV"）在1998年研究法律（投资者保护）对金融的影响时，采用赋值的方法，对影响债权人法律保护和投资者法律保护的法律、法规等赋予不同值，进而分析49个国家债权人法律保护和投资者法律保护的差异。该方法一经提出，在随后法律与金融的相关研究中就被广泛采用（Pistor，2000；Djankov et al.，2007；Qian 和 Strahan，2007；Armour et al.，2009）。我国学者在法律与金融方面的研究，跟随 LLSV（1998）经典文献的做法，大多采用赋值原则，对我国在法律对投资者保护和债权人保护方面所涉及的国家法律、部门规章、地方性法规和规范性文件进行打分，得出我国投资者和债权人保护法律分值，进而分析法律与金融的相关研究（沈艺峰等，2004，2005，2009；许年行和吴世农，2006；王鹏，2008；魏锋和刘新文，2013；刘新文，2014）。如王鹏（2008）在研究投资者保护、代理成本与公司绩效时，为了刻画投资者受到法律条款保护的程度，采用赋值原则。具体赋值原则如下：①以年为单位，当某项法律条款在某年的12月31日之前生效，计入当年的法律分值；后一年的法律分值在前一年的法律分值基础上继续累积。②当某项法律由国家正式法律公布时，计2分；当某项法律条款首次公布时，取值1分；当某项法律条款公布的同时，废除以前公布的条款或者是在以前条款的基础上修订而成的，取值0.5分；对于重要的法律条款，不论是否修订或者废除以前的条款，都取值1分。

虽然有关北部湾港财政政策的规定、意见、函和通知等政策文件的法律效力，低于全国法律、法规。但与它们相比具有类似的特点：一是具有在颁布实施后一段时期内持续有效的作用。二是对于不同的政策文件在颁布后具有政策

第六章　向海经济下北部湾港建设国际门户港相关财政政策及效果分析

效果的累加作用。基于此，我们借鉴 LLSV（1998）、Pistor（2000）、Armour et al.（2009）、沈艺峰等（2004）、王鹏（2008）、魏锋和刘新文（2013）等的研究，结合与北部湾港有关财政政策的实际情况，采用赋值原则，具体规定如下：

（1）凡是由国家部委如国家发展和改革委员会、财政部、交通运输部等颁布的相关政策文件中，有关北部湾港（钦州港、北海港、防城港）的基础设施、集疏运体系、物流服务、园区建设和口岸等相关内容指标，并给出具体相关财政扶持的，取值 2 分；虽然涉及以上内容，但没有给出具体的财政扶持的，取值 1 分。

（2）凡是由自治区层面相关部门如自治区人民政府、财政厅、交通运输厅、北部湾办等颁布的有关北部湾港（钦州港、北海港、防城港）的基础设施、集疏运体系、物流服务、园区建设和口岸等相关内容指标，并给出具体相关财政扶持的，取值 1 分；虽然涉及以上内容，但没有给出具体的财政扶持的，取值 0.5 分。

（3）凡是由北海市、钦州市和防城港市层面相关部门如市人民政府、市发展和改革委员会、交通运输局、财政局、口岸办等颁布的有关北海港、钦州港和防城港的基础设施、集疏运体系、物流服务、园区建设和口岸等相关内容指标，并给出具体相关财政扶持的，取值 0.5 分；虽然涉及以上内容，但没有给出具体的财政扶持的，不赋分值。

（4）不考虑该政策文件是否首次颁布，还是废除或者重新修订。同时，在同一个规定、意见和通知等政策文件中，对于同一财政支持指标下的多条条款，我们对多条条款不再赋值和累积计分。

（5）凡是为落实某一个政策文件而出台的实施细则、办法等配套文件，我们对这类文件进行赋值，但仅仅是对原文件进行简单的任务分解分工，则认为是同一个政策文件，不再进行赋值。

（6）凡是延长原政策执行期限，无新增政策内容，或只做微小改动的政策文件，则不再重复赋值。

（7）部分政策内容虽未明确是给予钦州、北海、防城港 3 市的，但由于该政策实施与北部湾港建设相关性较大，且政策适用于我国西部地区或广西全区，钦州、北海、防城港亦可享受这部分政策，我们对这类政策文件进行赋值。

最终我们结合北部湾港建设国际门户港相关财政政策分类和钦州、北海、防城港 3 港财政支持实情，选取税收减免、港口（园区）基础设施、航线支持、聚集箱源等 10 项一级指标。结合表 6-1 以及上述规则，我们通过赋值原则对表 6-1 中的相关政策条款进行赋值，得出如表 6-8 所示的结果。

表 6-8 北部湾港相关财政政策的政策分值表

时间	税收优惠奖励	港航（园区）基础设施	航线开辟及运营	聚集货（箱）源（含海铁联运开通及运营）	集疏运体系	降低集装箱运输、港口中介服务等相关费用	港航物流服务企业（基地）支持	口岸开放及通关便利化	临港（园区）产业支持	港口（园区）国内外合作	新增政策分值	累计分值
2000.01.01											0	0
2001.12.31	1										1	1
2002.03.03	0.5										0.5	1.5
2004.03.11		1									1	2.5
2007.10.20		0.5			0.5						1	3.5
2008.01.16		1			1		1	1	1		6	9.5
2008.05.29	2										2	11.5
2008.12.17	1	0.5			0.5	1	1	0.5	1		5.5	17
2009.06.17						1					1	18
2009.08.26	1	0.5							0.5		2	20
2009.10.12						1					1	21
2009.12.07	1	1	1		1		1	1	1	1	7	28
2010.03.01		0.5			0.5		0.5		0.5		2	30
2010.12.27									0.5		0.5	30.5
2011.02.22					0.5		0.5				1	31.5

第六章　向海经济下北部湾港建设国际门户港相关财政政策及效果分析

续表

时间	税收优惠奖励	港航（园区）基础设施	航线开辟及运营	聚集货（箱）源（含海铁联运开通及运营）	集疏运体系	降低集装箱运输、港口中介服务等相关费用	港航物流服务企业（基地）支持	口岸开放及通关便利化	临港（园区）产业支持	港口（园区）国内外合作	新增政策分值	累计分值
2011.03.01				0.5			0.5				1	32.5
2011.03.31	0.5										0.5	33
2011.04.02	1										1	34
2012.10.25									0.5		0.5	34.5
2013.04.11									0.5		0.5	35
2013.12.05									0.5		0.5	35.5
2014.01.13	1	0.5	1	1	0.5	1	1	0.5	1		7.5	43
2014.03.13		0.5	0.5	0.5		0.5		0.5			2.5	45.5
2014.08.12		0.5	0.5	0.5	0.5	0.5	0.5	0.5	0.5	0.5	1	46.5
2014.10.24				0.5			0.5	0.5	0.5	0.5	4.5	51
2014.10.24		0.5			0.5	0.5	0.5	0.5	0.5		0.5	51.5
2014.10.29									0.5	0.5	3	54.5
2014.11.11			0.5	0.5		0.5					1.5	56
2014.12.05		0.5	0.5	0.5	0.5	0.5		0.5	0.5	0.5	4.5	60.5
2015.01.21									0.5		0.5	61
2015.04.22			0.5	0.5							1	62

续表

时间	税收优惠奖励	港航（园区）基础设施	航线开辟及运营	聚集货（箱）源（含海铁联运开通及运营）	集疏运体系	降低集装箱运输、港口中介服务等相关费用	港航物流服务企业（基地）支持	口岸开放及通关便利化	临港（园区）产业支持	港口（园区）国内外合作	新增政策分值	累计分值
2015.04.30		0.5		0.5		1					2	64
2016.01.05			0.5	0.5				0.5	0.5		2	66
2016.02.04			1	1		1	1				4	70
2016.02.16		0.5	0.5	0.5	0.5	0.5		0.5	0.5		3.5	73.5
2016.02.28		1							1		2	75.5
2016.04.14	0.5			0.5		0.5	0.5				1.5	77
2016.04.29	0.5					0.5					1	78
2016.05.30	0.5										0.5	78.5
2016.06.03			0.5	0.5							1	79.5
2016.06.20	0.5	0.5	0.5	0.5	0.5		0.5	0.5	0.5	0.5	4	83.5
2016.08.05		0.5	0.5	0.5	0.5		0.5	0.5	0.5	0.5	3.5	87
2016.09.05		0.5	0.5		0.5		0.5				4	91
2016.11.11				0.5							0.5	91.5
2016.12.29				0.5							0.5	92
2017.02.04		1	1		1		1		1	1	6	98

续表

时间	税收优惠奖励	港航(园区)基础设施	航线开辟及运营	聚集货(箱)源(含海铁联运开通及运营)	集疏运体系	降低集装箱运输、港口中介服务等相关费用	港航物流服务企业(基地)支持	口岸开放及通关便利化	临港(园区)产业支持	港口(园区)国内外合作	新增政策分值	累计分值
2017.04.17		0.5		0.5	0.5	1	0.5	0.5		0.5	4	102
2017.05.27	1		0.5								1	103
2017.06.17		0.5		0.5	0.5	1	1				4	107
2017.08.01	0.5										0.5	107.5
2017.09.08	0.5										0.5	108
2017.09.26	0.5			0.5			0.5				1.5	109.5
2017.12.29							0.5				0.5	110
2017.12.31		0.5	0.5	0.5	0.5	1	0.5				3	113
2017								0.5			1	114
2018.01.05		0.5	0.5	0.5	0.5		0.5		0.5	0.5	3	117
2018.01.22		0.5	0.5			1			0.5	0.5	3.5	120.5
2018.05.27	1							0.5			2	122.5
2018.05.27							1				0.5	123
2018.07.27		1							1		3	126
2018.07.31	0.5										0.5	126.5
2018.08.07			0.5	0.5							1	127.5

续表

时间	税收优惠奖励	港航（园区）基础设施	航线开辟及运营	聚集货（箱）源（含海铁联运开通及运营）	集疏运体系	降低集装箱运输、港口中介服务等相关费用	港航物流服务企业（基地）支持	口岸开放及通关便利化	临港（园区）产业支持	港口（园区）国内外合作	新增政策分值	累计分值
2018.11.12			1	1		1	1				4	131.5
2018.11.23											0	131.5
2018.12.21							1		1		2	133.5
2019.02.01						1					1	134.5
2019.03.15	0.5		0.5	0.5		0.5	0.5		0.5		3	137.5
2019.05.23					1	1		0.5			1.5	139
2019.06.10		0.5	0.5	0.5		0.5	0.5	0.5	0.5		0.5	139.5
2019.07.28		1	1	1			1	1	0.5	0.5	4.5	144
2019.08.02	2	1	1		1		1		1	1	7	151
2019.08.02		0.5	0.5		0.5		0.5		0.5	0.5	6	157
2019.09.17	1		1	1		1	1	0.5	0.5		3	160
2019.10.31	0.5			0.5			0.5		0.5		6	166
2019.12.06			0.5	0.5			0.5				1.5	167.5
2019.12											1.5	169
2019.12.27						1					1	170

续表

时间	税收优惠奖励	港航（区）基础设施	航线开辟及运营	聚集货（箱）源（含海铁联运开通及运营）	集疏运体系	降低集装箱运输、港口中介服务等相关费用	港航物流服务企业（基地）支持	口岸开放及通关便利	临港（园区）产业支持	港口（园区）国内外合作	新增政策分值	累计分值
2020.01.09		0.5			0.5		0.5				1.5	171.5
2020.02.19		0.5						0.5			0.5	172
2020.03.31			1			1					2	174
2020.05.26		1				1					1	175
2020.05.17											1	176
2020.07.04		1				0.5	0.5	0.5			1.5	177.5
2020.08.24		0.5	1		1	1			1		5	182.5
2020.09.01		0.5	0.5	0.5	0.5	0.5	0.5	0.5	0.5	0.5	2.5	185
2020.09.21		0.5	0.5	0.5	0.5	0.5	0.5	0.5	0.5	0.5	4	189
2020.09.24		1	0.5	0.5		1	0.5	0.5	1	0.5	4.5	193.5
2020.12.19					0.5	0.5	0.5	0.5			5.5	199
2021.01.15	1	0.5				0.5					3.5	202.5
2021.02.19	1								0.5		1	203.5
2021.04.23						0.5					0.5	204
2021.05.14	0.5			0.5			0.5				1.5	205.5
2021.06.12							1				1	206.5

续表

时间	税收优惠奖励	港航（园区）基础设施	航线开辟及运营	聚集货源（箱）（含海铁联运开通及运营）	集疏运体系	降低集装箱运输、港口中介服务等相关费用	港航物流服务企业（基地）支持	口岸开放及通关便利化	临港（园区）产业支持	港口（园区）国内外合作	新增政策分值	累计分值
2021.06.29		0.5	0.5	0.5	0.5		0.5		0.5	0.5	3.5	210
2021.08.17	1	1	1		1		1	1	1	1	8	218
2021.10.18	1										2.5	220.5
2021.10.20		0.5	0.5	0.5	0.5	0.5	0.5	0.5	0.5	0.5	4.5	225
2021.10.20		0.5	0.5	0.5	0.5	0.5	1				1	226
2021.10.30		0.5	0.5	0.5	0.5	0.5	0.5	0.5	0.5	0.5	4.5	230.5
2021.11.15			0.5								0.5	231
2021.11.23					0.5		0.5	0.5	0.5		2	233
2021.11.29		0.5	0.5	0.5	0.5	0.5	0.5	0.5	0.5		0.5	233.5
2021.12.19		0.5	1	0.5	0.5	0.5	0.5	0.5	0.5	0.5	4.5	238
2021		0.5	0.5	0.5	0.5		0.5	0.5	0.5	0.5	2	240
2021.12.31		0.5	0.5	0.5	1		0.5	0.5	0.5	0.5	4	244
2022.03.23		1	1				1		1	1	6	250
2022.03.25	0.5										0.5	250.5
2022.04.03		0.5	0.5	0.5	0.5	0.5	0.5	0.5		0.5	3.5	254

续表

时间	税收优惠奖励	港航（园区）基础设施	航线开辟及运营	聚集货（箱）源（含海铁联运开通及运营）	集疏运体系	降低集装箱运输、港口中介服务等相关费用	港航物流服务企业（基地）支持	口岸开放及通关便利化	临港（园区）产业支持	港口（园区）国内外合作	新增改策分值	累计分值
2022.05.13	1		0.5	1		1	1	0.5			5	259
2022.06.17				1			1				2	261
2022.07.06			0.5	0.5	0.5	0.5	0.5				2.5	263.5
2022.07.12	1		0.5	0.5		0.5					2.5	264
2022.08.01				0.5	0.5						2.5	266.5
2022.08.08	0.5										0.5	267
2022.08.15		0.5	0.5	0.5	0.5		0.5	0.5	0.5	0.5	4	271
2022.09.14			0.5	0.5			0.5		0.5		1.5	272.5
2022.12.06				0.5							0.5	273
2022.12.30					0.5						0.5	273.5
小结	26.5	30	29.5	28	23	29	39	20	32	16.5	273.5	

从支持北部湾港具体建设内容方面看，由表 6-8 可知，北部湾港相关财政政策中，对港航物流服务企业（基地）支持、临港（园区）产业支持、港航（园区）基础设施的支持力度最大，超过 30 分，分别是 39，32，30 分。航线开辟及运营、聚集货（箱）源、降低集装箱运输、港口中介服务等相关费用、税收优惠奖励的支持力度较大，超过 25 分，分别是 29.5，28，29，26.5 分。集疏运体系、口岸开放及通关便利化、港口（园区）国内外合作的支持力度相对小一些。同时，我们也不难发现，无论是国家层面、自治区层面抑或是市级层面相关财政政策，不同政策对港口建设支持的侧重点不同，财政支持力度存在较大差异。

从年度财政政策分值来看（见表 6-9 和图 6-1），整体而言，随着时间的推移，北部湾港相关财政政策年度分值不断递增，从 2000 年的 0 分增加至 2022 年的 273.5 分，说明北部湾港受到来自各个层面的财政政策支持不断增加，力度不断增大。分年度看，2013 年之前就 2008 年和 2009 年新增的分值较大，分别是 13.5，11 分，但每年新增的数值相比 2013 之后小很多。前面我们也分析了，2013 年之后相关政策文件出台的数量快速增加，相应的新增政策分值也迅速增加，如 2014、2016、2017 年度增加量为 25，28，22 分；2019 年达到 36.5 分，2021 年度增加值最大，为 45 分。这主要是因为这些年度内有新的政策出台，进一步支撑北部湾港的发展建设。

表 6-9 北部湾港相关财政政策年度分值表

年份	2000	2001	2002	2003	2004	2005	2006	2007	2008	2009
新增分值		1	0.5	0	1	0	0	1	13.5	11
累计分值	0	1	1.5	1.5	2.5	2.5	2.5	3.5	17	28
年份	2010	2011	2012	2013	2014	2015	2016	2017	2018	2019
新增分值	2.5	3.5	0.5	1	25	3.5	28	22	19.5	36.5
累计分值	30.5	34	34.5	35.5	60.5	64	92	114	133.5	170
年份	2020	2021	2022							
新增分值	29	45	29.5							
累计分值	199	244	273.5							

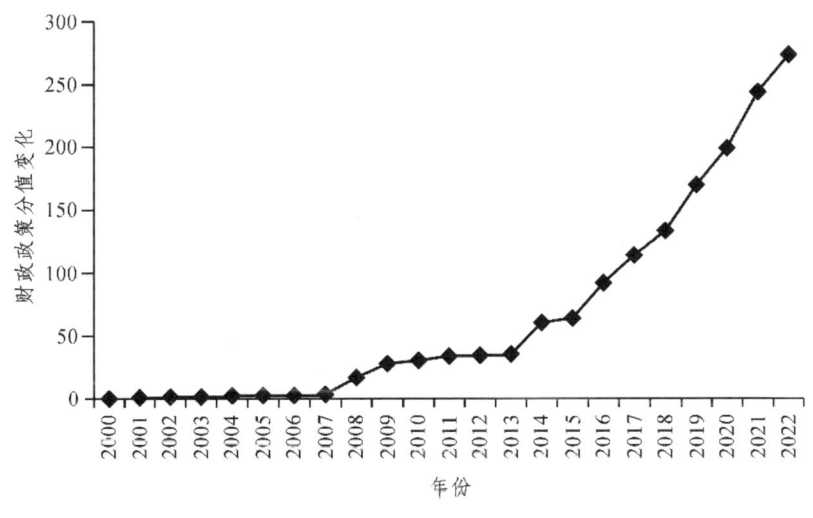

图 6-1 北部湾港财政政策分值变化

二、北部湾港相关财政政策实施效果分析

在得出北部湾港相关财政政策分值后，我们进一步分析这些财政政策的实施对北部湾港集装箱吞吐量和港口货物吞吐量是否真正具有显著的促进作用，即随着财政政策的实施，财政支持力度的加强，北部湾港集装箱吞吐量和港口货物吞吐量是否显著增加。

（一）指标选取

（1）被解释变量。集装箱吞吐量和港口货物吞吐量作为衡量一个港口发展快慢、好坏最为重要的两个指标，历来被学者广泛应用于实证分析中，如周迎春（2007）、李朝阳和孙伟（2009）、王慧和陈浩（2013）、江志娟（2014）和王田月（2016）等。因此，我们拟选取集装箱吞吐量和港口货物吞吐量作为本章研究的被解释变量。

（2）解释变量。沿海港口作为社会经济发展的重要基础设施，其各项配套设施都需要巨额资金，且投资长、周期大，直接经济效益较低，对社会风险资本和民间资本吸引力不够，因此政府相关财政政策，如税收优惠政策、补助补贴和奖励政策、专项资金、降低集装箱运输费用和支持口岸基础设施建设等政策将直接影响港口的发展后劲。港口是否有自由贸易区、保税区等优惠政策，或者与大型航运公司的合作关系等会影响对货物资源的吸引力和集中程度，是港口发展的必要条件。本书主要研究财政政策对北部湾港集装箱吞吐量和港口货物吞吐量是否具有显著的促进作用？因此，此处的解释变量为财政政策。利用表6-9所得出的累计分值衡量财政政策。年度分值越大，表明北部湾港所受的财政支持力度越大；相反，则越小。

（3）控制变量。通过第二章的分析可知，影响港口发展及集装箱运输的因素除财政政策外，还有港口基础设施、集疏运体系发展水平、管理体制及管理水平、经济发展水平、产业支撑程度、进出口总额等。同时，借鉴周迎春（2007）、赵景培（2009）、王慧和陈浩（2013）、江志娟（2014）、覃开宏（2014）、朱静（2014）、钱学风（2015）等相关学者的研究，及本书前面章节的分析、归纳，主要选取港口基础设施、集疏运体系发展、物流服务水平、城市投资、外贸发展、产业支撑力和经济发展水平等变量作为控制变量，具体变量定义如表6-10所示。

表6-10 变量定义

变量名称		符号	变量描述
被解释变量	集装箱吞吐量	Cont	集装箱吞吐量
	港口货物吞吐量	Port	港口货物吞吐量
解释变量	财政政策	Policy	财政政策分值
控制变量	港口基础设施	Infr	广西交通固定资产投资
	集疏运体系发展	Trans	腹地铁路营业里程+公路里程+内河航道里程
	物流服务水平	Logits	交通运输行业企业法人数
	城市投资	Invest	全社会固定资产投资（不包括农户）
	外贸发展	Trade	进出口总额
	产业支撑力	Indus	第二产业增加值
	经济发展水平	Econ	GDP

①港口基础设施。港口的后天建设是决定其能否发展成为国际知名港口的先决条件，港口的基础设施将直接关系到港口的质量和效率。深水岸线、深水泊位以及完善的硬件设施是优质港口应当具备的条件。此外，现代港口越来越倾向机械化和自动化运作，港口作业高效率是提高港口经济效益的重要因素。

而这些基础设施的建设，需要大量的资金投入，因此本书采用"广西交通固定资产投资"衡量港口基础设施水平。

②集疏运体系发展。集疏运体系是决定集装箱港口辐射能力的重要因素，是港口赖以存在与发展的主要外部条件。集疏运体系完善程度，主要指连通港口的物流运输便利程度，包括公路、铁路和内河等交通运输方式的密集畅通情况，以及各种物流园区的建设情况。一般来说，集疏运网络密度越高，货物在港口的集散就越快，货物运输时间越短，港口竞争力就越强。因此，本书采用"腹地铁路营业里程+公路里程+内河航道里程"反映集疏运体系发展水平。

③物流服务水平。港口物流是港口为适应现代物流发展的需要形成的新型产业系统。当今港口的竞争不仅是传统的腹地货源的竞争，更是以现代物流为特征的综合服务竞争。港口物流的便捷程度，反映的是港口物流业支持港口发展的实际能力，包括货物的周转速度情况等。一般来说，一个地区物流企业越多，物流服务水平越高。因此，本书采用"交通运输行业企业法人数"反映物流服务水平。

④城市投资。港口与城市发展不是割裂开的，而是紧密联系的，因此各大港口城市无不努力促进港产城融合发展。一般来说，城市投资越多，城市发展越好，各项基础设施、公共服务越完善，对相关人才、企业的吸引力越强，从而促进港口的快速发展。本书采用"全社会固定资产投资（不包括农户）"反映城市投资。

⑤外贸发展。任何国家的大部分进出口货物都要经过沿海港口，大量外贸运输的发展又反过来影响港口。研究显示，外贸货运量与港口吞吐量之间存在着正比例关系，两者的变化几乎是同步的（童孟达，2019）。对外贸易发展会带动国与国之间货物往来，增加港口运输需求，提升港口经济效益。此外，在全球经济一体化背景下，对外贸易额逐年增长，国际经济迅速发展，这对港口集装箱运输和港口综合服务能力提出了更高的要求，促进港口设施不断完善升级。本书采用"进出口总额"衡量外贸发展情况。

⑥产业支撑力。货源是影响港口发展的重要因素之一，货源的多少直接跟吞吐量挂钩，因此各个港口城市均想方设法吸引货源。此外，如果港口城市本身工业经济发展快速，工业企业多且实力雄厚，有大量原材料、半成品、商品等货物进出港口，那么该港口就会有稳定且持续增长的货源，就可以有力支撑港口健康且持续发展。本书采用"第二产业增加值"衡量产业支撑力。

⑦经济发展水平。经济的发展水平与港口生产和发展息息相关，经济发展水平越高，财力越雄厚，越可以为港口提供充足的建设资金、人力资源和货物

资源等，港口与港口城市经济发展联系紧密，相互促进。本书采用 GDP 衡量经济发展水平。

（二）模型设定

根据本章的研究内容、研究目的和上文的分析，我们拟建立多元回归模型就财政政策对北部湾港集装箱吞吐量和港口货物吞吐量的效果进行分析。借鉴已有学者的相关研究，拟建立以下基本模型，具体如式 6.1 所示。

$$\text{Cont}_t(\text{Port}_t) = \text{Policy}_t + \text{Control}_t + \varepsilon_t \quad (6.1)$$

式中，Cont 为港口集装箱吞吐量，Port 为港口货物吞吐量，Policy 为财政政策，Control 为控制变量。控制变量主要包括 Infr（港口基础设施），Trans（集疏运体系发展），Logits（物流服务水平），Invest（城市投资），Econ（经济发展水平），Indus（产业支撑力），Trade（外贸发展）。此处的腹地仅指广西，t 为时间编码，ε 为随机扰动项。

（三）样本及数据来源

本章以 2006—2022 年的样本作为其研究对象，构建时间序列模型分析财政政策对集装箱吞吐量和港口货物吞吐量的影响大小。其相关数据均来自历年《中国统计年鉴》《中国港口年鉴》《广西统计年鉴》和广西交通运输厅。

（四）实证分析

表 6-11 给出了财政政策对北部湾港集装箱吞吐量和港口货物吞吐量的回归结果。模型（1）和（3）的控制变量为港口基础设施、集疏运体系发展、物流服务能力。模型（2）和（4）的控制变量包括港口基础设施、集疏运体系发展、物流服务能力、城市投资、外贸发展、产业支撑力和经济发展水平。由于我们仅关注财政政策对北部湾港集装箱吞吐量和港口货物吞吐量的作用，因此，表 6-11 仅列出被解释变量的回归系数。

从表 6-11 中模型（1）和（2）可以看出，在控制集疏运体系发展、物流服务能力、外贸发展和经济发展水平等因素后，财政政策对集装箱吞吐量有显著的正向影响。表明财政政策的实施，有利于促进北部湾港集装箱吞吐量的增加。这也可以从现有财政文件中看出，专门针对聚集货（箱）源、降低集装箱运输等与增加集装箱吞吐量的相关财政政策支持较多，力度较大，其分值也较大，对北部湾港集装箱吞吐量的影响也较显著。这为持续以财政政策支持提升北部湾港集装箱吞吐量进而打造成为千万标箱集装箱干线港和国际门户港提供了重要的依据。

而从模型（3）可以看出，当前财政政策的扶持并没有促进北部湾港口货物吞吐量的增加。在控制集疏运体系发展、物流服务能力、外贸发展和经济发展水平等因素后，财政政策对港口货物吞吐量有显著的负向影响，具体见模型（4）。由此可知，财政政策对北部湾港集装箱吞吐量和港口货物吞吐量的影响不同。

表 6-11 财政政策对北部湾港口吞吐量效果分析

变量	Cont		Port	
	（1）	（2）	（3）	（4）
Policy	2.737 6*** （11.81）	2.488 1*** （4.42）	-1.885 7 （-0.05）	-87.680 9*** （-3.88）
Control	YES	YES	YES	YES
_cons	-81.604 1*** （-0.33）	81.719 4*** （0.34）	15 485.48 （0.48）	-17 119.99 （-1.24）
F-test	517.4***	835.26***	52.76***	477.43***
R-squared	0.991 9	0.995 0	0.939 6	0.993 7
N	17	17	17	17

注：***、**、*分别表示通过 1%、5%和 10%的显著性检验。

第七章

向海经济下北部湾港实现建设国际门户港的财政政策路径

第一节 紧抓北部湾国际门户港发展机遇，请求国家层面财政政策支持

从第六章可知，北部湾港在建设国际门户港前后受到各种、各级别的财政政策支持。尤其是2013年以来，自治区和北部湾沿海3市均出台了各种促进北部湾港建设的相关政策，这也可以从表6-1和图6-1得出。然而，从北部湾港有关财政政策类型来看（见表6-1），其政策主要来源于自治区和市级层面，来自国家层面的支持则较少，且相关财政政策主要集中在北部湾港的基础设施、集疏运体系、内外贸航线、集装箱运输费率、口岸通关效率等具体内容支持上。而将发展向海经济与建设北部湾国际门户港一起考虑的政策文件并不多。另外，相关财政政策对北部湾港在自治区层面大力发展向海经济，打造海洋强区、高质量建设西部陆海新通道等新形势新背景下建设国际门户港的效果不尽如人意，未能充分发挥财政政策对北部湾港的促进作用。因此，在新形势新背景尤其是向海经济下实施什么样的财政政策以有效完善北部湾港基础设施，优化集疏运体系，提高港口营运能力，推动北部湾港成为国际门户港和国际枢纽海港，并以国际门户港和枢纽海港建设助推广西向海经济发展和海洋强区建设，是自治区政府以及北海、钦州、防城港3市相关职能部门亟须解决的关键问题和重点问题。

从第五章可知，近些年北部湾港在发展过程中面临着诸多发展机遇，如北部湾城市群建设、"一带一路"倡议、中国—东盟自由贸易区建设、世纪工程平陆运河开工建设、中国（广西）自由贸易试验区建设、西部陆海新通道高质量建设、向海经济发展战略等。这些发展机遇无疑给北部湾港的发展创造了条件。北海市、钦州市、防城港市应该牢牢把握北部湾港建设面临的各种机遇，打好北部湾国际门户港建设这张好牌，做好"一带一路"有机衔接的重要门户、与东盟交流合作的"前沿和重要窗口"、北部湾城市群中的重要节点城市、国

第七章　向海经济下北部湾港实现建设国际门户港的财政政策路径

家物流枢纽以及广西发展向海经济排头兵，力争把北部湾港建设成为打造向海经济重大产业的核心依托。积极向国家发展改革委员会、财政部、国家交通运输部等相关职能部门请求给了包括专项资金在内的财政政策支持，用于北部湾国际门户港发展建设。

从第六章表 6-1 可知，2004—2022 年（2022 年 3 月）在国家层面上与北部湾港发展建设有关的财政政策有 18 个，主要包括《国务院关于进一步推进西部大开发的若干意见》《国务院关于同意设立广西钦州保税港区的批复》《国务院关于进一步促进广西经济社会发展的若干意见》《国务院关于西部陆海新通道总体规划的批复》《国务院关于北部湾城市群建设"十四五"实施方案的批复》。但从这些文件可以看出，目前国家还未出台专门针对北部湾港发展建设的意见、通知、函和规定等财政政策文件，仅有对钦州港、北海港、防城港或者北部湾港的财政支持散落于其他相关的政策文件中。从自治区及钦州市、北海市和防城港市来看，目前涉及向海经济下建设北部湾国际门户港的也仅有《广西大力发展向海经济建设海洋强区三年行动计划（2023—2025 年）》等少数政策文件。因此，广西壮族自治区及钦州市、北海市、防城港市要以国家"发展海洋经济，建设海洋强国"战略部署为契机，以自治区"大力发展向海经济，建设海洋强区"为前提，以北部湾国际门户港建设为最终目标，积极向国家相关部门争取更多的财政支持政策。

（1）请求国家层面加快广西北部湾国际门户港建设，推动与洋浦港、湛江港联动发展，减少竞争，形成合力。

（2）请求国家加大对钦州国际集装箱干线港、北海铁山港综合航运港、防城港国际大宗商品集散枢纽、北海国际邮轮码头等建设的投资补贴力度。

（3）请求国家支持北海港、钦州港和防城港国家物流枢纽建设，推进建设北部湾冷链物流集散基地，对打造钦州港区集装箱中转联运基地、防城港区大宗物资中转中心、北海港区邮轮母港等，给予财政经费支持。

（4）恳请交通运输部、国家发展改革委对北部湾港拓展海洋交通运输网络给予财政支持。如加密北部湾港至东盟航线频次、开辟北部湾港至欧美远洋航线等。

（5）请求交通运输部等加大支持推动加密四川、重庆至北部湾港铁海联运班列频次，引导长寿、万州、南充、达州等地货源经成渝集结分拨，扩大西部地区至北部湾港铁海联运班列开行范围。

（6）请求交通运输部尽快批准《北部湾港总体规划（2021—2035 年）》，并指导实施。

（7）请求国家出台相关财政政策扶持北部湾港高端航运服务业支持北部湾港吸引航运保险、航运金融、航运代理等航运服务企业，进而打造北部湾港航运服务总部经济区。

（8）恳请国家发展改革委、交通运输部、水利局、国家铁路局、中国国家铁路集团有限公司加大对平陆运河建设的投资补助力度，指导统筹推进运河经济带、物流运输体系建设。

（9）恳请国家推进铁路、海运作业单证电子化和数据共享开放，对北部湾港实现多式联运"一单制"给予财政政策支持。

（10）请求针对北部湾港发展、建设给予其他政策支持。

第二节　创新财政扶持方式，完善地方财政配套政策

从第六章可知，目前北部湾港的财政扶持政策主要以税收优惠减免政策、补助、补贴和奖励政策、专项资金、集装箱运输相关费用和港航、集疏运、口岸等基础设施建设政策为主。这些政策中补助、补贴和奖励政策能够给船公司、航运企业、货代公司和外贸生产性企业实际、看得见的利益，因而被国内主要港口城市政府职能部门运用较多。

在地方财政配套政策方面，国内主要港口城市的财政配套政策做得比较好。如 2007 年、2009 年、2021 年深圳市人民政府先后出台了《关于进一步促进深圳港发展的若干意见》《深圳港航产业发展财政资助资金管理办法》《深圳市交通运输专项资金港航业领域资助资金实施细则》，对落户深圳的国际集装箱班轮公司、国际大型跨国配送中心和货代公司、海铁联运公司、班轮航线经营人以及国内航线经营人等建立专项资金进行资助扶持，促进深圳港集装箱业务和班轮运输的发展。广州市人民政府于 2009 年、2022 年先后出台了《广州市鼓励广州港南沙港集装箱发展奖励方案》《广州人民政府关于进一步支持广州港集团发展的意见》《广州港海铁联运奖励实施细则》，通过奖励、补贴、资助等方式，对集装箱航道建设、航线开辟、货源组织、海铁联运、外贸班轮等进行扶持，以降低物流成本，进一步促进集装箱业务发展。大连市于 2011 年出台了《关于促进大连港口集装箱业务加快发展的意见》，明确加大对集装箱专用码头建设的政策支持力度，对在大连港口从事集装箱运输的船公司和代理公司、从事集装箱水陆中转业务的船公司和从事铁海联运集装箱业务、企业散杂改集、建设内陆干港等分别给予特殊的优惠政策。2009—2017 年，宁波市先后

实施了三轮海铁联运财政扶持政策。2019年，宁波市人民政府又印发了新一轮《宁波集装箱海铁联运扶持资金管理办法》，对宁波市从事集装箱海铁联运的实际经营人和承担宁波端铁路港站与各实际进出口码头之间海铁联运中转集装箱驳运的集装箱运输公司进行资金扶持，且扶持标准有所下降。

2021年，天津市交通运输委编制出台了《"支持天津港建设一流港口"专项资金项目管理办法》，对港口生产智能化建设、绿色港口建设、码头能级提升、港口集疏运通道、水水中转运输、"公转铁"、"散改集"运输、"海铁联运"运输等给予专项资金支持。福州市人民政府先是在2012年出台了《关于鼓励福州港口生产发展的补贴及优惠政策方案》，并在2017—2021年，先后印发《福州港口生产发展扶持政策（2017—2020年）》《2020年福州港口生产发展扶持政策》《福州港口生产发展扶持政策（2021—2022年）》，对福州港集装箱航线发展、集装箱箱量增长、整车进出口、陆地港建设等项目进行补贴扶持，以吸引货源、延伸腹地范围、扩大集装箱箱量规模。此外，厦门市港口管理局于2022年印发了《厦门港集装箱发展扶持政策（2022—2024年）》，对外贸集装箱业务、国际中转集拼业务、省外重箱货代或货主、内支线业务等给予资金扶持。

由此可见，全国主要港口所在省份及城市均不同程度地出台了有关财政支持港口发展的政策，用以促进港口的全面发展。近些年，广西也出台了不少涉及北部湾港的财政支持政策。

具体来看，自治区层面专门针对北部湾港的财政支持政策（见表6-1），为2009年颁布的《广西北部湾经济区国际标准集装箱运输车辆减半收取车辆通行费实施办法》，2016年颁布的《广西北部湾经济区港口物流发展补助实施细则》，2018年印发的《广西北部湾经济区港口物流发展补助实施细则（修订）》，2019年颁布的《广西北部湾港优服降费工作方案（2019—2021年）》，2020年颁布的《推动进一步降低广西北部湾港口中介服务收费专项行动方案（2020—2021年）》等政策，也仅限于集装箱运输车辆运费、港口物流以及港口中介服务费3个方面的补助，还未见系统、专门和全面针对北部湾港集装箱航线业务、海铁联运以及航道建设等方面的意见、通知、规定等财政政策文件。

具体到各市级层面，钦州市于2014年、2015年、2016年、2020年等先后出台了《钦州市航线和集装箱业务补贴奖励兑现办法》《2015年钦州港航线和集装箱业务补贴奖励标准》《2016年钦州港航线和集装箱业务补贴奖励标准》《钦州市推动进一步降低钦州港口中介服务收费专项行动方案（2020—2021年）》等文件，对航线、集装箱业务以及港口中介费进行补贴和奖励。但是由于起步较晚,且受制于钦州市地方财力,财政支持力度和效果有限。北海市于2016年、2017年、2021年实施了三轮海运业财政扶持政策,先后印发了《北海市促进海运业发展意见》《北海市促进海运业发展实施方案》等文件,并在2021年和2022年分别出台了《北海市2021年进一步降低港口中介服务收费奖补办法》《北海市产业物流补助资金使用方案》,加大对北海市重点产业的集装箱业务支持力度,降低港口服务中介费,鼓励港口中介服务企业引导北海货走北海港。防城港市在2019—2022年先后出台了《防城港市加快发展冷链经济的若干扶持办法(试行)》《防城港市促进海运业发展的意见》《防城港市进一步降低港口中介服务收费补贴扶持办法》《关于支持防城港市国家级沿海渔港经济区发展若干政策》等政策文件,对防城港外贸集装箱航线业务、承揽外贸集装箱货源的海运企业以及在防城港开展船代、货代等港口中介服务企业给予财政资金奖励或补贴。但对比钦州市,防城港市出台专门针对防城港港口发展的财政政策较少,且现行财政政策支持力度较小,各项政策实施效果有待提升。

得益于近些年出台的补助补贴奖励政策,北部湾港发展迅速,但是对比国内主要沿海港口城市颁布的财政配套措施,广西壮族自治区出台的关于航线、集装箱、船公司、货代公司、外包服务公司和外贸生产性企业的补助、补贴和奖励政策,虽然在一定程度上促进了北部湾港集装箱箱源的集聚、航线的增加与开辟,但同时也面临着以下问题:

一是部分新进船公司、货代公司、外包服务公司和航运公司等企业的入驻,只是为了抓住广西壮族自治区和港口所在地出台的相关补助、补贴和奖励政策,在政策有效期内获得相应的补助、补贴和奖励后,两到三年或者更短时间内如一年、半年甚至几个月就转战其他港口,以致企业的稳定性和延续性不足。

二是已有的航线、船公司、货代公司、外包服务公司和外贸生产性企业在新企业的进驻下,市场竞争更为激烈。同时,由于新进企业所驻留时间较短,他们进驻后抢市场、抬价格,一定程度上扰乱了北部湾港的正常运营和港口市场的发展。

三是获得补助、补贴和奖励的手续繁多,所需佐证材料较多,涉及多个部门的审批。同时,申报数据的准确性核实较难,导致审核效率低、审核难度大、审核时间长,以致很多企业虽然开展了相关活动,但并不能及时获得相应的补助、补贴和奖励,一定程度上影响企业的积极性。以外贸集装箱航线为例,自治区北部湾办于2022年正式印发的《广西北部湾经济区港口物流发展补助实施细则(修订)》中规定外贸集装箱航线经营补助申请需要提交以下材料:①集装箱业务补助申请表；②广西北部湾经济区重大产业发展专项资金港口物流补助项目计划申请表；③企业营业执照复印件；④经营许可证或外贸航线批复复印件；⑤航运企业（或授权代理公司）航次海事签证证明；⑥外贸集装箱班轮航次数据，包括每一航次的航次，船名，船舶等级，到离港时间，船舶航行上一港、下一港等；⑦码头经营人对航运企业开行航次的证明材料。此外，自治区北部湾办根据补助申请联合自治区交通运输厅、港口管理局、港务集团的联合审定结果，结合专项资金安排编制补助计划，方能发放补助。

四是政策文件中存在部分补助、奖励对象定义含糊、界定不够清晰、易产生歧义等问题，如海铁联运集装箱、大型专业化运输企业、大型仓储企业等界定范围模糊，定义不够清晰，导致补助的准确性不够，以致浪费人力、物力。

五是补助项目或企业大部分为小型企业，规模小、增量不足，对物流贡献率较低，补助资金未能达到集中力量扶持大型、专业化企业的目的。

六是缺少以打造向海经济重大产业、向海通道网络和向海开放与北部湾国际门户港建设互动合作的财政支持政策。

因此，北部湾港在继续实施以上财政政策手段时，需不断根据企业、市场的反馈，抢抓重大机遇，改善现有财政政策手段，创新政策扶持新方式。尤其注重在布局、壮大向海传统和新兴产业发展向海经济下，如何建设北部湾国际门户港，并以北部湾国际门户港的建设反哺广西向海经济发展。

（1）针对各项补助、补贴和奖励政策，实施新、老企业区别的梯度政策。对于进驻北部湾港一年、两年和三年以上的企业，实施梯度补贴、补助和奖励政策。对于新航线开辟和新进企业的入驻，实施不同于原有企业的财政补贴政策。

（2）设立可循环使用的外贸生产性企业、货代公司、航运企业等企业的公共服务平台资金池，用以解决外贸生产性企业、船公司、外包服务公司等企业在北部湾港发展中面临的诸多问题，进而为它们提供较好的投资环境。

（3）创新自治区和北部湾沿海3市的财政扶持方式，灵活利用项目资金、"以奖代补"、贷款贴息和竞争性资金分配等方式，支持区内国家级和省级产业园区，如中国（广西）自由贸易试验区、中马钦州产业园等围绕向海经济发展的新兴产业、临港产业、重点产业和港口重大项目投资建设。

（4）自治区人民政府联合自治区北部湾办、发展改革委、交通运输厅等建立政府引导、社会参与、市场化运作的各类投资基金，支持重大产业项目落户北部湾港。

（5）用好、用足现有财政支持政策。对补助对象进行明确界定，提高资金补助的准确性；突出补助重点，合理适度提高补助标准，以达到充分扶持大型化、专业化企业的目的；优化补助标准和简化佐证材料，提高数据采集准确性和审核效率。

另外，从广西壮族自治区和各市出台的财政政策来看，广西壮族自治区和各市人民政府要紧抓发展机遇，从"一带一路"倡议、"大力向海经济，建设海洋强区"战略、西部陆海新通道高质量建设以及北部湾城市群建设等重大机遇出发，尽快出台港口基础设施（包括航道、泊位、码头等）、集疏运体系（包括铁路、公路和水路等）、航线、物流服务基地、海铁联运、穿梭巴士、临港产业、港口（园区）内外合作等在内的专门的、系统的、全方位的政策文件。

第三节 加大财政对基础设施等支持力度，落实有关财政政策

完善港口基础设施建设、做大产业规模是北部湾港在向海经济背景下建设成为国际门户港的内在要求。近几年，国家和自治区不断拟定对北部湾经济区及港口的发展规划和支持，自治区人民政府和自治区交通运输厅等积极争取国家专项建设基金和政策性贷款支持以及国际金融组织资金支持，拓宽直接融资渠道，推动北部湾基础设施建设投资。"十四五"以来，开发银行广西分行向北部湾国际港务集团提供102亿元贷款，重点支持钦州、北海、防城港的港口基础设施建设，助力不断提升港口服务能力和效率；2023年1月，亚洲基础设施投资银行贷款中国—东盟海铁联运钦州转运中心工程项目启动会顺利举行；2023年4月，为支持北部湾国际门户港建设发展，国开证券作为联席主承销商助力广西北部湾国际港务集团成功发行全国首单西部陆海新通道概念公司债券。目前，在各方投融资支持下，北部湾港基础设施、产业项目建设速度正稳步推进。但是在第一章我们也提到，北部湾港虽正以较快的速度发展，但与其他先进港口相比仍然面临着诸如港口建设滞后、建设合力不足等问题。

首先，北部湾港口结构性矛盾突出，港口建设滞后。北部湾港航道、码头、集装箱货运站规模尚不能满足集装箱箱量和港口货物吞吐量的快速增长之需，北海口岸开放程度不够，铁山港作业区泊位仍需扩展；防城港港口专业性泊位缺乏、临港物流业和加工产业迫切需要转型升级、港口基础设施及集装箱航线归集需要尽快完善和调整等。总的来说，万吨级以上泊位占比远低于全国沿海港口平均水平，尤其是港口规模、通过能力、自动化水平与智慧港口建设等方

面与上海港、宁波舟山港、深圳港等相比仍有较大差距。随着船舶大型化发展趋势及临港工业快速发展，大型深水泊位、公共航道和临港工业配套码头建设滞后于实际发展需求的问题较为突出。

其次，各层面出台政策叠加和聚集现象突出，政策整合能力薄弱。近年来，广西北部湾港的发展得到了众多政策资源的支持和平台优势的加持，出现了政策叠加和聚集现象，从各个方面促进了港口的发展。但不容忽视的是，也出现了各地区存在视野不够宽广、格局不够开阔等问题而导致的政策"雷声大雨点小"、措施落地不力、资源配置效率较低等现象。这反映出各个地区间没有建立起良好的政策整合机制、平台协调机制和成果共享机制，不同产业政策之间、不同区域政策之间、不同部门政策之间难以实现有效无缝衔接，无形之中让政策实施效果打折，弱化了政策功能，从而在一定程度上制约了北部湾港建设成为国际门户港的步伐，甚至在某种程度上阻碍了北部湾经济区和广西经济社会的高质量发展。

最后，北部湾沿海3市（钦北防）合力不足，无"极核"问题突显。基础设施连通方面，北部湾港口由于地理和历史等原因，内部各区域大多处于分散、割裂的状态，各水系未能真正打通，连接钦州港区和防城港港区的龙门跨海大桥、连接钦州港区和北海港区的大风江大桥目前还正在建设之中，钦北防3市滨海公路还没有实质打通连接。以西南地区经济最为发达的川渝地区为例，由于到北部湾的交通不够发达，大量货物都舍近求远，沿长江到长三角出海，而不是到北部湾港。2022年开工的平陆运河建成后有望为北部湾连通腹地提供重要的支撑，助力北部湾港口加速构建"海陆空地水"立体交通网络。产业合作方面，北部湾港虽坐拥西部陆海新通道高质量建设、平陆运河世纪工程等超级红利，但决定港口长远发展的始终是产业。而目前广西产业结构呈现出"两头在外，大进大出"的发展趋势，自身没有雄厚的产业基础和旺盛的产品出口需求，对于外部市场的依赖较大。主要原因之一是北钦防3市的经济体量均不够大，工业经济发展也无法提供充足的货源。目前3个港口的基建大项目不断，但更多是各自建设，少有合作，甚至还存在竞争。如果3市在谋划重大项目上不能充分沟通和合作，北部湾港各港口之间就难以形成更大的合力。能否将几个港口进一步融合发展，让北部湾出现一个更大的"极核"，是目前北部湾港在基础设施、产业等建设中必须重视的问题。

因此，通过以上内容不难看出，尽管目前北部湾港依托国家和自治区重大平台和重大机遇取得了令人瞩目的成绩，但在新形势新发展格局下，如何达到国家和自治区赋予的新定位，实现新的突破，发展和改革的任务依然十分艰巨。

这就需要自治区和北钦防3市人民政府以及相关部门从各方面对北部湾港以及临港产业建设提供财政支持，加大自治区和市级财政预算资金对基础设施等的支持力度，落实有关财政政策。

从获得的相关数据来看，无论是广西交通固定资产投资抑或是广西沿海港口和出海航道固定资产投资额2012—2017年均出现不同程度的回落，呈现逐年下降的趋势。但2018年以来，依托西部陆海新通道建设和RCEP签署以及海企入桂等战略的实施，这两项投资额均呈现出上升趋势。广西交通固定资产投资从2018年的7 294 391万元，增加至2022年的21 418 054万元，突破2 000亿元；同时广西的沿海港口固定资产投资从2018年的90 689万元，增加至2022年的816 363万元，具体如表7-1所示。然而，北部湾港的基础设施和产业布局仍然不完善，基础设施数字化、网络化和智能化建设与东部沿海港口相比还存在差距，急需拓展。从第四章可知，北部湾港的基础设施以及集疏运体系建设千头万绪，要认识到现有的成果需要巩固，也要认识到北部湾港仍然存在着诸如集装箱拆拼箱、冷链、大宗商品储运等短板，仍有很多项目需要开工建设，因此还需加大对港口基础设施、航道等的资金投入。

表7-1 广西社会固定资产投资情况

年份	广西交通固定资产投资/万元	广西沿海港口和出海航道固定资产投资/万元
2006	1 541 729	
2007	2 032 000	
2008	2 200 000	
2009	4 062 218	413 951
2010	5 818 272	586 907
2011	7 028 822	841 277
2012	7 240 329	939 877
2013	6 982 709	494 199
2014	6 872 112	512 440
2015	6 918 080	422 377
2016	7 208 047	279 582
2017	8 031 152	229 764
2018	7 294 391	90 689

第七章　向海经济下北部湾港实现建设国际门户港的财政政策路径

续表

年份	广西交通固定资产投资/万元	广西沿海港口和出海航道固定资产投资/万元
2019	9 050 247	217 559
2020	12 206 599	481 498
2021	18 866 083	918 267
2022	21 418 054	816 363

数据来源：广西交通运输厅。其中，2018—2022 年的广西交通固定资产投资、广西沿海港口和出海航道固定资产投资均为当年 1—11 月累计投资额。

（1）自治区和钦北防 3 市人民政府实现上下联动和平行联动，实行滚动的年度资金预算方式。根据北部湾港口总体规划布局和基础设施、重大项目的建设情况，对北部湾港资金使用、资金预算进行实时滚动监控，做到事前计划，事中跟踪，事后总结，做到精准对口扶持港口建设。

（2）自治区加大对北部湾港财政预算资金额度，重点增加对港口基础设施的财政拨款，确保港口建设和维护的资金来源。自治区层面及相关部门可以制定一系列优惠政策，鼓励民间投资者和企业参与港口基础设施建设，如提供税收减免、贷款贴息、土地使用优惠等政策，以降低投资者的经济负担并提升投资吸引力。

（3）制定针对北部湾港的专项规划，明确北部湾港发展中每一阶段的发展目标和重点项目。规划应考虑北部湾港的地理位置、港口容量需求、区域经济发展需求等因素，确保合理布局和科学发展。

（4）推动深化自治区与亚洲基础设施投资银行、国家开发银行等金融机构的新型合作方式，深化双方互信程度，争取更多专项投资，从而拓展对港口基础设施、产业合作等重大项目、重大工程建设的资金支持。此外，北部湾港还可以积极推动公私合作模式，吸引民间资本参与北部湾港口基础设施建设和运营。可以设立合作基金或引入合作伙伴，共同投资和运营港口项目，实现资金共享、风险共担和效益共享。

（5）简化北部湾港口基础设施建设项目的审批程序，完善项目过程中的监督和评估管理。审批效率的提高，有利于优化流程、减少繁文缛节，缩短项目启动时间，降低建设成本，吸引更多投资者参与港口基础设施建设。并通过更为严格完善的监督和评估机制，确保资金使用的透明度和效益。加强对北部湾港口基础设施建设项目的监督，防范腐败和浪费现象；同时定期评估，及时发现问题并采取措施加以解决。

（6）加强合作与沟通。政府、港口管理机构、投资者和相关利益相关者之间应加强合作与沟通，形成良好的合作关系，定期举行研讨会等。大量的研究表明，无论是法律、法规还是政策文件，其落实过程相比于颁布更为重要。对已开工的项目，应成立领导小组，组织工作专班，强化组织领导，围绕工程目标任务，严格落实工作责任制，通过细化任务、倒排工期、科学调度、专人跟踪、上门服务等方式，加大对水运建设项目的服务力度，努力克服雨季、台风、高温等不利因素对项目的影响，协调攻克项目建设存在的各种技术难题，从而推动项目加速施工。对待实施的项目，要做到早谋划早部署，着眼"早"与"抢"，同时强化项目服务意识，提前谋划推进港口建设工程项目前期工作和大力服务推动在建项目加速推进施工。因此，政府、港口管理机构等相关部门需加大力度支持建设港口大型基建项目，明晰建设困难，自上而下形成全方位支持引导和监督，同国家相关部委协调，为项目落地提供政策、资金支持；投资者和相关利益相关者等部门也应牢牢抓住国家和自治区层面给予的政策红利，建立多部门领导、协调与沟通机制，保障各类财政政策落到实处。

（7）加大对现代临港产业如仓储物流业，以及配套服务业的基础设施投入；加大北部湾港在区内及西部陆海新通道沿线省份无水港的布局与建设投入，提升临港产业、配套服务业以及无水港对北部湾国际门户港建设的支撑作用。

第四节　加大航线和集装箱业务政策支持，大力培育班轮航线

港口的发展离不开航线和集装箱箱量的支撑，航线和集装箱箱量互为支撑。因此，对于北部湾港而言，要想扩大港口竞争力并早日成为国际门户港，怎样增加箱量成为目前北部湾港发展最为关键的问题之一。从距离来看，广西货主企业将货物运抵北部湾港的距离远小于至湛江港、广州港或深圳港的距离，但目前广西货不走广西港主要是因为占据了广西80%货物的西江水系是与广东的腹地珠江口相连接的，而且广西大多数城市都位于西江流域，东西流向的西江顺势而下到珠江口，使广西的河不通广西的海，而通广东的海。不过随着平陆运河开工建设，未来这一现象将得到很大的转变，北部湾港的货源将会不断增加。

但另一个问题是，相比于广州港等一些大型港口，北部湾港的航线网络覆

盖度相对较低。虽然北部湾港已经有国际航线和区域航线，但与一些国际重要港口相比还有一定差距，缺乏直达全球主要贸易枢纽的航线，这无形中增加了企业的运输成本和时间成本。此外，尽管目前北部湾港的集装箱吞吐量排名已经进入全国前 10，但与先进大港相比仍存在着集疏运体系发展不够完善，港口基础设施有待改善，港口信息作业效率不够高等问题。这些问题的存在使货物运抵北部湾港的总成本要高于广州港或深圳港。集装箱运输要有固定的航线和稳定的航次来保证，截至 2022 年年底，北部湾港共开通内外贸集装箱航线 75 条，与广东港所开通的 154 条还存在着较大差距。这主要是由于北部湾港中各港口本身体量较小，防城港、钦州港更是从无到有，发展至今虽增速迅猛，但仍存在货源较少，市场发展尚未成熟等问题。在这种情况下，北部湾港还要不断完善基础设施、优化集疏运体系，加密航线，提高信息化作业水平和通关效率。

我们收集整理了 2010 年以来广西在航线班轮培育方面，国家层面、自治区层面和沿海 3 市有关部门所出台的相关补贴政策，发现补贴主要集中在以下几方面：

一是港口航线奖励方面，如：决定对于新开行且开行率不低于 80% 的集装箱周班航线，视其使用船型、航线密度、运营箱量等情况连续 3 年给予相应补助（桂政发〔2014〕5 号）；对于已稳定运行一年（含）以上、航线开行率达到 45 航次/年（含）以上的外贸集装箱班轮直航航线，每年给予 80 万元～120 万元的补助（桂发改通道规〔2022〕506 号）。

二是积极引入航运企业助力发展方面，如：经防城港港口进出的煤炭、矿石、石油、粮食、钢材等大宗物资由防城港市海运企业且注册在该市的船舶（含光租）承运的按货运量增量部分，每年给货主单位每吨 1 元奖励（防政规〔2022〕11 号）；钦州市人民政府也承诺对货代公司给予揽货奖励：代理在钦州港组织出口外贸集装箱重箱（凭船公司订舱单认定）可根据不同标准分别获每箱奖励 100 元、150 元以及 200 元（钦政办函〔2014〕15 号）。

三是在支持北部湾港海铁联运发展方向，如：对往返北部湾港的西部陆海新通道海铁联运铁路冷藏集装箱重箱，在享受铁路班列支持基础上按不同运输距离给予补助，运输距离 200~500 公里、500~1500 公里和超过 1 500 公里分别按照不超过 500 元/40 英尺集装箱、不超过 1000 元/40 英尺集装箱以及不超过 1 500 元/40 英尺集装箱给予支持（桂发改通道规〔2019〕1028 号）。对自治区多式联运示范工程项目，按照核定固定资产投资的 10% 给予补助，最高 1 000 万元（桂政办发〔2021〕103 号）。

四是在支持广西北部湾港集装箱运输方面，对北部湾地区采用集装箱运输的车辆、高装载率的集装箱航线、开展集装箱水水中转、散改集运输等业务的港口经营企业给予政府资金补贴。如：对北部湾港上行至通道沿线省份及广西区内上下行海铁联运班列、海公联运集装箱卡车运输的冷藏集装箱重箱，按照500元/40英尺集装箱的标准给予资金补助（发改基础〔2021〕1197号）；冷藏集装箱运输的奖补标准是在享受西部陆海新通道集装箱班列、集装箱卡车支持基础上按500元/40英尺集装箱的标准给予补助（桂发改通道规〔2022〕643号）。

在众多补贴性政策文件的保驾护航之下，北部湾港口货物吞吐量和集装箱吞吐量始终保持高速增长。2011年，北部湾港首次跻身亿吨大港行列。2013年，北部湾港货物吞吐量和集装箱吞吐量均超越湛江港，跃升为西南第一大港。2022年，北部湾港集装箱吞吐量完成702.08万标箱，开启"700万标箱时代"，位列全国港口第9，同比增长16.8%，为前10港口中增速最快的港口。2022年，西部陆海新通道海铁联运班列全年累计开行8 820列，同比增长44%；区内开行3 025列，同比增长205%；新增11条集装箱航线，其中外贸10条、内贸1条；首次开行北美西航线，实现欧美远洋航线零突破；增加了开往泰国、柬埔寨、越南方向的航线密度，新开辟中东、缅甸等航线[①]。

当然，北部湾港快速发展班轮航线的步伐下仍然存在着不容忽视的问题。如北部湾港航线网络相对薄弱，与广州港等一些大型港口相比，航线网络相对较为有限，没有覆盖到足够多的国际航线，限制了港口与全球其他地区的贸易联系，导致一些货物需要通过其他港口进行转运，增加了物流成本和时间。北部湾港的集装箱吞吐能力存在局限，在处理大规模集装箱运输方面，与一些大型港口相比，设备和基础设施还不够完善，目前仅建成15万吨级集装箱泊位和20万吨级航道，与先进港口之间的差距使港口在应对高峰期或大型货轮的挑战时明显存在不足，限制了集装箱量的增长。港口可达性上也需要改进，与广州港和上海港等一些位于沿海主要交通干线上的港口相比，广西北部湾港的地理位置相对较偏远，导致陆路和海运运输的可达性有所不足，需要进一步提高港口的连接性和交通便捷性，加快"陆海空铁"通道建设，形成快捷的立体综合运输网络。

因此，我们也收集整理了近些年国内各港口城市在航线和集装箱业务上所做的举措。如：宁波市从资金扶持对象、扶持标准、绩效考核等方面给予补贴，

---

① 广西新闻网，https://baijiahao.baidu.com/s?id=1758948964361737348&wfr=spider&for=pc。

实现梯度补贴方式，明确通过宁波端铁路港站与各实际进出口码头之间驳运的海铁联运中转重箱，逐年按照每标箱 16 元、14 元、12 元的标准给予补贴（甬交发〔2021〕17 号）；南通市明确指出对新建的集装箱码头，2023 年总的集装箱吞吐量达到 40 万标箱，即奖励 2 000 万元；并以 40 万标箱为基础进行上下浮动，即每增减 5 万标箱就增加或减少 250 万元（通政发〔2022〕38 号）；厦门市在外贸码头箱量、陆地港箱量、国际中转集拼业务、创新物流业务、航运企业在厦注册办事处或分公司有特殊贡献扶持等方面给予扶持，如对 2022—2024 年国际中转出口集拼箱给予 200 元/标箱的扶持（厦港规〔2022〕1 号）。

借鉴国内港口城市的经验做法，结合北部湾港实际，未来北部湾港可在以下方面继续努力优化：

（1）积极吸引国际和国内航运公司并通新的航线，特别是与全球主要贸易枢纽之间的直达航线。可以通过与航运公司进行合作、提供优惠政策和服务等方式，吸引更多航线进驻北部湾港，提高港口的航线网络覆盖度。自治区层面协调市级层面，出台统一的补贴扶持政策，对开辟集装箱航线航班的航运公司、经北部湾港的集装箱各类进出口企业和生产企业，给予适当补贴，切实降低海运费用。

（2）优化营商环境和现代航运服务，吸引更多箱源向北部湾港聚集。除了继续实施补贴和税收优惠等政策，营商环境的改善和北部湾服务效率及质量的提升，则更为重要。北部湾港所在地区政府出台相应政策文件明确以提升口岸服务为重点，进一步优化营商环境。因此，在降低相关费用和成本的基础上，进一步提升港口管理运营水平，完善港口口岸 24 小时智能通关，实现口岸"通关+物流"的一体化服务联动，打造高质量的船舶调度和引航服务。通过一系列措施，不断优化北部湾港营商环境，提升港口服务质量，进而吸引四川、重庆、甘肃、贵州和云南等西部陆海新通道沿线省份货物向北部湾港聚集。

（3）增加港口的装卸设备，优化堆场规划，提高装卸作业效率和吞吐能力。加大对集装箱码头的投资，建设更多的岸桥、龙门吊等设备，以满足日益增长的集装箱运输需求。同时，积极运用大数据、云计算、5G、人工智能等新一代信息技术，对港口、码头等基础设施进行数智化改造，进一步提升装卸作业效率。

（4）加强与物流企业的合作，提供全面的综合物流解决方案。优化货物配送系统，建设现代化的仓储设施，提供高效的报关报检服务等，以提升港口的综合物流服务能力，增加客户满意度。大力培育地方航运企业，推进民营企业参与组建大型集装箱航运企业集团，开拓国际海运市场。

（5）加强政策支持和投资引导，加大政府对北部湾港的政策支持和投资引导力度。鼓励企业和资本参与港口建设及运营，提供税收优惠、土地支持等激励措施，吸引更多的投资和资源进入港口领域。

（6）在深圳、东莞等地设立物流仓储基地（仓库），利用北部湾港的空箱运回企业在粤港澳大湾区采购的原材料，积极构建北部湾港与粤港澳大湾区的物流回环，开发回程货源，促进双向平衡，努力形成最优货运航线，减少空船空箱现象。

第五节 严格港口规费征收，降低集装箱运输等相关费用

目前国内外港口的建设、运行与管理涉及诸多费用，如港口建设费、港口设施保安费、报关报检费、码头操作费、引航（移泊）费、船舶供水供电费、集装箱封志费、电放费、拖轮费、停泊费等费用。进出口贸易的货物集装箱运输中还涉及海运费、报关报检费、报关预录入费、装卸和堆场费等与港口收费相关的各种费用。这些费目繁多，已成为企业进出口货物贸易的成本之一。费用的高低是货主（或货源）企业选择该港口的重要依据，也是港口综合竞争力的表现之一。

一、国内港口城市的做法

因此，国内各港口城市相关职能部门对如何降低企业运输成本给予了高度关注，积极出台相关政策文件降低相关费用。

（1）在集装箱运输车辆通行费减免方面，如湖北省对通行省内高速公路的国际标准集装箱运输车辆，在 5%基本优惠的基础上，再给予省内通行费 9 折优惠（鄂交发〔2021〕154 号）。浙江省明确对合法装载的集装箱运输车辆高速公路车辆通行费车公里费率按 1.4 元/（车·公里）计算，统一实行 6.5 折优惠（浙交〔2020〕118 号）。山东、江苏、广东、四川、云南等省份也先后出台诸多相关政策。

（2）在降低港口中介服务费收取方面，如浙江省对沿海出口货物征收船舶代理费，按重量吨计费的，按运费的 1%计收；起运地为公用码头，到达地为货主码头的或起运地、到达地均为货主码头的，起运港按运费的 1.5%计收，到

达港不收（交水规〔2019〕2 号）。福建省对航行国际航线船舶引航（移泊）费实行 40 000 净吨及以下部分、40 001~80 000 净吨部分和 80 000 净吨以上部分分别按照 0.405 0、0.360 0 和 0.337 5 元人民币计收（厦自贸委规〔2021〕1 号、厦自贸委〔2023〕11 号）。

（3）在口岸、港口收费体系建设方面，如浙江省从计量单位、计费标准、附则以及其他事项做出明确且具体规定，健全口岸收费目录清单制度（《浙江省港口费收规则》）。上海市也从基础费用、代理费、服务费、滞期费等具体条款入手，给出系统且详细的港口收费管理体系，进一步优化集装箱运输费用的明晰程度（沪府发〔2021〕7 号）。

二、广西的做法

广西壮族自治区作为后发地区，港口发展的各项软硬件设施比不上发达省份，为了提高北部湾港的综合竞争力，近年来在降费方面做出不懈努力，取得了不少成效。如依据 2023 年钦州市政府工作报告，现行钦州港进口环节箱均费用较 2019 年年底降低了 47%，出口环节箱均费用较 2019 年年底降低 36%。具体来看：

（1）在国际标准集装箱运输通行费减免方面，近年来，广西壮族自治区以及北钦防 3 市出台了不少涉及港口收费及降低运费的政策文件。早在 2009 年就对进出北部湾经济区的集装箱运输车辆实施通行费减免的优惠政策（桂交财务发〔2009〕107 号、桂交财务发〔2009〕57 号），并明确指出对北部湾经济区的国际标准集装箱运输车辆优先通行和通行费实行费用减半政策（桂发改通道规〔2022〕506 号）。横向对比湖北、浙江等省情况发现，广西以及北部湾地区的集装箱运输通行费减免实施较早、减免力度较大。

（2）北部湾港也不遗余力降低港口中介服务费，广西壮族自治区相继出台了诸多文件，明确给出理货服务费、集装箱交接单费、集装箱封志费、查验手续服务费等中介服务费的降低目标，大力推动降低广西北部湾港口中介服务收费（桂政办发〔2020〕30 号）。如：在 2020 年年底前，将北部湾 3 港的港建费由 64 元/标箱降至 51.2 元/标箱，降低 20%；将集装箱封志费由 50 元/票降至 40 元/票，降低 20%（桂政办电〔2020〕59 号）。另外，在港口费用体系设置及指导目标方面，通过政府和市场两只手协同并进，对各种项目收费提出指导费用，建立北部湾港集装箱进出口费用对标指标体系。

三、广西可优化之处

虽然广西和北部湾地区在集装箱降费减费等方面做了大量努力,也取得了不少成绩,但仍然有较大的优化空间。如对集装箱运输通行费的减免力度高于湖北、浙江等部分地区,但仍然收取50%的通行费。鉴于北部湾经济区以及整个广西地区在集装箱运输费用方面还有很大的上升空间,为加速广西高质量发展,在构建新发展格局的背景下更好地完成国家赋予广西构建面向东盟的国际大通道、打造西南中南地区开放发展新的战略支点、形成"一带一路"有机衔接重要门户的"三大定位"新使命,可以借鉴其他地区的国内国际高水平港口的具体措施,在以下方面做出优化:

(1)对现行的各项费用进行详细清查,取缔不必要的费用,并在现有标准的基础上,加大力度降低收费标准。例如,考虑是否能对集装箱运输通行费实行0收费或者更低的收费;在500元/40英尺集装箱的运输补贴标准上再增加10%的资金补贴等;同时在征收过程中做到依据充分,程序合法。

(2)对于目前征收的各种费用,要根据国家和自治区相关部门的有关规定进行,对于不属于或违法行为,要及时取缔、取消。除此之外,不得以任何形式向货主企业、船公司等各类企业收取任何费用,不得超过上限收费标准计收船舶使费。

(3)要逐步、有序地降低集装箱运输过程中所涉及的海运收费、报关报检收费、装卸堆场收费,以及各种中介服务费用,在给予明确的政策指引的同时提供科学合理的补贴奖励,不能盲目跟风,为了降费而降费。

(4)利用数字技术,搭建"一站式"服务平台和北部湾智慧港口服务平台,优化报检、核查、缴费、通关等流程体系,引入高水平的专业人才,采用国内外先进的技术手段与设备,实施行政审批制度改革,压缩审批承诺时限,大幅精简申请材料,持续提升航运水平。

(5)改进船舶使费计费办法,完善现有费用的管理模式。如对于引航费、拖船费等相关费用的计费,要与国内主要港口和国际惯例、通行做法保持一致。不断改进现有船舶使费的计费方法,对船舶使费实行政府指导价、上限管理,引航(移泊)费、港建费、港口设施保安费、停泊费以上述调整后的收费标准为上限,报关报检费、船舶供水供电费、码头操作费等以现行收费标准为上限,港口经营人和引航等相关港口机构可在不超过上限收费标准范围内,根据市场供求和竞争状况自主制定具体收费标准。

(6)提升港口收费管理体系,完善各项收费具体名单与标准。协调国家铁路部门调整铁路集装箱的分配机制和清算比例，争取降低西南、中南地区到北部湾港的海铁联运集装箱运输费用。推动实行广西地方铁路和国家铁路统一费率，统一收费项目并一次计费、一票到底，取消沿海地方铁路高于国铁部分的收费，并减收或免收代理费，自治区财政对沿海铁路的海铁联运专线统一给予补贴。

第六节 落实税费优惠政策，用足用好各项税收优惠政策

税收优惠政策的落实，可以在一定程度上减少企业的生产经营成本，增加企业的竞争力，从而吸引更多企业落户该地区。因此，税收优惠一直以来都是某地区或某城市进行招商引资的法宝之一。

一、国内港口城市的做法

国内各港口城市对于税收减免主要是根据财政部、税务总局的安排开展的，同时也根据自身需要出台本地相关政策文件，旨在通过税收减免政策的实施吸引更多的资源。

（1）在增值税减免方面，各港口城市主要根据国家营改增工作的安排，大力推进"营改增"，对施行"营改增"的企业提供信息、技术支持，并按照"企业据实申请、财税按月监控、财政按季预拨、资金按年清算、重点监督检查"的方式，实施过渡性财政扶持政策开展相关工作（财税〔2016〕32号、财税〔2016〕36号），同时对部分符合要求的铁路与航空运输企业，不再缴纳高额增值税，有利于港口贸易的进一步发展（财税〔2023〕15号）。上海市明确对纳税人运输疫情防控重点保障物资取得的收入以及提供公共交通运输服务、生活服务等取得的收入，免征增值税（沪府规〔2020〕3号）。海南省则规定对纳税人提供公共交通运输服务取得的收入，免征增值税（琼税发〔2022〕99号）。

（2）在企业和个人所得税减免方面，各港口城市实施国家有关文件规定，如对年应纳税所得额超过100万元但不超过300万元的部分，减按50%计入应纳税所得额，按20%的税率缴纳企业所得税（财税〔2019〕13号）。针对海南自贸港，财政部、税务总局出台文件规定，对在海南自贸港工作的高端人才和紧缺人才，其个人所得税实际税负超过15%的部分，予以免征；对注册在海南

自贸港并实质性运营的鼓励类产业企业,减按15%征收企业所得税(财税〔2020〕31号)。

(3)在土地使用税减免方面,海南省虽然行政面积不大,但是积极响应号召,也做出不少成绩。2020年,对海南省受疫情影响的中小企业一季度应缴纳的房产税和城镇土地使用税予以减免(琼府〔2020〕11号)。2019年1月1日至2021年12月31日,对海南省增值税小规模纳税人按50%的税额幅度减征城镇土地使用税(琼财税〔2019〕109号)。浙江省对土地使用税也做出明确规定,对大中小以及县城、镇、工矿区分别施行不同的城镇土地使用税税额标准,以减轻居民与企业的税负(浙财税政〔2021〕3号)。浙江省为推动小微企业高质量发展,明确对符合条件的小微企业减免房产税、城镇土地使用税等(浙政办发〔2021〕21号)。

二、广西的做法

广西壮族自治区作为西部地区、少数民族地区、沿海沿边地区,自然享受国家层面的各种税收政策,在响应国家的号召、实践自身的历史使命时,积极主动学习其他地区的先进做法。钦、北、防三港在坚持国家税收法律制度和税收改革的前提下,积极落实各项税收优惠政策,发挥该政策在北部湾地区应有的作用,为此广西以及北部湾经济区也做了大量努力。

(1)对注册在钦州保税港区的航运企业免征国际航运业务营业税;免征注册在区内的仓储物流企业的部分业务的营业税;免征注册在区内保险企业在航运保险服务上收入的营业税;对其港区内具有一定规模(5万吨及上)的航运企业通过财政奖励的方式变相抵扣其税费;免征注册在航运服务集聚区内的企业从事航运及航运服务业务收入的营业税等。(桂地税发〔2011〕34号)

(2)对企业从事《公共基础设施项目企业所得税优惠目录》规定的港口码头、机场、铁路、公路等项目的投资经营的所得,自项目取得第一笔生产经营收入所属纳税年度起,第1年至第3年给予免征企业所得税优惠,第4年至第6年给予减半征收企业所得税优惠等。(桂政发〔2016〕70号)

(3)对港口的码头(即泊位,包括岸边码头、伸入水中的浮码头、堤岸等)用地,给予免征城镇土地使用税优惠。(桂财税〔2020〕13号)

三、广西可优化之处

尽管广西壮族自治区以及北部湾经济区在税收优惠方面做出了巨大努力，也取得了不少成绩，但出于港口自身以及城市发展等原因，北部湾经济区的税收优惠还有很大提升空间。如针对部分港口物流企业反映的"营改增"以后，运输型物流企业税负增加明显，物流企业土地使用税减半征收政策执行尚有差距等问题，采取措施给予解决。虽然已经对港口等项目投资经营的所得税给予大量优惠，但是针对港口经济区、产业区的上下游产业和配套支撑企业的所得税优惠力度还不够，不能充分发挥政策优势。为此广西壮族自治区以及北部湾经济区可以考虑从以下角度出发，继续优化税收政策：

（1）在营业税收取方面，进一步降低资助条件并提高资助标准。可以考虑将对北部湾港区内能够获得财政奖励的航运企业规模，从 5 万吨及以上的标准下调到 3 万吨及以上；持续深化"营改增"项目，扩大"营改增"范围，降低"营改增"后的增值税税率，如将原对提供交通运输业服务的 11%税率降至 8%或以下。

（2）在企业所得税减免方面，加大减免力度与期限。对从事港口码头、机场、铁路、公路，以及大型仓储类物流企业以及专业运输等企业，将相应的减半征收所得税降低为征收 1/4 甚至更低的税负，并将全免征收所得税的期限适当延长。

（3）在增值税与土地使用税等方面，借鉴其他地方的先进做法，加大税收要求的细化、税收减免门槛的降低、税率降低等措施。对城区以及县城、建制镇、工矿区的土地使用税每平方米年税额分别进行减免。

（4）鉴于在传统的运输和仓储领域从事物流服务的企业利润低的特点，建议适当降低仓储、分拨等物流业务的税率，并将货物运输服务从交通运输服务中分离出去。同时，建议将物流企业成本中占比较大的过桥过路费、保险费、租赁费等作为增值税进项抵扣项目，以解决货物运输业务税负大的问题。

（5）实施物流税收试点政策。为有效培育和促进企业做大做强，建议开展物流税收试点，在全区范围内根据一定的甄选条件选择部分代表性物流企业作为物流税收综合改革的试点单位，为他们提供全方位的财税支持政策。同时，对试点物流企业实施一揽子税收综合改革政策，涵盖经营、利润分配、资源等方面，并实时跟踪这些企业的经营及纳税情况，实行动态管理。

（6）推动启运港退税政策落地。为进一步支持对外贸易的发展，财政部、海关总署、税务总局联合印发了《关于扩大启运港退税试点政策实施范围的通知》。目前，北部湾港的首个陆路启运港退税政策虽已获批，但要尽快对政策做出分析和布局使退税政策抓紧实行，要趁着 RCEP 的机遇，随着我国与东盟国家的贸易规模不断扩大以及商贸往来的日益频繁，大力吸引各地的货物向北部湾港集聚。

第七节　深入贯彻绿色低碳理念，加大绿色港口建设支持力度

2020 年，国家"十四五"规划对生态环境的保护提出了更高的绿色发展新要求，努力争取 2060 年前实现碳中和的目标，并针对重点领域打响"升级版污染防治攻坚战"。随着"碳达峰、碳中和"双碳目标的提出，建设绿色自动化码头、绿色港口已成为全球港口发展的主要趋势。港口须采取多项措施推进可持续和环保运营，包括使用清洁能源、关注废物管理和回收利用、改善水质和空气质量以及采用智能技术和加强供应链合作等。国际上也应加强合作与交流，制定绿色认证和评级标准。这些趋势表明，世界各地的港口行业越来越重视环境保护和可持续发展。

国内绿色港口发展中，深圳市人民政府出台《深圳市人民政府关于促进深圳港加快发展的若干意见》（深府〔2018〕48 号）提出，鼓励全港运输船舶转用低硫油以及采用"水水中转""海铁联运"等运量大、能耗小、污染程度低的集装箱运输方式。同时，推动港口物流运输设备和生产运营机器绿色化，制定智慧港口示范工程实施方案。引进电动化集装箱运输车辆或对车辆进行节能减排改造；提倡企业使用新能源动力叉车、堆高机的装卸机器。天津市政府在《天津市推进多式联运发展优化调整运输结构实施方案（2021—2025 年）的通知》（津政办函〔2022〕32 号）中指出，推进天津港多式联运设施工程建设，巩固大宗货物"公转铁"，拓展大宗货物"公转水"，探索打造"京津冀高速公路氢能绿色廊道"，创新发展政策，鼓励创新推广绿色低碳运输组织模式，提供便利化优惠化服务。山东省人民政府在《关于加快推进世界一流海洋港口建设的实施意见》（鲁政办字〔2021〕19 号）中提出实施码头环保设施升级改造，加强船舶污染防治，鼓励船舶使用岸电；构建港口清洁用能体系，积极打造"中国氢港"。

对于港口绿色发展建设，北部湾港近年来获得了积极的发展。2021 年 5 月，《中国港口》发表交通运输部水运科学研究院和广西北部湾国际港务集团有限

公司共同撰写的论文《广西北部湾智慧港口建设发展模式》指出，北部湾智慧港口建设进程中，将新增 4 个 10 万吨级以上自动化集装箱泊位，1 个 20 万吨级自动化散货堆场。2021 年 6 月，已建成并正式运营 2 个自动化集装箱泊位。

另外，北部湾港大力推进《北部湾港零碳港口建设行动方案（2022 年—2025 年）》落实。2022 年 3 月下旬成功运行自主设计的全国港口首座电动机械智能充换电站，也实现了绿电交易零的突破。对比国内外主要港口的绿色港口建设措施，未来北部湾港可以创新采取以下措施：

（1）加大绿色港口建设的政策支持力度。政府要尽快贯彻落实《北部湾港零碳港口建设行动方案（2022 年—2025 年）》，加强对使用符合绿色标准的设备企业给予税收减免或优惠政策，降低航运费用。在未来的港口建设工作中，北部湾港要将绿色化生态化融入港口建设管理的实际工作中，加强对《北部湾绿色港口发展宣言》中针对绿色港口建设的宣传和推广力度。

（2）强化港口与内陆城市互动，形成集约化发展。政府要制定综合性的港口规划，对与北部湾港有高度互动的互补行业进行共同定位。例如：物流运输业、航运业等，相关行业可更便利地利用北部湾港的全球连接能力，与内陆的铁路公路网紧密联合，强化供应链的协同效用。政府可以鼓励港口企业和科研机构在绿色技术、环保装备和可持续发展方面进行创新研发，加速北部湾港的绿色转型进程，推动区域化经济绿色发展。

（3）发展港口多样化业务。利用西部陆海新通道高质量建设和平路运河世纪工程建设，吸引投资者和港口运营商参与港口扩展项目，并根据港口设施升级能力考虑从传统的散装货物和集装货物拓展到其他类型货物，如冷冻品、汽车等。北部湾港可加强物流园区综合能力，采用信息化的绿色环保技术与节能设备，吸引第三方物流企业进驻。此外，继续开发北部湾海上旅游路线、建设游艇码头和旅游设施，带动旅游业和相关服务业的发展。

（4）以"四个一流"标准建设绿色港口。加快开展"平陆运河（兰海高速钦江大桥以下段）航道工程建设对红树林生态影响评价报告"和"平陆运河（兰海高速钦江大桥以下段）线路唯一性论证报告"；贯彻落实《北部湾绿色港口发展宣言》《北部湾港"十四五"绿色港口发展规划》《广西北部湾国际集装箱码头有限公司绿色港口建设三年行动实施方案（2021 年—2023 年）》等文件，依照政策文件来进一步夯实港口码头向绿色低碳发展。此外，借鉴其他港口，在后续港口扩建中利用符合国家认证的绿色标志超低能耗材料，加强脱碳技术的研究，增加北部湾港的绿化面积。

附录

参考政策目录

序号	政策名称	文号
1	深圳市人民政府关于进一步促进深圳港发展的若干意见	深府〔2007〕2号
2	深圳港航产业发展财政资助资金管理办法	深交〔2009〕523号
3	深圳市交通运输局关于印发深圳市交通运输专项资金港航业领域资助资金实施细则的通知	深交规〔2021〕7号
4	深圳市人民政府关于促进深圳港加快发展的若干意见	深府〔2018〕48号
5	广州市鼓励广州港南沙港集装箱发展奖励方案	
6	广州人民政府办公厅关于进一步支持广州港集团发展的意见	穗府办〔2013〕17号
7	广州市港务局关于印发广州港海铁联运奖励实施细则的通知	穗港规字〔2022〕3号
8	大连市人民政府关于促进大连港口集装箱业务加快发展的意见	大政发〔2011〕61号
9	宁波市人民政府关于印发加快宁波港海铁联运发展若干扶持政策意见（修订）的通知	甬政发〔2012〕23号
10	宁波市人民政府印发关于进一步加快宁波市海铁联运发展财政扶持政策实施办法的通知	甬政发〔2015〕18号
11	宁波市交通运输局 财政局关于印发宁波集装箱海铁联运扶持资金管理办法的通知	甬交〔2019〕14号
12	天津市交通运输委员会 财政局"支持天津港建设一流港口"专项资金项目管理办法的通知	津交发〔2021〕199号
13	天津市人民政府办公厅关于印发天津市推进多式联运发展优化调整运输结构实施方案（2021—2025年）的通知	津政办函〔2022〕32号
14	中国（福建）自由贸易试验区厦门片区管理委员会关于修订印发中国（福建）自由贸易试验区厦门片区产业引导基金办法的通知	厦自贸委规〔2021〕1号

续表

序号	政策名称	文号
15	中国（福建）自由贸易试验区厦门片区管理委员 厦门市发展和改革委员会 厦门港口管理局关于厦门港2023—2024年部分港口收费标准的通知	厦自贸委〔2023〕11号
16	福州市人民政府办公厅关于印发鼓励福州港口生产发展的补贴及优惠政策方案的通知	榕政办〔2012〕199号
17	福州市人民政府办公厅关于印发福州港口生产发展扶持政策（2017—2020年）的通知	榕政办〔2017〕65号
18	福州市人民政府关于印发2020年福州港口生产发展扶持政策的通知	榕政综〔2020〕140号
19	福州市人民政府关于印发福州港口生产发展扶持政策（2021—2022年）的通知	榕政综〔2021〕200号
20	厦门港口管理局关于印发厦门港集装箱发展扶持政策（2022—2024年）的通知	厦港规〔2022〕1号
21	湖北省交通运输厅 省发改委 省财政厅关于对国际标准集装箱运输车辆通行费实施差异化优惠的通知	鄂交发〔2021〕154号
22	浙江省交通运输厅 浙江省发展和改革委员会 浙江省财政厅关于进一步完善全省收费公路车辆通行费收费政策的通知	浙交〔2020〕118号
23	浙江省人民政府办公厅关于印发浙江省小微企业三年成长计划（2021—2023年）的通知	浙政办发〔2021〕21号
24	浙江省财政厅 国家税务总局浙江省税务局关于延续实施应对疫情影响房产税、城镇土地使用税减免政策的通知	浙财税政〔2021〕3号
25	上海市人民政府关于印发上海市全力防控疫情支持服务企业平稳健康发展若干政策措施的通知	沪府规〔2020〕3号
26	上海市人民政府关于印发上海国际航运中心建设"十四五"规划的通知	沪府发〔2021〕7号
27	海南省税务局关于印发服务业领域困难行业恢复发展税费支持政策及操作指引的通知	琼税发〔2022〕99号

续表

序号	政策名称	文号
28	海南省财政厅 国家税务总局海南省税务局关于增值税小规模纳税人按50%幅度减征相关税费的通知	琼财税〔2019〕109号
29	南通市人民政府印发关于支持集装箱运输发展的若干政策意见的通知	通政发〔2022〕38号
30	财政部 税务总局关于海南自由贸易港企业所得税优惠政策的通知	财税〔2020〕31号
31	财务部 税务总局关于实施小微企业普惠性税收减免政策的通知	财税〔2019〕13号
32	财政部 国家税务总局关于全面推开营业税改征增值税试点的通知	财税〔2016〕36号
33	财政部 国家税务总局关于做好全面推开营业税改征增值税试点准备工作的通知	财税〔2016〕32号
34	财政部 税务总局关于调整铁路和航空运输企业汇总缴纳增值税分支机构名单的通知	财税〔2023〕15号
35	交通运输部 国家发展改革委关于修订印发《港口收费计费办法》的通知	交水规〔2019〕2号
36	国务院办公厅关于印发推进多式联运发展优化调整运输结构工作方案（2021—2025）的通知	国办发〔2021〕54号
37	海南省人民政府关于印发海南省应对新型冠状病毒感染的肺炎疫情支持中小企业共渡难关八条措施的通知	琼府〔2020〕11号

参考文献

[1] ARMOUR, JOHN, SIMON DEAKIN, PRIYA LELE, MATHIAS M SIEMS. How do legal rules evolve? evidence from a cross-country comparison of shareholder, creditor and worker protection, centre for business research[J]. American Journal of Comparative Law, 2009, 57（3）: 579-629.

[2] BIRD J H. The major seaports of the United Kingdom[M]. London: Hutchinson, 1963.

[3] DJANKOV, SIMEON, CARALEE MCLIESH, ANDREI SHLEIFER. Private credit in 129 countries[J]. Journal of Financial Economics, 2007, 84, 299-329.

[4] FAGEDA X. Load centres in the mediterranean port range [J]. Ports hub and ports gateway, 2000.

[5] FLEMING, MICHAEL J. The round-the-clock market for U.S. treasury securities[J]. Federal Reserve Bank of New York Economic Policy Review 1997, 3（2）.

[6] FOSTER A T. What shippers should look for[J]. Distribution Worldwide, 1978.

[7] HAEZENDONCK E, NOTTEBOOM T. The competitive advantage of seaports[J]. Maritime Policy & Management, 2002, 29: 126-145.

[8] HAYNES K E, HSING Y M, STOUGH R R. Regional port dynamics in the global economy: the case of kaohsiung, Taiwan[J]. Maritime Policy & Management, 1997, 24: 93-113

[9] HAYUTH Y. Containerization and the load center concept [J]. Economic Geography, 1981, 7（2）: 160-176.

[10] HAYUTH Y. Rationalization and concertration of the U.S. container port system [J]. Professional Geographer, 1988, 40（3）: 279-288.

[11] HILLING D. The evolution of a port system-the case of ghana[J]. Geography, 1977: 97-105.

[12] HOYLE B, CHARLIE J. Inter-port completion in developing countries[J]. Journal of Transport Geography, 1995, 3（2）: 87-103.

[13] HWANG C C, CHIANG C H. Cooperation and competitiveness of intra-regional container ports[J]. Journal of the Eastern Asia Society for Transportation Studies, 2010, 8: 2283-2298.

[14] JOSE TONGZON. Efficiency measurement of selected australia and other international ports using data envelopment analysis[J]. Transportation Research Part A，2001，35：107-122.

[15] KENVON J. Elements in interport competition in the United States[J]. Economic Geography，1970，46：1-8

[16] KIM S，KANG D，DINWOODIE J. Competitiveness in a multipolar port system：striving for regional gateway status in Northeast Asia[J]. The Asian Journal of Shipping and Logistics，2016，32（2）：119-12.

[17] LA PORTA RAFAEL. Florencio lopez-de-silanes，andrei shleifer，and pobert W. vishny，law and finance[J]. Journal of Political Economy，1998，106，1113-1155.

[18] MALCHOW M，KANAFANI A. A disaggregate analysis of factors influencing port selection [J]. Maritime Policy & Management，2001，28（4）：265-277.

[19] MAYER H M. The port of Chicago and the St．Lawrence Seaway [M]. Chicago：University of Chicago，1957.

[20] MAYER H M. Some geographic aspects of technological change in the maritime transportation[J]. Economic Geography，1973，49：145.

[21] MCCALLA R J. From St. John's to Miami：containerisation at eastern seaboard ports[J]. GeoJournal，1999，48（1）：21-28.

[22] NOTTEBOOM T，COECK C，VAN DEN BROECK J. Measuring and explaining the relative efficiency of container terminals by means of bayesian stochastic frontier models[J]. International Journal of Maritime Economics，2000，2：83-106.

[23] NOTTEBOOM T E，RODRIGUE J P. Port regionalization： towards a new phase in port development [J]. Maritime Policy & Management，2005，32(2)：297-313.

[24] PISTOR，KATHARINA. Patterns of legal change： shareholder and creditor rights in transition economies[J]. European Business Organization Law Review，2000（1）： 59-108.

[25] QIAN，JUN，PHILIP STRAHAN. How laws and institutions shape financial contracts ：the case of bank loan[J]. Journal of Finance，2007，62，2803-2834.

[26] RIMMER P J. The changing status of New Zealand seaports，1853—1960[J]. Annals of the Association of American Geographers，1967a，57(1)：88 - 100.

[27] RIMMER P J. The search for spatial regularities in the development of Australian seaports 1861—1961[J]. Geografiska Annaler. Series B, Human Geography, 1967b, 49（1）：42-54.

[28] TAAFFE E J, MORRIL R L, GOULD P R. Transport expansion in underdeveloped countries：a comparative analysis[J]. Geographical Review, 1963, 53（4）：503-529.

[29] TONGZON J L, OUM T H. The role of port performance in gateway logistics[C]. Proceedings of the 1st International Conference on Gateways and Corridors, 2007.

[30] UNCTAD, Tradeable Entitlements for CO_2 abatement[J]. United Nations Conference on Trade and Development, Geneva, 1992, 4.

[31] NGUYEN THI-YEN, 张锦, 李国旗, 等. 东盟集装箱港口体系的演变规律研究[J]. 人文地理, 2017（4）：108-114.

[32] 安东. 上海港现代物流发展研究[D]. 上海：上海海事大学, 2005.

[33] 蔡琦. 广西向海经济战略中金融支持与政策引导问题研究[J]. 改革与战略, 2020, 36（12）：95-102.

[34] 曹有挥, 曹卫东, 金世胜, 等. 中国沿海集装箱港口体系的形成演化机理[J]. 地理学报, 2003（3）：424-432.

[35] 曹有挥. 集装箱港口体系的演化模式研究：长江下游集装箱港口体系的实证[J]. 地理科学, 1999（6）：485-490.

[36] 陈博, 金晓会, 许玉萍. 北部湾港港口物流与西部地区经济协同性评价研究[J]. 全国流通经济, 2022（13）：110-113.

[37] 陈慧梅. 秦皇岛港港口物流效率综合评价研究[D]. 天津：天津理工大学, 2022.

[38] 陈林玉. 高质量推进广西北部湾港发展的思考[J]. 中国储运, 2022（10）：69-70.

[39] 陈明宝, 韩立民. 向海经济推动高质量发展的内在逻辑与实现路径[J/OL]. 国家治理, 2023-04-10.

[40] 陈明辉, 我国港口建设投融资政策及模式选择[J]. 交通财会, 2009（1）：38-40.

[41] 陈庆才. 政府推进广州港港口物流发展战略研究[D]. 兰州：兰州大学, 2013.

[42] 陈云, 陈妹. 广西发展向海经济的 SWOT 分析及对策建议[J]. 边疆经济与文化, 2020（8）：27-30.

[43] 陈臻. 集装箱支线港口与产业转移协调发展研究——广东省为例[J]. 物流技术, 2014（10）: 159-164.

[44] 仇文燕. 北部湾港口物流与西南地区对外贸易发展的研究[D]. 南宁: 广西大学, 2018.

[45] 戴江湖. 基于多源数据的港口可持续竞争力评价研究[D]. 大连: 大连理工大学, 2021.

[46] 邓世缘. 更好更快发展向海经济 打造外向型经济聚集区 提升广西北部湾经济区外资利用水平的思考[J]. 广西经济, 2017（5）: 29-31.

[47] 董子健, 沈连芳. 北部湾港港口基础设施建设问题与对策[J]. 合作经济与科技, 2022（17）: 12-14.

[48] 方月光. 基于竞争力提升的新兴港口发展策略研究[D]. 北京: 北京交通大学, 2014.

[49] 冯海珊, 蔡胤华, 陈梓松. RCEP背景下广西北部湾港发展对策[J]. 中国港口, 2022（4）: 17-20.

[50] 冯海珊, 韦英雅, 陈梓松. 广西内河集装箱班轮运输发展分析及建议[J]. 珠江水运, 2022（9）: 12-14.

[51] 冯海珊, 文雯, 陈梓松. 北部湾港港口物流指数体系的构建及实证研究[J]. 西部交通科技, 2022（2）: 195-197.

[52] 冯社苗. 我国港口发展政府筹资政策研究[D]. 武汉: 武汉理工大学, 2006.

[53] 冯彦明. 广西发展向海经济的定位与方略[J]. 北部湾大学学报, 2022, 37（5）: 66-75.

[54] 冯彦明. 广西发展向海经济的定位与方略[J]. 北部湾大学学报, 2022, 37（5）: 66-75.

[55] 冯云, 袁雪芳, 靳廉洁, 等. 区域集装箱干线港分散化布局的实证分析[J]. 中国港口, 2013（5）: 51-53.

[56] 傅远佳, 包国庆, 夏天一, 罗嘉琪. 西部向海经济带建设的基础与对策[J]. 开放导报, 2020（5）: 40-47.

[57] 傅远佳, 严晓, 张芳, 等. 习近平同志关于向海经济的重要论述与实践研究[J]. 北部湾大学学报, 2022, 37（5）: 76-83.

[58] 傅远佳, 张芳, 沈奕. 广西自由贸易试验区向海产业集聚对策研究[J]. 商业经济, 2021（9）: 35-38+65.

[59] 傅远佳, 朱迪, 沈奕. 发挥独特优势, 大力推进向海经济产业发展[J]. 商业经济, 2021（10）: 36-38+89.

[60] 高杰. 天津港港口物流发展对策研究[D]. 大连: 大连海事大学, 2014.

[61] 关于加快发展向海经济推动海洋强区建设的意见[N]. 广西日报, 2020-06-01（4）.

[62] 广西国家税务局课题组. "一带一路"战略背景下广西港口经济发展的对策与财税支持政策[J]. 经济研究参考, 2016（17）: 48-50.

[63] 广西加快发展向海经济推动海洋强区建设三年行动计划（2020—2022年）[J]. 广西城镇建设, 2020（10）: 8-39.

[64] 广西人的发展经济学研究会课题组. 广西向海经济赋能双循环经济发展: 机理、困境与路径[J]. 市场论坛, 2021（8）: 4-14.

[65] 广西壮族自治区北部湾经济去规划建设管理办公室. 向海而兴 向海图强——广西大力发展向海经济加快推进海洋强区建设综述[N/OL]. （2011-12-29）[2023-09-16]. http://bbwb.gxzf.gov.cn/ywdt/t14915024.shtml.

[66] 郭琦. 长三角洲港口竞争力研究[D]. 曲阜: 曲阜师范大学, 2019.

[67] 郭姝. 中非集装箱航运网络演化及对经贸联系的影响[D]. 大连: 辽宁师范大学, 2021.

[68] 郭晓清, 黄建设. 厦门港与我国主要港口竞争力的比较分析[J]. 中国航海, 2015（4）: 121-124.

[69] 郭秀娟, 陈清琪, 刘哲芸. 北部湾港集装箱运输发展策略分析[J]. 水运工程, 2022（10）: 44-47+89.

[70] 郭真, 黄家斌. 基于因子分析法的港口物流竞争力提升研究——以钦州港为例[J]. 北部湾大学学报, 2020（2）: 58-63+79.

[71] 郭政, 董平, 陆玉麒, 等. 长三角集装箱港口体系演化及影响因素分析[J]. 长江流域资源与环境, 2018（7）: 1423-1432.

[72] 海峰. 区域物流论[M]. 北京: 经济管理出版社, 2006.

[73] 洪小龙. 落实总书记指示 打造好向海经济[J]. 广西经济, 2017（11）: 23-24.

[74] 洪小源. 论中国门户港—兼论我国沿海中部诸港的发展[J]. 经济地理, 1987（2）: 92-97.

[75] 侯政, 黄永辉, 陈志铭. 广西北部湾国际门户港运输体系一体化建设思路[J]. 中国港口, 2021（11）: 7-11.

[76] 胡怡, 姚海元, 陈正勇等. 落实绿色发展理念的港口空间规划实践——以北部湾港总体规划为例[J]. 水运工程, 2023（2）: 12-16.

[77] 黄灵海. 中国向海经济绿色发展研究[D]. 武汉: 中国地质大学, 2020.

[78] 纪华莹. 北部湾港港口物流金融发展研究[J]. 合作经济与科技, 2021（18）: 56-59.

[79] 謇令香, 李东冰, 刘玲玲. 我国集装箱港口体系演进规律研究[J]. 经济地

理，2012（12）：91-96.

[80] 姜颖. 天津港物流发展公司集装箱海铁联运发展策略研究[D]. 大连：大连海事大学，2015.

[81] 蒋和生. 以更大力度发展向海经济 持续拓展"蓝色"发展新空间[N]. 广西政协报，2021-06-12（1）.

[82] 蒋吕一. 新加坡港港口发展及政策研究[D]. 上海：上海师范大学，2015.

[83] 蒋满元. 财政支持与内河港口物流集散中心的发展——以广西贵港为例[J]. 中共桂林市委党校学报，2010（2）：16-20.

[84] 蒋钰. 北部湾港海运煤炭需求与码头吞吐能力协调发展研究[D]. 南宁：广西大学，2021.

[85] 蒋自然，曹有挥. 长三角集装箱港口体系的集疏演化[J]. 经济地理，2017（8）：114-121.

[86] 金晓会，陈博，许玉萍. DEPA背景下广西向海经济的发展路径研究[J]. 商展经济，2023（4）：27-30.

[87] 靳书君. 向海经济重要命题形成的实践基础[J]. 经济社会体制比较，2021（3）：37-46.

[88] 阚春燕. 南通港口竞争力评价及提升策略研究[D]. 南京：南京理工大学，2009.

[89] 康安. 钦州做大做强做优向海经济[N]. 广西日报，2022-10-14（9）.

[90] 课题组. 钦州高新区承接珠三角产业转移发展规划及布局研究[R]. 广州市社科科学院，广州南方文化创意研究院，2017.

[91] 课题组. 新发展阶段的向海经济：内涵、意义与高质量发展之路——基于10 478份样本的调查报告[J]. 国家治理，2022（3）：44-50.

[92] 孔健，罗静，杨鹏. 科技赋能向海经济发展的问题、经验及对策——以广西为例[J]. 经济与社会发展，2022，20（4）：17-24.

[93] 李博，王子玥，韩增林. 长江经济带港口竞争力测度及其优化路径研究[J]. 海洋经济，2016（4）：13-19.

[94] 李超. 天津港口现代物流业管理政策研究[D]. 天津：天津大学，2005.

[95] 李朝阳，孙伟. 港口运输需求预测及集疏运设施规划研究——以钦州港为例[J]. 交通科学与工程，2009（4）：79-85.

[96] 李春华，张海云，刘肖鹏，滕兆哲. 广西高校海洋学科人才培养的探讨[J]. 沿海企业与科技，2022（5）：69-75.

[97] 李丹丹. 长江经济带主要港口综合竞争力比较研究[D]. 马鞍：安徽工业大学，2019.

[98] 李南, 李文兴. 港口产业的规模型竞争模式[J]. 水运管理, 2007（6）: 14-17.
[99] 李南. 港口民营化改革的理论与政策研究[D]. 北京: 北京交通大学, 2007.
[100] 李书珍, 葛艳红. 港口物流与临港产业耦合分析[J]. 企业改革与管理, 2019（19）: 210+212.
[101] 李亚男. 我国港口投融资政策评价研究[D]. 上海: 上海海事大学, 2007.
[102] 李莹迪. 舟山港口物流发展模式创新与选择[D]. 舟山: 浙江海洋大学, 2014.
[103] 李尤健. 广西向海经济与"西部陆海新通道"协同推进研究[D]. 南宁: 广西大学, 2021.
[104] 廖梦迪. 海上丝绸之路沿线重要港口区位优势度研究[D]. 青岛: 山东科技大学, 2018.
[105] 林杨. 大连市港口物流政策研究[D]. 大连: 大连海事大学, 2015.
[106] 刘畅. 京津冀地区港口物流与腹地经济协同发展研究[D]. 天津: 天津理工大学, 2019.
[107] 刘翠莲, 几海林, 张群淑. 基于熵权-云模型的环渤海邮轮港口竞争力评价[J]. 重庆交通大学学报（自然科学版）, 2021, 40（7）: 8-15.
[108] 刘芬, 钱林. 5G应用背景下北部湾港加快建设智慧港口的对策研究[J]. 质量与市场, 2022（10）: 190-192.
[109] 刘芬. 基于物联网技术的北部湾港口物流信息化建设探索[J]. 中国市场, 2023（2）: 169-172.
[110] 刘锋. 加快向海经济发展 推进海南海洋强省建设[J]. 南海学刊, 2017, 3（3）: 1-3.
[111] 刘海英. 北部湾国际门户港高质量发展策略——整合经济理论的视角[J]. 改革与战略, 2022, 38（04）: 114-122.
[112] 刘景山. 江苏"一带一路"交汇点建设中连云港港口竞争力提升策略研究[D]. 徐州: 中国矿业大学, 2020.
[113] 刘念. 供应链管理视角下广西北部湾港竞争战略及实现路径研究[D]. 南宁: 广西民族大学, 2020.
[114] 刘新文. 债权人保护、金融发展与公司资本结构[D]. 重庆: 重庆大学, 2014.
[115] 刘信华, 谢涛, 马进荣. 广西北部湾港建设历程及发展趋势[C]//中国海洋工程学会. 第十七届中国海洋（岸）工程学术讨论会论文集（下）. 北京: 海洋出版社, 2015: 59-63.
[116] 刘秀国, 郑辉. 港口竞争力演化研究及对天津港的启示[J]. 天津大学学报

（社会科学版），2009（3）：219-223.

[117] 刘秀国. 基于可持续发展的港口物流绩效评价及预警研究[D]. 天津：天津大学，2008.

[118] 刘志雄，程阳，彭真. 北部湾海洋生态环境与海洋经济高质量发展研究[J]. 中国物价，2023（2）：50-54.

[119] 刘忠萍. 西部陆海新通道建设下广西发展向海经济的对策[J]. 中国集体经济，2023（6）：20-23.

[120] 卢玉舒."一带一路"政策下北部湾港发展及贸易便利化问题[J]. 海峡科技与产业，2016（2）：84-85.

[121] 陆燕，卢庆毅，许宁宁. 钦州向海经济交出亮眼答卷[N]. 钦州日报，2022-06-28（1）.

[122] 罗亚利，李佳洁. 新通道建设背景下广西北部湾货物物流业与金融业的联动发展研究[J]. 现代商业，2023（7）：164-167.

[123] 吕国清. 服务西部陆海新通道战略的广西北部湾港口物流协同发展研究[J]. 广西质量监督导报，2020（4）：150-151

[124] 马财林. 广西北部湾港集装箱发展分析研究[J]. 西部交通科技，2021（12）：187-189.

[125] 马文祥. 天津港发展无水港战略研究[D]. 天津：天津大学，2009.

[126] 马旭驰. 舟山港口物流影响因素分析和优化策略研究[D]. 舟山：浙江海洋大学，2017.

[127] 莫晨宇. 广西发展向海经济对策研究[J]. 经贸实践，2018（9）：80.

[128] 穆鑫."一带一路"背景下广西向海经济发展对策研究[D]. 南宁：广西民族大学，2019.

[129] 朴管珠. 新形势下广州港发展战略研究[D]. 大连：大连海事大学，2011.

[130] 齐爱云. 苏州港港口物流与腹地经济协同发展研究[D]. 太原：中北大学，2022.

[131] 钱学风. 上海港综合竞争力评价研究[D]. 上海：上海海洋大学，2015.

[132] 乔鹏亮，基于共生理论的港口物流发展分析[J]. 物流科技，2013（5）：28-30.

[133] 乔鹏亮. 新战略支点驱动下北部湾物流通道建设研究[J]. 学术交流，2015（4）：125-129.

[134] 秦天生，刘斌. 港口发展的外在影响因素对港口建设的启示[J]. 物流工程与管理，2016，38（6）：11-13.

[135] 饶曼琦. 关于上海港集装箱运输专用通道设置方案的思考[J]. 交通与港

航，2023，10（1）：24-29.
[136] 邵君. G市港口物流发展策略研究[D]. 重庆：重庆交通大学，2020.
[137] 沈连芳，董子健. 钦州市向海经济发展探讨[J]. 合作经济与科技，2022（22）：36-37.
[138] 沈艺峰，陈舒予，黄娟娟. 投资者法律保护、所有权结构与困境公司高层管理人员变更[J]. 中国工业经济，2007（1）：96-103.
[139] 沈艺峰，肖珉，林涛. 投资者保护与上市公司资本结构[J]. 经济研究，2009（7）：131-142.
[140] 沈艺峰，许年行，杨熠. 我国中小投资者法律保护历史实践的实证检验[J]. 经济研究，2004（9）：90-100.
[141] 沈奕，何旻航，傅远佳. 推动向海经济高质量发展研究——以广西钦州省级新区为例[J]. 黑龙江社会科学，2023（1）：57-63.
[142] 史亚博，廖欣. RCEP背景下湘桂向海经济走廊建设的基础、问题与对策[J]. 区域经济评论，2022（5）：132-142.
[143] 孙弘临. 港湾学院港口物流人才培养研究[D]. 青岛：中国石油大学（华东），2016.
[144] 覃开宏. 钦州港区域性国际航运中心战略研究[D]. 上海：上海交通大学，2014.
[145] 唐红祥，谢廷宇. 新发展格局下向海经济开放发展的路径[J]. 国家治理，2022（3）：59-61.
[146] 滕炜超，胡志华. 基于TOPSIS法和DEA法的中国沿海港口竞争力分析[J]. 江苏科技大学学报（自然科学版），2017（4）：537-543.
[147] 田佳，沈益华，王宗文，等. 新时期建设北部湾国际门户港的若干思考[J]. 水运工程，2022（4）：54-57+64.
[148] 童孟达. 港口研究与实践[M]. 宁波：宁波出版社，2019.
[149] 汪长江. 港口物流学[M]. 杭州：浙江大学出版社，2010.
[150] 王波，倪国江，韩立民. 向海经济：内涵特征、关键点与演进过程[J]. 中国海洋大学学报（社会科学版），2018（6）：27-33.
[151] 王波，文艳，闫金玲. 广西向海经济发展的基础与路径选择研究[J]. 中国海洋经济，2018（2）：137-152.
[152] 王成金，CÉSAR DUCRUET. 现代集装箱港口体系演进理论与实证[J]. 地理研究，2011（3）：397-410.
[153] 王花云，廖凌风，马俊. 基于竞合理论的北部湾港口群吞吐量演化与竞争力提升研究[J]. 广西财经学院学报，2021，34（6）：70-81.

[154] 王慧，陈浩. 基于三次指数平滑法的钦州港货物吞吐量预测[J]. 珠江水运，2013（Z1）：169-170.

[155] 王继明. 环渤海地区港口物流竞争力评价研究[D]. 济南：山东财经大学，2022.

[156] 王金利. 深圳集装箱港口竞争力评价研究[D]. 大连：大连海事大学，2019.

[157] 王菊. "港口·城市·腹地"视角下广西发展向海经济的SWOT探析[J]. 中国储运，2021（10）：112-114.

[158] 王乃学. 释放海的潜力 打造向海经济[N]. 广西日报，2017-10-17（5）.

[159] 王鹏. 投资者保护、代理成本与公司绩效[J]. 经济研究，2008（2）：68-82.

[160] 王田月. 港口发展对城市经济的带动效应——基于广西北部湾港口群的实证分析[J]. 商，2016（20）：130-131.

[161] 王霄. 浙江省港口物流与对外贸易关系的实证研究[D]. 舟山：浙江海洋大学，2018.

[162] 王小鲁，樊纲，余文静. 中国分省份市场化指数报告（2016）[M]. 北京：社会科学文献出版社，2017.

[163] 王业斌，王旦. 以绿色发展理念推动向海经济高质量发展[J]. 国家治理，2022（3）：62-64.

[164] 韦启钧. 广西向海经济高质量发展评价研究[J]. 改革与战略，2022，38（4）：123-131.

[165] 魏锋，刘新文. 我国各地区债权人保护的测度和演变：1995—2009 年[J]. 制度经济学研究，2013（1）：100-122.

[166] 魏俊辉，孟全全，程军. 世界一流港口建设背景下北部湾港发展路径[J]. 交通企业管理，2020，35（6）：1-3.

[167] 魏丽华. 津冀港口群一体化在京津冀协同发展中的定位、困境与路径选择[J]. 中国流通经济，2016（4）：72-77.

[168] 吴金颖. 基于"一带一路"倡议视觉下的罗津港物流竞争力影响因素研究[D]. 延吉：延边大学，2019.

[169] 吴亮莹. "一带一路"背景下推动广西北海向海经济高质量发展的对策研究[J]. 中国市场，2022（13）：54-57.

[170] 吴曼. 大力发展集装箱海铁联运推动上海国际航运中心建设——以洋山港、芦潮港为例[J]. 黑龙江对外经贸，2011（3）：69-70.

[171] 吴闽真. 论我国港口物流发展模式的选择——以福州港为例[D]. 福州：福建师范大学，2009.

[172] 吴伟权，吕智，江红兵，等. 建设北部湾区域海洋中心城市群 大力发展

向海经济的若干思考[J]. 广西城镇建设, 2019 (3): 10-21.
[173] 吴易风, 颜鹏飞. 西方经济学（下册）[M]. 北京：高等教育出版社, 人民出版社, 2018.
[174] 吴颖. 新形势下江苏省内河集装箱运输发展面临的问题及对策[J]. 水运管理, 2022, 44 (7): 1-5.
[175] 吴振铭. 港口经济与腹地经济互动发展研究[J]. 商业文化, 2022 (10): 30-31.
[176] 吴祖军, 彭勃. 基于因子分析法的宁波舟山港口竞争力分析[J]. 特区经济, 2018 (9): 115-117.
[177] 吴祖军. 基于因子分析法的宁波舟山港竞争力研究[D]. 舟山：浙江海洋大学, 2019.
[178] 伍朝胜. 促进向海经济高质量发展[J]. 当代广西, 2018 (12): 21.
[179] 夏欢欢, 王建平. 双循环新发展格局下广西向海经济发展对策研究[J]. 商业经济, 2022 (11): 93-95+114.
[180] 夏惟怡, 文海滴. 广西向海经济全方位开放合作的成效、问题与对策[J]. 改革与战略, 2020, 36 (6): 116-124.
[181] 向海图强 加快建设海洋强省——省人大常委会关于做大做强做优我省海洋经济的专题调研报告[J]. 人民政坛, 2022 (06): 4-8.
[182] 谢译. GZ港竞争力提升研究[D]. 广州：广东工业大学, 2021.
[183] 新华社评论员. 牢牢把握高质量发展这个根本要求[OL]. 新华网, (2017-12-08)[2017-12-08], http://www.xinhuanet.com//politics/2017-12/08/c_1122082916.htm.
[184] 熊微. "一带一路"倡议的广西向海经济高质量发展研究[J]. 理财, 2021 (6): 86-87.
[185] 徐珺, 陶纪明, 赖丹馨, 王伟. 港口型国际门户城市演进规律及转型提升路径研究[J]. 港口经济, 2013 (12): 5-9.
[186] 徐亦宁. 锚定"四个一流"续写北部湾国际门户港高质量发展新篇章[J]. 中国远洋海运, 2023 (3): 50-55+9-10.
[187] 许露元. 新发展阶段我国向海经济协调发展路径研究[J]. 国家治理, 2022 (3): 56-58.
[188] 许午行, 吴世农. 我国中小投资者法律保护影响股权集中度的变化吗?[J]. 经济学（季刊）, 2006 (2): 893-922.
[189] 许雪芳, 王旦. 向海经济：从理论到实践[J]. 人民论坛·学术前沿, 2020 (18): 136-139.

[190] 许长新, 徐杏. 上海港与周边港口的国际竞争策略[J]. 深圳大学学报, 2001（3）: 29-32.

[191] 杨昊楠. 广西向海经济发展新动能研究[D]. 钦州: 北部湾大学, 2021.

[192] 杨鹏, 陈智霖. 向海经济: 新时代下的战略选择[J]. 广西城镇建设, 2019（3）: 22-31.

[193] 杨忍. "21世纪海上丝绸之路"沿线重要港口竞争评价与分析[D]. 青岛: 山东科技大学, 2018.

[194] 杨泽芳. 基于主成分分析法的港口竞争力综合评价研究[D]. 大连: 大连海事大学, 2012.

[195] 姚博鸿. 长三角地区港口物流效率评价及影响因素研究[D]. 上海: 上海海洋大学, 2021.

[196] 姚飞, 车燕, 武小琛. 基于因子分析的港口城市规模竞争力评价研究——以日照市为例[J]. 山西财经大学学报, 2011（2）: 5-6.

[197] 叶林芃. 连云港港口物流竞争力评价与能力提升策略选择[D]. 桂林: 广西师范大学, 2021.

[198] 尹继承. "一带一路"背景下广西钦州"向海经济"发展路径研究[J]. 广西经济管理干部学院学报, 2018, 30（1）: 1-5.

[199] 尹一白, 周丽娟. 我国集装箱海铁联运面临的发展问题与解决方案[J]. 航海, 2016（04）: 76-78.

[200] 应鉴. 基于环境角度的长江干线港口效率研究及其影响因素分析[D]. 重庆: 重庆交通大学, 2022.

[201] 袁珈玲. "新常态下培育广西经济发展新动能研讨会"综述[J]. 经济与社会发展, 2017, 15（6）: 1-4.

[202] 占金刚, 程哲. 北部湾港与西部陆海新通道沿线省份的物流发展[J]. 中国港口, 2022（7）: 44-48.

[203] 张传国. 厦门港与高雄港综合竞争力的定量化比较研究[J]. 台湾研究, 2005（2）: 25-30.

[204] 张国华. "一带一路"战略下的港口转型升级之路[J]. 中国国情国力, 2015（3）: 17-19.

[205] 张丽君. 现代港口物流[M]. 北京: 中国经济出版社, 2005.

[206] 张潇丹. 区域差异影响下的中国十大港口竞争力分析[D]. 大连: 大连海事大学, 2015.

[207] 张协奎, 邹晓薇. 从合浦港兴衰探讨北部湾港口发展对策[J]. 市场论坛, 2021（1）: 16-20.

[208] 张新放,吕靖. 21世纪海上丝绸之路港口体系时空格局演变[J]. 经济地理, 2019, 39 (11): 33-40.

[209] 张颖. 珠江三角港口空间结构演化研究[D]. 大连: 大连海事大学, 2020.

[210] 张远, 黄俊, 亅文涛, 等. 基于组合赋权-TOPSIS法的港口分货类竞争力评价方法[J]. 科学技术与工程, 2021, 21 (28): 12294-12298.

[211] 招伟彬. 中国集装箱海上运输网络变化研究[D]. 广州: 广州大学, 2016.

[212] 赵富蓉. 自由贸易港探索背景下我国港口竞争力提升研究[D]. 福州: 福建师范大学, 2020.

[213] 赵景培. 天津港集装箱运输发展对策研究[D]. 北京: 北京林业大学, 2009.

[214] 赵木林, 吴尔江. 广西推动向海经济发展的实践与思考[J]. 海洋开发与管理, 2023, 40 (2): 50-55.

[215] 赵琪. 中国沿海的集装箱枢纽港和重要干线港的认定[J]. 中国港口, 2002 (5): 42.

[216] 赵亚洲, 覃凤练. 基于相对集中指数的北部湾港城关系发展研究[J]. 对外经贸, 2020 (8): 56-59+153.

[217] 赵长娇. 我国港口集装箱海铁联运发展研究——以青岛港为例[J]. 中国储运, 2014 (2): 110-112.

[218] 中华人民共和国中央人民政府. 广西向海经济发展新格局初步构建[N/OL]. (2022-12-27)[2023-09-16]. https://www.gov.cn/xinwen/2022-12/27/content_5733685.htm.

[219] 周成. 广东省沿海港口经济对海洋经济的贡献以及对策研究[D]. 湛江: 广东海洋大学, 2014.

[220] 周迎春. 防城港集装箱运输竞争力评估与吞吐量预测[D]. 上海: 上海海事大学, 2007.

[221] 周永超. LN港口集团物流竞争力研究[D]. 大连: 大连理工大学, 2021.

[222] 朱芳阳, 何艳艳, 朱志东. 港口物流对区域经济发展影响研究——以北部湾港为例[J]. 北方经贸, 2021 (9): 127-130.

[223] 朱芳阳. 北部湾蓝皮书: 北部湾国际门户港发展报告 (2020—2021) [M]. 北京: 社会科学文献出版社, 2021.

[224] 朱芳阳. 钦州港第三方物流发展现状及对策分析[J]. 商场现代化, 2013 (29): 179-181.

[225] 朱芳阳. 钦州港口集装箱运输发展研究[J]. 山东农业工程学院学报, 2014c (3): 62-64.

[226] 朱芳阳. 钦州港口物流发展趋势与经营策略[J]. 物流技术, 2014 (5):

100-103.

[227] 朱芳阳. 钦州港口物流与临港工业协同发展研究[J]. 物流技术，2014（10）：239-242.

[228] 朱静. 建设我国国际航运中心的政策研究——以上海港为例[D]. 上海：复旦大学，2014.

[229] 朱澜涛. 天津港发展模式研究[D]. 大连：大连海事大学，2014.

[230] 朱宇兵，黄宏纯. 广西北部湾经济区向海经济加快发展思路与对策研究[J]. 科教文（中旬刊），2018（5）：187-188.

[231] 庄佩君. 宁波舟山港口组合发展模式和政策问题的研究[C]//浙江省科学技术协会，上海市科学技术协会，江苏省科学技术协会. 首届长三角科技论坛——长三角港口航运科技论坛论文集. [出版者不详]，2004：19-25.

[232] 邹心怡. 考虑集疏运能力的港口竞争力评价研究[D]. 广州：华南理工大学，2020.

[233] 邹友家，奚祥英. 上海港与周边港口竞争力的比较与分析[J]. 中国水运，1998（7）：7-10.

[234] 曾子君. "一带一路"背景下中国沿海主要港口竞争力评价及提升策略研究[D]. 连云港：江苏海洋大学，2022.

[235] 艾雨柔. 北部湾港航物流与湾区贸易发展互动关系研究[J]. 商业经济，2023（5）：76-78.

[236] 黄彩秀，廖作文. 北部湾港港口物流对广西进出口贸易的影响[J]. 北部湾大学学报，2022，37（4）：6-10+23.

[237] 广西人的发展经济学研究会课题组，王政武. 广西向海经济赋能双循环经济发展：机理、困境与路径[J]. 市场论坛，2021（8）：4-14.

[238] 周延. 践行"闯创干"精神助推北部湾经济区发展行稳致远[J]. 当代广西，2020（22）：43.

[239] 缪正双. 转型升级背景下北部湾港的财务战略研究[D]. 杭州：浙江工商大学，2019.

[240] 何艳艳. 北部湾港港口物流对北部湾经济区经济发展影响研究[D]. 钦州：北部湾大学，2021.

[241] 周红梅. 北部湾港货物及集装箱吞吐量均排全国前十[N]. 广西日报，2022-02-17（4）.